U0107983

TAIWANXUEZI
YANZHONGDE
DALU

台湾学子眼中的大陆

仇秀莉/著

华艺出版社
HUA YI PUBLISHING HOUSE

图书在版编目（CIP）数据

台湾学子眼中的大陆 / 仇秀莉著.—北京：华艺出版社，2011.7

ISBN 978-7-80252-329-6

Ⅰ.①台… Ⅱ.①仇… Ⅲ.①高等学校－介绍－北京市 ②大学生－学生生活 Ⅳ.①G649.281②G645.5

中国版本图书馆 CIP 数据核字（2011）第 155175 号

台湾学子眼中的大陆

著　　者：仇秀莉
责任编辑：陈娜娜
装帧设计：王　烨
出版发行：华艺出版社
社　　址：北京海淀区北四环中路 229 号海泰大厦 10 层
电　　话：010-82885151
邮　　编：100083
电子信箱：huayip@vip.sina.com
网　　站：www.huayicbs.com
印　　刷：北京顺义兴华印刷厂
开　　本：710×1000　1/16
字　　数：260 千字
印　　张：23
版　　次：2011 年 8 月北京第 1 版第 1 次印刷
书　　号：ISBN 978-7-80252-329-6
定　　价：35.00 元

热 心 两 岸 交 流 人 士 的 祝 福 话 语

加强两岸青年交流，弘扬中华文化。

——中国音乐学院院长、音乐教育家金铁霖

相互的热爱之前，首先是彼此的了解。

——中国民间文艺家协会主席冯骥才

两岸美术教育拥有 20 世纪以来现代形态美术教育的共同传统，也都
面向社会的发展，在学科设置、教学方法上有许多相互补益之长，期待
在这个领域有更为深入的交流。

——中国美术馆馆长范迪安

迎接两岸学子共同的明天！

——中华中山文化交流协会常务理事兼副秘书长郑建邦

中华文化的传承和发展需要两岸青年的共同努力。

——文化部港澳台办公室副主任、中华文化联谊会副会长兼秘书长侯湘华

两岸一家，共同延续中华民族的文化血脉。

——北京师范大学哲学与社会学院副院长程光泉

以真诚和激情探知大陆，加深两岸交流。

——中国作家协会副主席张抗抗

衷心希望海峡两岸的同学们多进行文化、艺术和京剧艺术的交流！

——著名京剧表演艺术家梅葆玖

艺术无疆界，连接两岸心。

——中国习三内画艺术院院长王习三

中华文化源远流长。

——中国国家画院艺委会副主任、中国美协理事及中国画艺委会委员李延声

岳飞精神传两岸　浩然正气贯千秋。

——中国著名曲艺表演艺术家刘兰芳

推动两岸青年交流　共同传承中华文化

——徐悲鸿艺术学院院长徐庆平

愿台湾读书人和大陆读书人书缘绵深永恒！

——河南省文联副主席兼南阳市文联副主席、著名作家二月河

祝台湾学子大陆求学构建海峡两岸交流的桥梁！

——中国人民大学国际关系学院教授周淑真

读万卷书，行万里路。

——中国人民大学国学院副院长袁济喜

两岸青年学子是未来两岸和平统一的生力军，文化、教育的交流是
促进两岸青年凝聚共识的最重要基础。

——台盟福建省原副主委、文史馆馆员陈正统

海峡两地，同祖同缘，美丽的内蒙古大草原欢迎台湾同胞来体验另一种辽阔。

——内蒙古自治区电视艺术家协会副主席兼秘书长杜梅

青年学生应该充当两岸交流合作的先锋。

——全国人大常委会澳门基本法委员会委员、澳门中华教育会会长李沛霖

这本书对促进两岸青年交流及认识产生积极的作用，让这本书带给

两岸青年以后更多的交流。

——香港世界宣明会主席、香港青年协会总干事王易鸣

两岸青年本是一家，希望加强交流，增进了解，共同为弘扬中华文化共同努力！

——香港大学校董会校董、香港青年会名誉会长蔡素玉

中华一脉　共同传承

——香港宇一画院名誉院长、百米油画长卷《奥林匹克颂》作者刘宇一

来到北京升学，深感中华文化深厚，既增长知识，也开阔视野，既促进交流，也发挥能量，前途无量啊！

——香港九龙社团联会会长、九龙妇女联会会长高宝龄

CONTENTS

目录

对未来始终持一种积极乐观的态度，对未来两岸关系发展充满了期待。

038 / 大陆是我的第二故乡 /

北京大学法学院2004级本科生高子涵：作为一名台商子弟，她从初中来到大陆读书10多年来，最美好的学生生涯是与大陆学生一起度过的，考入北京，她很快融入了丰富多彩的校园生活，也让她爱上了大陆这个第二故乡。

049 / 北大，北大，叫我如何不想她 /

北京大学对外汉语教育学院2006级硕士生吕昆铮：他是位性情中人，中华五千年的深厚底蕴深深吸引着他，跨越海峡，来到北京，成为一名北大学子，走出课本，走进生活，流连于大自然的神奇之中，去寻找先人留下的美诗绝句。

060 / 到北京学法语的女台生 /

北京大学外国语学院2007级硕士生王汉琦：个性率真的她，来到北大第一件事是去新浪网"讨债"；第二件事是与大陆学生PK学习；第三件事是想告诉那些还未来到大陆 的台湾朋友们，大陆崭新的变化有目共睹。

071 / 为中国的艺术瑰宝深感震撼 /

北京大学艺术学院艺术学2007级硕士生郑元真：在家人的鼓励下，她最终选择了考北大，大陆的亲戚们也把她上北大的消息当成是郑家引以为豪的事，在北京念书的日子 里，她的目光凝视各个艺术展览中，她的脚步常常驻足于京城古韵中，在她看来每个景点都充满着神奇的艺术魅力。

082 / 热衷于校园活动的漂亮女生 /

北京大学政府管理学院 2007 级硕士生陈宛甄：一身休闲的装束，凸显着她热情好动的个性，北京奥运会期间，她肩扛 DV 机奔跑于各个比赛场馆，将志愿者们一个个感人的场面摄入镜头，她以幽默风趣的风格荣获"北大主持人大赛"亚军，她要把这些美好的记忆珍藏心中。

094 /置身燕园陶醉于古诗意境/

北京大学中国语言文学系 2007 级硕士生廖淑志：她在祖辈的熏陶下，从小就会背《三字经》、唐诗宋词，在全世界掀起学习汉语热潮的今天，她在感受中华传统文化的同时，希望把从事中西文化研究当成她今后追求的目标。

104 /掌握开启人们心扉的金钥匙/

北京大学心理学系 2007 级硕士生罗海芸：她的家族与大陆有着密不可分的血脉渊源，于是她把读心理学的愿望寄于北大，温和善良待人亲切的性格与她的专业正好吻合，她也赢得了好的人缘，北大给她留下的美好记忆，也为她的人生增添了许多亮丽色彩。

116 /一双慧眼看大陆/

清华大学国际问题研究所 2007 级博士研究生赖奕佑：他在台湾读的专业是研究大陆，当他以研究生身份到大陆高校交流时，才发现要想了解真实的大陆，不能仅停留在课本里，还必须要身入心入，以自己的所见所闻，才能告诉台湾同胞一个真实的大陆。

126 /建筑学中追寻古风遗韵的美/

清华大学建筑历史与文物建筑保护研究所 2007 级博士生胡介中：她从小爱好很广，考入大学却选择了只有男生才愿意学的古代建筑研究，她从小就有"恐高症",在清华的外出实践课上,为了取得详实的数据,她毅然克服困难爬上五台山塔院寺的寺顶,在她眼里,中国那些古代建筑所散发出的东方美学神韵,依然给更多的人带来无限的遐思和惊喜。

139 /爱上清华来学商 /

清华大学经济管理学院工商管理 2007 级硕士生林琦俊:他是台湾本家族中第一个到大陆的人,第一次到北京旅游,就让他为自己找到了定位。成为清华学子后,他把校园里许多有趣的镜头发在自己的博客里,点击率竟然迅速飙升达 5000 人次,同时他对清华里的大小餐馆也了如指掌,也过足了食瘾,让他当向导,准行!

150 /缘聚清华的台湾新娘 /

清华大学人文社科院历史所 2007 级博士生赖钰匀:多年前,她为了完成毕业论文,专程到北京一些高等院校查资料,意外的与清华一名男生邂逅,两人竟然擦出了爱情的火花,这位在台湾长大的漂亮女生,幸运地考入清华,定居北京,在他们新婚之日里,她的父母从台湾为远在北京的有情人送来一份温馨的祝福。

161 /赴京求学喜圆博士梦 /

清华大学建筑学院城市规划专业 2006 级博士生戴雄赐:年近五旬的他,告别了远在台湾的家人,赴京读博,面对多人好奇的目光,他坦然地笑了,因为他实现了到清华读书的梦想,他的执著最终取得家人的赞同,他感慨地对朋友们说:人就是要追求一种美好的生活方式。

170 /举家迁京的台湾博士 /

清华大学建筑学院建筑设计2006级博士生黄展春：30年来，大陆各方面的快速发展，让他对大陆有了全新的认识，也坚定了到北京念书发展的信心，在学习的同时，他把全家也移居到了北京，因为他们喜欢这里的生活氛围，希望子女也在和谐稳定的环境中长大。

181 /用新闻眼看待真实的大陆/

清华大学新闻系2004级本科生张筱京：在北京念书，让她结识了大陆的许多朋友，通过学新闻专业，让她对大陆有了更深的认识，在实习期间，河南人身上特有的朴实与吃苦精神在她的笔下得以真情流露，在清华的点点滴滴已珍藏心底。

191 /从玩游戏高手到清华学士/

清华大学软件学院计算机软件专业2007级本科生张致皓：一个大男孩的模样，说话腼腆，早年随父母来到大陆念书，考入清华，独自北上，远离父母，让他养成了很强的自理能力。先后两次参加学校军训，让他对大陆军人特有的阳刚之气有着特殊的感悟。

202 /不作白衣天使也同样精彩/

清华大学生物医学工程2005级本科生蔡昆玉：她原本对建筑设计感兴趣，却阴差阳错改学了生物医学工程专业。忙碌的大学生活，让她品尝到了学习的乐趣；和大陆学生交往，收获着友情；严格的军训，没让她掉一滴泪；主持一台晚会，她能让同学们尽情的欢笑。

213 /清华校训让他静思未来/

清华大学新闻与传播学院2007级研究生余冠颖：过去的他热情好动、张扬，然而，走进清华，他像换了个人，静心读书思索未来，铭记校训，激励自己勤奋努力，就连南下旅游也改为硬座火车，虽然饱尝了 20 多个小时旅途的滋味，却感受到了进城务工群体的真情流露。

224 / 语言王国中独树奇葩的南岛语 /

中央民族大学中国少数民族语言文学系 2007 级研究生陈金结：他是大陆唯一一位学南岛语的台湾研究生，他怀揣着对母语多年来的探究之梦来到中央民族大学，在导师曾思奇教授的点拨下，精心学习，在学院里，他亲耳听到祖国 56 个民族的语言后，深感多民族大家庭的那份亲情，立志为传承阿美语而努力。

235 / 让音乐激发出生命的活力 /

中央音乐学院音乐治疗系 2003 级本科生陈洛婷：过去的她，声音柔美，性格内向，说话腼腆，见陌生人就爱脸红。通过 5 年的大学学习，已转变成为面对众人不怯场，自信成熟的音乐治疗师，她希望通过自己的努力让更多的"顾客"拥有正常快乐的生活。

247 / 千万里追寻国画真谛 /

中央美术学院美术史学系 2007 级博士生周明聪：因着国画的魅力，引他举债赴大陆求学，他以自己的热情为台湾的艺术家们牵线搭桥，成功地在大陆办展，用心灵触摸中国绘画史，他以二十世纪的台湾书画为研究课题，默默实现着人生的又一个理想。

258 / 爱讲京腔的台湾女孩 /

中国艺术研究院研究生院 2007 级博士生陈倩倩：她出生于商人世家，却对舞蹈情有独钟。赴京读书后，时常往返于北京与台北之间，感受着这两个城市的亲情与友情，她在北京的几年里，学会了一口较流利的北京口音；凭她直爽的个性，不知底细的人，会误以为她是北方的女孩。

268 / 导师的书引我入京求学 /

中国人民大学哲学院美学 2007 级博士生陈大刚：他是国民党人士的后裔，成为台湾所谓的"外省第二代人"，在那个特殊的年代里，让他萌发了对"人"的关怀，对美学的追求。大学毕业后的一次上海之旅，一本爱不释手的好书，促使他到北京读书，以自己独特的视角，惊喜地看待周围的一切。

279 / 同时爱上中医学的台湾姐妹 /

李文凤：北京中医药大学 2007 级研究生/李旗历：北京中医药大学 2007 级研究生：这对台湾小姐妹专科毕业后，面临着工作还是继续深造的选择，在父母的支持下，先后赴北京学习中西医专业，能为病人解除痛苦，是她们的快乐，能让台湾教育部门尽快承认在大陆的学历更是她们的一大心愿。

291 / 翰墨丹青渗吾心

中国艺术研究院研究生院艺术管理 2007 级博士生邱慧君：源于对中国画的喜爱，她考入中央美院；源于她对文化市场的思考，她又选择艺术管理专业读博。她跑遍了京城大小艺术展馆，仅一年时间，就观看了三百多场艺术展览，她的视野也日趋开阔了。

302 / 跨越海峡，琵琶结下师生缘 /

中国音乐学院民乐系 2005 级研究生林佳瑾：她是位容貌清秀，身材修长的台湾女生，如果走在"T"型台上，一定会赢得喝彩声，然而，她纤细灵巧的双手却执著地拨动着琵琶琴弦，并赴大陆求学，与导师结下了深厚的师生缘，她希望学成之后，能让更多的台湾同胞，领略中国传统乐器的美妙内涵。

314 / 渴望走上星光大道的女生 /

中央戏剧学院表演系 2008 级本科生吴佩柔：她出生于福州，在台北长大，少小离家，远上北京度过了中学生涯；她从小梦想着当舞蹈家，参加高考时却考上了表演系；在家乡，当她拿着失而复得的录取通知书时，欣喜的泪水浸湿了枕边，渴望走上星光大道，更渴望有一种快乐的人生。

326 / 钟情武术爱无悔 /

北京体育大学武术学院 2007 级本科生黄光毅：他出生于台湾，在美国度过了 10 余载学生生涯，他活泼好动却学会了打太极拳，因此也喜爱上了中华传统武术，他用 6 个字概括了在北体大的感受：很舒服、很开心！

338 / 粹炼丹丸任我行 /

北京师范大学哲学与社会学学院 2008 级博士生江明洲：他在大陆有着 10 多年丰富的企业管理经验，年过五旬的他在读博士时，却迷上了北师大的哲学专业，喜欢庄子的逍遥游，他把家从台北迁到南京。工作、学习两不误，他时常奔跑于祖国各地，体验着改革开放以来的新变化。

348 / 后 记 /

PREFACE

前言：岸的另一头

前言：岸的另一头

有这样一群台湾学子，他们带着对祖国大陆的好奇、感动与梦想，跨越海峡，来到北京这座古老而又具有国际化的大都市求学。在这里，他们欣喜地感受着校园浓厚的学习氛围，体会着都市的繁华景象，品味着源远流长的中华文化，他们的身影也渐渐融入其中，让人们难以辨清，他是海峡两岸的哪一头？当然，他们在大陆的学历尽快得到台湾方面的认可一直是众多台生及家长们近20年来关切的大事。

在两岸关系日趋和暖之际，采认大陆学历作为马英九竞选时提出的主要政见之一，当时饱受民进党挞伐，却得到多数台湾人的期许。如今，这一政见终于有了确切的实施时间，2009年11月18日，台湾教育部门负责人吴清基对外公布了在2010年6月前将采认41所大陆学历的大学名单后，这一喜讯在台生们中间迅速传开，令人振奋，也让他们对未来的发展充满了希望。

近年来，随着海峡两岸各项交流日益扩大，到大陆求学的台湾学生也逐年增多。许多台湾学生由最初学习传统的中医药专业已延伸到了经济、金融、法律、新闻等人文学科及其它应用学科，学习的专业更趋于多元化，几乎覆盖到中国各高校的全部学科，其中包括博士、硕士、本科、预科、插班生和进修生等。随着越来越多的台湾学生选择到大陆就学，北京已成为继广东、福建、上海之后台湾大学生就学最多的地区，目前，在北京就读的台湾大学生将近3000人。

2008年5月13日，国台办宣布，对在高等院校就读的台湾学生按照大陆学生标准同等收费，并逐步放宽台湾同胞在大陆就业的条件。这一政策的出台，为更多的台生到大陆求学就业大开了方便之门。据台湾《联合晚报》评论说，过去10多年来，愈来愈多的中高阶层企业主管、现任和卸任

"民意代表"同时包括许多绿营人士的子女,都纷纷跨海到大陆进修,有的人是为生意、商业考量,也有人想以此广结人脉,这已是挡不住的现实,台湾当局采认大陆学历,也正是顺应大势之举。

时光如梭,一批批优秀的台湾学生来到大陆,把自己放在大陆的文化氛围之中,感性认识祖国大陆各地的人文风貌,亲历大陆好山好水,在大陆就读的人生阶段就显得有意义了,因为从中可以对照彼此的不同,开阔视野、砥砺自己,这一页丰富的人生将是他们最美好的回忆。

为真实记述台湾学生在大陆的求学历程,让人们更多了解他们多姿多彩的学习生活,记者走进他们的现实生活和心灵世界,用朴实、真切的语言,生动感人的故事,鲜活展现了台生们在校生活、学习情况,以及在大陆的所见所想、期待愿望等,逐一讲述每名台生各不相同的个人经历和动人故事。本书通过人物访谈形式巡访了清华、北大、人大等12所北京高校的31名台湾学生。在这些台生中,每个人的身世、经历、兴趣、理想各不相同,他们是怀着怎样的心情和目标报考大陆院校的,他们在大陆的学习、生活情况如何,对大陆社会、文化、教育、习俗都有什么看法等等,对此,许多人感到既陌生又神秘,特别是在他们中间发生的一些故事更是鲜为人知。读者可从书中了解到,两岸青年学生在政治上、经济上、社会上,以及在人生观、价值观方面有什么不同;对于台湾的青年读者来说,还可以从中获知,台生应如何报考大陆院校,在校期间应注意什么问题,如何与大陆学生相处,毕业后如何选定发展方向等情况。

全书图文并茂,文风朴实,一问一答,耐人寻味。希望此书能为即将赴大陆念书的台湾学子提供一些入学前的参考,如今,台生赴大陆求学,开放陆生到台读书,这些举措可以让两岸青年学生早一点交朋友,彼此认识,增进了解,促进了两岸青年人才的交流,也有利于两岸关系的发展和改善,正如大多数人所期许的那样,愿台湾的年轻人早一天找回中国文化独特的情怀,愿两岸同胞携手共创美好的未来。

夏雯震

北京大学法学院 2004 级博士生

北大之行
不虚此行
不管如何
爱拼才会赢

夏雯震

秀丽手记

详解两岸法学的台湾博士

　　在北大法学院读博士的夏雯震总是在忙碌中感受生活的乐趣。采访中，记者就能感受到，他是把时间精确到分钟的人，其他台生只要提到他，眼里都充满了敬佩之意，恭称他为"大哥哥"。5月8日，记者来到北大正大国际中心大门前，只见一位面容温和戴着眼镜的大男孩向我打招呼，这分明是位充满阳光之气的大男孩嘛，看到他温和的笑容，原先的那份担心也很快消失了。

　　我们本想到正大国际中心的咖啡屋，但走进去才发现，座位已满，只好又辗转到校园西门外的肯德基餐厅，在二楼寻得安静之处，开始了访谈。

　　夏雯震的话语严谨却不失幽默风趣，当他谈到第一次来大陆的印象时，笑着对记者说："那是1998年，我当兵前夕全家旅游兼探亲到长沙，当我从飞机走下，双脚踩在长沙的土地上时，看到那些戴大沿帽的人，以为他们是公安，心里想着做事要处处小心，可别惹什么麻烦被抓起来。我们坐车去市区亲戚家的路上，才发现大陆的街道和台湾差不多，还有机场高速公路，感觉很奇怪，这与过去想像中的大陆可不一样，向当地的人问路时，他们也很和气，原先那种很紧张的情绪马上化解了，眼前的一切让我对大陆的印象有了很大改变。"

也许是夏雯震第一次来大陆看到眼前的一切，与过去印象中的大陆产生了巨大的反差与冲击，让他对大陆这片陌生的土地产生了浓厚兴趣。2001年，他和同学们相约又一次踏上了大陆的土地，游览了东北三省，感受着不同的风俗民情。在后来的日子里，他几乎游遍了祖国的大江南北，也萌发了到大陆高等学府深造的愿望，他的心也随着大陆改革开放带来的巨大变化而热血沸腾，他由原来当老师的理想转为给台商解疑释难的法律专家。

随着海峡两岸经济交流的日益频繁，让夏雯震有一种使命感，他希望能为大陆的台商们提供法律上的帮助，让台商们不仅有经商意识，更要有法律头脑，只有这样，他们在大陆才能安心愉快地工作生活。按他的话说："作为通晓两岸经济法的人，就要有一种使命感，我希望在台商出现有违法律的情况之前就让他们及时避免违规事情的发生，这样对两岸经济往来与发展也能起到一定作用。"

采访夏雯震之前，记者了解到他担任北京大学台湾研究会名誉理事长、台湾留学大陆青年学生发展协会秘书长等职及完成博士论文的同时，还在一家台资企业任职，每天学习、写论文、工作、听讲座和搞活动，让他忙得不亦乐乎。面对这位充满青春活力的北大博士生，记者很好奇他为何有如此大的动力时，他很轻松地说："热爱是最好的老师！"

访谈中，记者能感受到夏雯震是一位对生活充满激情的人，在北大念书的日子，他把精力用在台研会和台生会的活动中，他有着许多新鲜的想法，有着待人待事满腔的热情，他携同师兄师妹们，以自己独特的风格，让台研会在北大独树一帜，赢得一片喝彩和赞誉声。

随着来大陆念书台生数量的逐年增加，夏雯震愈发感到自己肩上的重任，他不希望那些没来过大陆的台生也产生自己过去曾有的可笑想法，于是通过台生会提供的网络平台，让更多的台湾人了解大陆求学的环境，他动情地对记者说："我到北大学习的4年时间里，学到的知识是多方面的，也希望我的师弟师妹们不虚此行，让两岸青年多交流，多沟通，才能相互了解，正确看待历史，为两岸和平发展奠定基础。"

夏雯震那双透露着睿智的明眸里蕴含着更多的是期待，记者也希望他的心愿在两岸共同努力下，一定会早日实现，他以自己的热情，精心书写着自己多彩的人生！

听高校讲座 "分身乏术"

记　者：你选择到北大法学院读书最初的想法是什么？

夏雯震：我在台湾大学念硕士的时候，研究的方向主要是中国大陆外商投资企业法。毕业后，我的同学有的去了日本，有的去了德国，那我研究大陆法自然到大陆来念书了。2004 年，当我决定到大陆念书的时候，就想着一定要考大陆最好的学校北京大学法学院，那样才不虚此行。

记　者：当你真正置身北大后有什么感受？

夏雯震：第一次到北大就觉得北大很大，各个地方转了一圈后，发现学校里面竟然有公园，感到很好奇，后来才知道北大有一塔一湖一图，被人们誉为"一塔湖图"，校内的未名湖很像台湾那些公园，而且比台湾的公园还漂亮，当时我就想，在这么漂亮的学校里念书心情一定很好。

记　者：除了北大优美的环境外，你还欣赏哪方面？

夏雯震请全国政协副主席张克辉先生为社团刊物请益题词

夏雯震：作为在亚洲知名的学校，我觉得很有特色。首先，北大的国际化程度非常高，体现在外教特别多，学生不用出国不用离开校园，就能身临其境感受到来自国外的资讯，这对北大学生来讲非常有利于学习。

记　者：大家都知道百年讲堂经常邀请许多知名人士来此演讲，你是否也在课余时间常去听呢？

夏雯震：北大学术氛围很好，北大举办的讲座不光在百年讲堂，还有其他演讲场所，全校一天统计起来就有十多场。台湾大学在台湾是最好的大学了，但我在学校时一个礼拜加起来也就十多场。如果把北大附近几所大学办的讲座加起来，数量是非常可观的，我第一次深刻感受到"分身乏术"这个成语的内涵，真想分身去听各种讲座，但是没有这个法术啊。

记　者：看来你挺热衷于听讲座的，对学习各种知识是否到了如饥似渴的地步？

夏雯震：对啊，北大之所以有这么多的讲座，我想最主要的原因是学校能够提供丰富师资资源，对学生来讲，透过这种形式让学生能高效获取知识的途径很好。常言说"台上一分钟，台下十年功"，能在这里登台演讲的人都是在某种领域有成就的人，到目前为止我仍保持常听讲座的热情。

记　者：你觉得学法学还有必要再去听其他方面的讲座吗？

夏雯震：这些讲座可以突破学生所学专业上的局限，比如说，我学法比较缺乏商业经济或社会科学乃至于理综方面的知识，但是我可以透过这么多的讲座来补充我这方面的不足。也许我掌握法学的知识比较渊博，但在其他方面什么都不知道，我也有愧于博士这个称号。北大作为世界知名的大学，学生大多是来自全国各地的精英，我觉得多听些讲座对学生的影响还是很大的，也是很有必要的！

让台商都要有法律意识

记　者：你选择经济法学专业是出于一种什么样的考虑呢？

夏雯震：当初我选择这个专业，主要是因为台湾很需要这方面的人才，近年来，随着两岸经济交流的日益频繁，有很多台商到大陆来投资，有些台商并不注重学法，遇到一些法律问题，往往在发生了纠纷后才想着寻求法律上的帮助。其实世界上有很多很优秀很赚钱的律师事务所，他们做得最好的不是诉讼业务，而是被我们称为非诉业务，也就是在事前为公司把可能发生的法律风险和可能造成的纠纷提前做出设想，并且帮公司设计一套好的合同章程，及时避免原本可能发生的事。

记　者：你是否从法律学者的角度，常常为他们出谋划策？

夏雯震：对，我学习的目的就是希望能为台商服务，让他们事先知道将要有什么问题产生。我举一个例子，就是大陆公布的《劳动合同法》，台商们并不是看不懂大陆的法条，但他们缺乏事先了解的意识。国家准备出台这样的法律，台商就要针对自己的公司考虑作一些相应的调整等等。几个月前，几家台资发生了倒闭的情况，原因是多方面的，如果事先能想到这些事情，提前做适当调整，就不会出现不必要的问题，追根到底，那些台商们都不善于关注这些事情，也没有这个意识。

记　者：你是否想为台商及时提供法律援助？

夏雯震：目前中国的法制处于不断完善阶段，如果没有准确的认知，就会导致不适当的行为，从这些台商身上我们可以验证一些逻辑，假设这件事情已经发生了，要处理这些纠纷又找不到合适的人，就会跟本地的律师沟通，可能没办法尽快做到很好的磨合，所以我觉得台商应该学习大陆的法律，才能避免一些问题的出现。

记　者：你对两岸的法律都比较熟悉，如果你做这项工作会以什么样的心态面对大陆劳工与台湾老板之间的矛盾？

夏雯震：其实，两岸的法律也是大同小异，然而一个小异也可以导致你在诉讼上的成败，现在我们要处理的就是如何去整合两岸法律观念制度的不同，实际上为台商服务的同时也是为很多大陆的朋友服务，我们对大陆法律

国家演艺厅首场演出茶馆前与好友合影

的认知也同样可以用来服务大陆当地的商人朋友。台商在大陆投资的公司里，劳方大部分是大陆的朋友，如果出现台商对工人待遇较差的情况，我们也有义务提醒台商，让他怎样维护本地劳工的权益，既然我们从事这方面的学习和研究工作，就应该有这方面的义务和使命。

记　者：你在学习过程中，有机会接触台商吗？

夏雯震：有的。他们会在北大找一些懂法律的台生做他的咨询顾问，像我平常接触台商的机会较多，比如大陆的台办、台联或台盟等政府部门或是民间团体，他们在举办一些中秋茶话会或关于国庆节之类的活动中，就会邀请一些在京的台商聚会，我们在聚会的场合上彼此认识，当他们知道我们是在这里念法律的台湾学生时，就会向我请教一些问题，这对我们来讲当然是很乐意做的事。

记　者：是需要你们提供相关的法律帮助吧？

夏雯震：嗯，我曾经接到一个案例，就是这个台商在北京工作好多年了。他是一个企业管理干部，那时《劳动合同法》正式出台不久，他问我关于跟劳工签订书面合同的问题，由于他对新的条款不太理解，还有些模糊的地方，向我提出咨询，我就给他作一些解答。对我来说，我可以把自己所知道的知识运用到实际需求上，我觉得这是一件很开心的事。

丰富多彩的台研会

记　者：你到北大是哪一年担任台研会的理事长？

夏雯震：2004 年 9 月我到北大念书，学校的台湾研究会正做一些改革，刚好我是来北大求学的台湾博士生，他们希望我担任台研会的名誉理事长，从 2005 年 3 月份开始，已担任两年多了。

记　者：你在台湾研究会两年时间里经常组织一些活动吗？

夏雯震：有很多活动，比如说参与学校一些比较重要的讲座，或者我们自己办的一些讲座，像原国民党主席连战先生以及李敖先生等台湾一些知名人士来北大演讲，我们台研会就在会务期间直接或间接承担一些工作。那次我们负责连战先生演讲前期准备工作，很可惜我们没有机会跟连先生直接交流。另外，每年全国台联举办的台湾青年千人夏令营的部分接待工作也是由台研会承办，已经承办了好几届夏令营和冬令营，树立了很不错的口碑。

记　者：台研会会员参与这样的活动是否抱有很大热情？

夏雯震：我们毕竟属于一个有组织的团体，大家对我们做事比较放心，我觉得北大台研会所取得的成绩都是靠着平时的积累。有时，我们也常常思考，学生平时学习压力很大，同学们依然热心花时间关注社团的建设，我们这个社团没有任何专项资金作保障，没有任何物质的回馈，社团对我们学生来讲只是社会的一个缩影，它强调分工合作的概念，能让学生们从中得到锻炼，也是我们成长的过程。

记　者：台研会在北大的影响如何呢？

夏雯震：我们曾经组织过一次很成功的演讲，那时邀请北大国关学院的李义虎老师讲《反分裂国家法》，那是我们做的第一次尝试，要求所有会员都穿正装，做一些必要的礼仪接待，这能体现出"三赢"：一是让主讲者觉得很有面子，认为大家很认真对待他的讲座；二是让听众觉得这是一个高品质的讲座，而不是随随便便就可以去听的讲座；三是台研会通过这样的活动，让大家看到我们很注重自己的形象，是很有纪律的组织，那次演讲活动做得非常成功，也打响了名号。

记　者：大家在取得这"三赢"之前思想上能做到统一吗？

夏雯震：其实，我们第一次要求大家穿正装的时候，遭到很多同学的反对。有人说，我们是学生社团为什么还要穿正装，尤其是几名女生说那个场合是她中学以来第一次穿裙子。为了统一标准，我们花很多时间跟大家讲明道理，还受了学校其他社团邀请外交部礼宾司官员作礼仪培训的启发，我们也为会员作了礼仪培训。

记　者：会员们是否想过这种培训对自己走出校门也有一定的帮助呢？

夏雯震：对，我跟同学们分享培训的正式礼仪时，也会想到今天你也许还是大二的学生，等你到大四的时候，就会遇到求职面试，到那时候就会派上用场的，所以多学点东西对学生来讲是百利无害的，况且，没要求让你花大钱买正装啊，只是在我们需要的时候哪怕借别人的都OK。重点是你必须要了解这方面的知识，除了礼仪的培训外，我们还做一些其他的培训，比如说美工，他可能懂画画，但他不一定知道如何做宣传海报，或是在网络上做简单的宣传网页等等，我相信通过我们社团的培训，大家或多或少都有所提高。

记　者：台研会的会员是否在那次活动中一炮打响？

夏雯震：那天有些同学来到会场门口，看到大门两边站着身穿正装的一男一女负责接待礼宾人员，毕竟是第一次很正规向大家展示，其他同学还以为我们是哪个直销公司或哪个机构借用学校的场地搞活动呢，他们不敢进去，后来经我们解释才确认是北大台研会办的讲座，他们感到耳目一新，也很欣赏这种做法，也说明我们受到了大家的肯定。

与台湾学生共游天坛

记　者：你们在学校是否也举办一些与台湾文化有关的文化活动？

夏雯震：是啊，例如台湾闽南语歌曲的教唱，北方一些同学很难学，在培训中我们跟他们分享相关的典故，用闽南语来吟唱唐诗三百首，肯定是押韵的。以前上课的时候，老师告诉我们只要用台语念绝对不会错，我们把这样的经验和北方同学分享时，也发现台湾的闽南语是由泉州慢慢随移民传过去的，台湾语和大陆闽南语的区别就在于台湾语里有很多日语、荷兰语等等外来语掺杂在里面。通过语言的教学培训可以让两岸同学知道闽南语言的来历，让会员在这里慢慢成长，这也是我们社团举办活动的目的。

记　者：你们在念书的同时举办这么多活动，学习上会不会产生压力或矛盾？

夏雯震：还好，对我来说这是一个心理上的调剂吧，因为像博士的学分比较少，我修的学分还不到 20 个，大部分的重头戏就是写博士论文，还有做课题，我还有自己的事做，平常的日子并不轻松，时间上比较自由，我可以有弹性地找时间参加这些社团活动。

实践中，感受到务工人员的美好期待

记　者：你过去在台湾一直从事教学，到大陆后你有过这方面的尝试吗？

夏雯震：我以前在台湾高校任 4 年讲师，到大陆后也很荣幸在一些学校任职，所以积累的教学经验近 8 年了。我曾希望从事教师职业，但是我觉得目前国内青年教师的奋斗还比较难，还有那种论资排辈的情况，对青年教师的发展空间相对小。

记　者：那你教课时有什么样的感受呢？

夏雯震：我在台湾教书的时候，每年都能得到教师优良奖，学生们的心中都有一把尺子，会把选票投给他们认为最好的老师，因为这样的老师能让他在轻松的环境里学到知识，所以我曾想把在台湾教书的那一套方式搬到大陆来，但这里学校要求青年教师不管是兼职还是正式的，都要按照学校规定的模式写教案，我想这种方式只是约束高中或小学老师的，而大学老师不应该这样子，我在这边教书就只能服从这里的约定，这让我感到不太适应。

记　者：你觉得大陆教学的方式与台湾有什么不同之处？

夏雯震：像我以前教书的时候，在课堂上与学生会有许多互动，通过活跃气氛来调动学生学习的积极性，如果老师每次上课像大师的样子，就会给学生起催眠的作用，对于学生来讲是没有什么好处的。

记　者：除了在教学上你有这样的感受，你是否也常常关注大陆其他方面的事情？

夏雯震：我想大陆这些年的进步是世人有目共睹的。学习之余，我喜欢跟服务员或者进城务工人员聊天，问他们能挣多少工资，为什么到北京来工作，有没有休假。我想知道他们的一些想法，比如说有的服务员做事急慢，工作效率就会不高，他们也可能有什么心事，我们不能一味地苛求他们，应该多了解他们的想法。有时候，他们的想法也确实反映了一些社会问题。不管是从事社会学还是法学等专业，都应该作一些深层的研究，不断地去改善，才有利于社会的发展。

记　者：你毕竟是北大的博士生，他们跟你接触时能说出自己真实的想法吗？

夏雯震：我从未在他们面前摆什么架子，跟他们交谈很和气，譬如午饭时间，工人们都蹲在新建楼的工地吃盒饭，我跟他们聊天，他们也喜欢跟我说。其实这种经历对我从事的专业也有关系，能了解到劳资纠纷是怎样产生的，跟他得解释法律的规定，也可能是工人做得不好，站在他的角度去安慰他，能设身处地地为他们着想，了解他心里是怎么想的，所以我做这种沟通的工作觉得蛮有趣的。

记　者：你和他们交谈的时候，会以什么样的眼光看待他们？

夏雯震：我觉得从这些进城务工人员身上可以直接或间接看到，他们也很乐观与豁达的，我曾经跟北大一名建筑工人聊天时问他：你盖这栋楼有没有觉得骄傲啊！他高兴地说，这个楼房能提早完工当然高兴了，要是他的小孩子以后也能在这栋楼里念书，他会更加高兴的。我觉得普通老百姓也有他们的想法，他们也有着对未来美好生活的向往与期待。

记　者：你与普通务工人员接触是否对你今后从事的工作有所帮助呢？

夏雯震：我以前希望自己当一名很有成就的教授，但我现在感到那些都属于书本上传授的法律知识，我没有亲身经验，例如说支票、汇票等票据我都没有亲自经手过，因此我教票据课时就会心虚。其实在国外很多的法学家都是从法律工作者角色转过来的，也就是说他们以前是优秀的法官、优秀的律师等等，再回到学校教书，可以把以前工作上的心得和体验总结出来，而不是象牙塔里的学者，只钻研想象中的事情。

北大之行，不虚此行

记　者：你在驻北京的一家台企公司任职，是否能学到书本上没有的知识？

夏雯震：我刚好有机会在一家公司任法务总监，就是处理公司内外与法律沾边的大小事务，我很珍惜这个工作，除了可以实现我的梦想外，还可以把我在大陆学的法学知识在这里得到验证。工作的时候，可以遇到不同领域的人，我与搞财务、营销、会计和搞项目管理的员工经常交流，可以更多了解到商业的环境和需求是什么，我给他们提供法律上的帮助，让他们能预防违法，同时，我从他们身上也学到很多法律以外的东西。

记　者：你毕业后是否希望在大陆发展？

夏雯震：应该是吧，也许会从事涉及两岸经济法律的工作，我想台湾已经有相当多优秀的法律人，他们足可以去处理一些单纯涉及台湾内部的法律事务，但是了解大陆法律或者同时了解两岸法律的台湾人还不是特别多，所以我希望以后能在这方面发挥更大的作用。

记　者：听说你还是台湾留学大陆青年学生发展协会秘书长，这个协会主要起着怎样的作用?

夏雯震: 这些年许多台湾学生选择到大陆念书,相关的信息不太透明,有些中介存在欺骗行为,例如,对外谎称交 100 万台币,就包你上北大医学院,或者交 20 万甚至 30 万就包你进北京某某中医学院等等,其实那个学校完全可以用免费的方式上学。可怜天下父母心嘛,有些人就是利用父母爱小孩的心理,让家长花那么多不靠谱的钱,我们就希望给台生提供一个沟通平台。

记　者: 你是否想通过这样的平台让更多的台生了解大陆读书的环境?

夏雯震: 我想并不是所有的台湾学生都适合到大陆学习,我们只能给他们很客观地讲大陆是什么样子,我希望他们在来之前,能知道自己如何

夏雯震(右一)和台生参加"在京台胞中秋茶话会"时留影

在大陆过得更好,让自己更有收获,同时,也可以让两岸的学生互相了解。

记　者: 你在北大念书的同时还做了这么多的事,在即将毕业之际一定有许多感言吧!

夏雯震: 应该用这四句话归纳比较合适:北大之行,不虚此行,不管如何,爱拼才会赢!

记　者: 嗯,这四句话也浓缩了一名台生在北大求学的心境吧,非常感谢您接受我的采访!

陈经超

北京大学新闻与传播学院 2006 级博士生

相信自己選擇的

努力往下做

必定会成功

陈经超

二〇〇八年五月十九日

秀丽手记

在大陆企业寻发展

　　与陈经超见面之前，只知道他是北大新闻与传播学院的博士生，还知道他为汶川震区的灾民主动捐款2.6万元，成为当时北大捐款最多的学生。当我们相约在北大"师生缘"里正式采访时，从他的名片上看到他是北京大学现代广告研究所所长助理，才知他是学广告专业的博士生。听了他的介绍后，我对他产生了一份好奇，他从大学至今先后涉足三个不同的专业领域，从台大到北大，从一名台生到大陆的一位女婿，面对自己的一次次选择从不言悔，我们的访谈是从他的专业选择开始。

　　上大学前，陈经超对克隆羊和一些食品加工产生了浓厚的兴趣，因此他在台湾大学选择了偏农业方面的畜产学系，同时还选修了管理学院的课程。大学毕业准备考研时，他又把目光瞄向了管理学专业，当面对台大还是北大光华管理学院的选择时，他说，这也许是上天故意抛一个难题让他选择：台大跟北大是同一天研究生考试。陈经超经过慎重选择，还是决定参加北大的考试，他希望到更有潜力的市场去发展。

　　那一年是2001年，陈经超成为到大陆较早读书的台生。当记者问他是什么原因促使他下此决心时，他说："我的祖籍是福建，先辈们到台湾定居大概有200多年的时间了，我在台中出生长大，小时候在台湾听关于大陆的宣传时，一直认为进入 21 世纪的大陆在经济生活等各方面仍停留在上世纪 70、80 年代，想象中的大陆很贫穷落后，但听一些赴大陆交流的台湾人说如今的大陆变化非常大，面对两种说法，我很疑惑。为了解真实的大陆，我专程赶赴北京，经过 10 天的了解，我亲眼看到了作为国际大都市的北京一派繁荣景象，很是惊喜，来到北大校园更是能感受到浓厚的学习氛围，于是，我下决心到北大念书。"

在北大学习的日子里，陈经超与大陆同学交往的同时，也了解到不同省份的文化背景，对大陆的认识也更加直观，他愈发感到大陆具有的市场潜力，也更加喜欢上了北京多姿多彩的生活。学习之余，因着机缘巧合，他结合自己所学的专业，在北京一家公司实习打工，尽管每月仅领取 300 元的工资，但他仍然坚持按时上下班。谈到这段经历时，他对记者说，去公司工作不是看挣钱多少，重要的是能多方面了解大陆的公司运作情况，希望有机会能留在大陆发展。

如今，工作两年后重回北大读博士的陈经超很幸运地在大陆的另一家公司兼职。访谈中，记者问他在北京生活学习 6 年时间，是什么原因让他这个台湾本土人对大陆产生如此深厚的情感时，他很含蓄地笑着说，他曾徜徉于甲天下的桂林山水、流连于人间天堂的苏杭二州，饱览了大陆风景秀丽的景色，他被祖国壮丽的山川所陶醉，因为美的内容总是让人赏心悦目的，在美的环境里工作、学习、生活是人生的一大乐趣。

当记者问陈经超，一些台生想到大陆读书生活需要注意哪些方面时，他很认真地说："机会是提供给有头脑的人，有些人不想付出努力就想过轻轻松松的日子，那是不可能的。特别是来大陆学习或工作的台湾学生，他们只有付出比这边人更多的努力，才可能坚持下去，来之前台生就要想好这是自己重新开始的地方，有机会就要和大陆的同学多交流，不管你想回台湾还是留在大陆发展，只有深入地了解两岸情况，才不枉费这段经历，才能尽早融入大陆。"

说这话时，记者看到陈经超的脸上立刻流露出一种发自内心的喜悦，他很兴奋地说："我到北大后，发现能来这里上学的人都是来自各省的精英，从内心讲很敬佩他们，我很幸运娶了一位来自福建的北大生为太太，因为我们有着相同的文化背景和生活习惯，我在这里度过了珍贵的学生时代，很留恋北大的校园，也喜欢在这座城市里定居。结婚 4 个多月了，感觉很幸福。其实，缘分真的很重要，这也是我来北大最大的收获。"

坐在我面前的这位台湾博士生文质彬彬，谈吐优雅，学业有成，来到北大不仅成就了梦想，还赢得了美好姻缘，真可谓春风得意，记者也不免为他的一次次大胆的选择而感到高兴，也真心祝愿这位台湾博士在人生道路上充满丰收的喜悦！

到有市场潜力的地方发展

记　者： 你读书期间涉猎的专业比较多，请你谈谈学习经历吧。

陈经超： 我在台湾大学读畜产学系，现改名为动物科学技术学系，主要是偏向农业方面，学习范围包含基因转殖和复制领域，乳制品和肉制品的食品加工领域，还有最传统的一些经济动物的养殖领域，学习这个专业的同时，我还选修了台大管理学院的课程，它是跨专业的学科，后来对管理学科有兴趣，我读硕士时选择管理学院。

记　者： 在转为学管理的时候是否决定到北大？

陈经超： 在决定考研的时候，我面临着选择台湾大学的管理学院还是北京大学的光华管理学院。经台湾管理学院老师的介绍，我特地到北大看看这里的学习环境，感觉这里环境也蛮不错的。没想到台大跟北大是同一天考试，最后我决定参加北大的考试，我希望到市场更加有潜力的地方发展。

记　者： 是什么原因让你下决心考北大的？

陈经超： 有这个念头之前，台大管理学院的教授给我介绍过北大，当时我对北大也有一定的好感，2001 年 10 月份，我到北大待了 10 多天。首先感觉北大校园的环境很好，另外我跟北大的学生进行过交流，也向北大光华管理学院的老师了解相关的课程内容，可以说那次北大之行让我下的决心。年底，我在台湾报名后，2002 年三四月份，我到香港参加港澳台的招生考试，就这样，我很荣幸地成为北大 2002 级的硕士研究生。

记　者： 那时北大给你留下最深的印象是什么？

陈经超： 给我印象很深的是学习方面，老师上课很认真，同学们钻研的精神让我敬佩，如果哪位同学在课堂上没听明白，他们马上去图书馆把老师开的书单或参考资料借出

来，找很多书来补充学习，我很喜欢这种学习氛围。当然，这里的老师和同学对我这位来自台湾的学生都很和善，让我感到在这里学习很踏实。

记　者： 在读研的时候，有没有想过自己要达到一个什么目标？

陈经超： 我们在光华上课的时候，比较注重这个领域中发表有高质量的论文，老师用英文原文论文让我们去讨论，去探讨论文的框架体系。我本身学的是经济战略管理，但除了战略方向的课程外，还学习了市场营销、人力资源、财务等各方面的课程，知识比较广，我觉得要想做一名优秀的管理人才，还需要深化它特定的领域，否则无法管理别人，也无法在公司立足。

记　者： 那你读博士的时候怎么又选择了新闻传播学院中的广告专业？

陈经超： 其实，我本科学的是生物，读硕士学的管理，念博士前觉得自己毕业后从事的工作与品牌相关，加上希望能产生交叉学科的综效，我希望念博士阶段对品牌方向进行更深入的研究。因而我选择了新闻与传播学院的广告方向。品牌的范围很广，这里包含了广告、公关、事件、营销、促销营销等领域，刚好2006年北大新闻与传播学院广告方向招收博士生，我很幸运成为第一批广告方向的博士生。

记　者： 你从学畜产专业到管理、再到广告专业，你认为有冲突吗？

陈经超： 我完全是从理科跳到文科的，但没觉得有什么冲突和矛盾，都是相互联系的，像生物学农业品改良、水果精制化，这就需要一个公司的管理与策划，同时还要打出自己的品牌，需要进行很多的宣传推广，才能得到大家的认可。甚至是将来生物科技的发展，它必然要面对产业化的管理和品牌的建立，所以我认为这些学科是相辅相成的。

记　者： 你觉得掌握这些知识对自己将来所从事的职业是否有很大帮助？

陈经超： 想要成就一番事业，就需要在建立一支良好的管理团队上打好基础。比如在生物科技方面，国外或国内的一些制药公司都有一些很强的研发团队，如果将产品市场化后，就必须向全国或全世界做推广，我不认为学不同的专业是件冲突的事情。

感受大陆民企工作氛围

记　者： 你那么早来北大读书，有没有想过将来该如何发展，与你一起来学习的台生，他们又是什么样的打算？

陈经超：当年我报考北大时，有些人感到不理解与好奇，而现在人们又会说我怎么这么聪明！这么早就到大陆读书。我那时正是看到将来的市场前景在这边，只有提前过来适应这边的生活，才能更好在这个市场上存活下来。毕竟来北京对我来说是新的环境、新的文化、新的和人相处模式。这几年来大陆的台生蛮多的，但是有些人毕业后又到国外攻读更高的学位，也有的去其他国家发展，那时留在北京的不算多。

记　者：你觉得融入大陆的生活、工作中适应过程难吗？

陈经超：许多南方人来到北京也不一定很快能适应，从台湾过来也是需要一个适应的过程，我觉得生活上要看是否能适应北方比较干燥的气候，还要适应这边常用的词汇。学习上包括电脑上的输入法，还有简体字的认识，包括许多词汇的学习等。适应本身就是一个很漫长的过程，只要你想克服就没有什么难的，但并不是每个人都能克服的事情，有些台生难以适应就回台湾了。

记　者：你作为一名台湾学生能应聘到大陆公司是否容易呢？

陈经超：那时候台湾学生要想留在大陆的公司不太容易，刚好也是机缘巧合，我在毕业前一直在这家公司实习，是通过一个台湾老师介绍的，实习的工资很低，一天10块钱，一个月300元，我必须从北大到复兴门去上班，一直坚持到毕业，挣钱多少是次要的，主要是在实践中得到锻炼。

记　者：你认为在大陆的公司工作最需要克服的是哪些事？

陈经超：我觉得最需要克服的是文化背景的差异，其中最重要的是人与人间的相处，也许我有台湾的文化背景，加上我有在大陆背景，如果我与同学、同事或当地人交往，我本身的文化背景优势就能展现出来。

记　者：你觉得你的优势体现在哪方面？

陈经超：毕竟我经历了两个不同的学习背景，对一些事物认识上的差异有更深的了解，如果今后面对两岸之间某个公司的合作，我既知道跟大陆人如何交往，也知道跟台湾人如何交往，工作中应该游刃有余吧。

记　者：你有没有对两岸企业的运作模式作过一些比较？你在公司主要负责哪方面的工作？

陈经超：对于台湾的企业来讲，企业运作模式发展得比较成熟，在这边的一些东西是刚起步，特别是民营企业，能坚持几年就不错了，我觉得这是概念上和管理上的问题。工作上我划归在公司的品牌中心，销售部重视的是销售的量和金额；市场部重视市场占有率；品牌中心重视的是产品在消费者心中的地位。我们和市场部的产品经理共同进行产品的策划和推广活动，产品的定位、广告制作和宣传主要由我们部门负责。我硕士学的是管理，参与了公司的一些重组兼并活动及对一些兼并企业的中长期发展做规划。

记　者：你觉得公司采取哪些应对措施才能保持不败之地？

陈经超：我觉得能生存下来的企业就在于它能适应时代的发展需求，企业需要有一支较强的管理人才队伍，有着长远的战略眼光，我们跟西方国家的差异并不大，重点是我们要了解自己的特点，发展的同时保护好自己的品牌资产和知识产权。

脚踏实地打好品牌战略

记　者：近些年来，大陆的广告产业发展很快，你觉得在企业宣传中广告是否起着很重要的作用？

陈经超：对，这是非常重要的。广告本身就是吸引眼球的事情，如果不讲究策略，产品的价值就会失去。其次还有消费者认可的问题，比如有些产品在城市能得到认可，但在农村却不一定认同。例如农村人习惯喝"非常可乐"，但是城里人喜欢"可口可乐"，那我们把"可口可乐"拿到农村去，就难以被认可，因为农村主流是"非常可乐"，这就要在广告宣传上根据不同的群体采取不同的宣传策略。

记　者：你觉得做好广告宣传是否还要把握时机？

陈经超：有时候广告也存在时间差的策略，比如寻呼机本来是东南沿海最先使用的，当东南沿海使用手机后，寻呼机就撤退到中部二线城市，当二线城市使用后，又撤到三线城市，因为我们的市场大，相较其他国家，我们同一个产品的生命周期会比较长。但不管广告做得怎么样，一个产品的推广最主要还看质量是否经得起考验，两者结合起来，才能体现出这个产品的价值。

记　者：随着高科技的迅猛发展，广告宣传也呈现出多元化的趋势，比如说报纸、广播、电视、网络等方方面面的宣传，你觉得公司在打品牌的时候偏重哪种广告更有效？

陈经超：当然企业有钱的话做广告可以全线出击，但是做广告投入的

在北大校园留影

钱通过销售却收不回来的话，这个广告是没有意义的。主要是产品的属性决定倒底适合什么样的广告方式，或是适合怎么样的宣传。我觉得最初的定位及策划非常重要，也可能配合广告还需要举办一些地面活动，不同的公司不同的产品以及不同地区，都有不同的宣传广告模式。

记　者：你是否希望尽自己之力为自己所在的民营企业打出品牌？

陈经超：对，这是必然的事，否则我可能不会选择广告专业。我将利用所掌握的先进知识资讯，来帮助尽可能多的民营企业，在国内形成一个自己的体系，另外让我们的产品在国外也能立稳脚跟。我们是同胞，要想让国外的人看得起我们，首先我们一定要富强起来，我很希望自己来这里脚踏实地好好工作，把工作真正做好。

对大陆的认识不能只停留在过去

记　者：你作为台湾的本土人，过去是透过什么渠道了解大陆的？

陈经超：我父母都是台湾本地人，上学时，我只有从课本中了解大陆，那时候台湾对大陆的宣传比较片面。随着改革开放的成果逐渐显现，如果思维仍停留在上世纪七八十年代，是很难接受今天大陆发生的巨变。我觉得有这种想法也是正常的，因为两岸人还需要一个不断了解的过程，其实了解的多了就不会有什么误解，我来北大后，喜欢和大陆的同学一起吃饭、聊天，多了解一些各省不同的文化，每个同学也代表了不同的地域文化，像我就会把台湾的文化背景与大陆同学交流分享，既然在这里学习生活，就要主动学习很多新知识，你才能知道以后怎么和大陆同胞打交道啊。

记　者： 你是在什么时候对大陆有真实的了解？

陈经超： 那是在台湾开放老兵赴大陆探亲之后，我们在大陆没有亲戚，1991 年，我跟妈妈和弟弟随旅游团第一次来大陆，那时我们等同于外国人的身份，印象最深的是旅游景点有两个入口，一个是大陆民众，另一个是国外及港、澳、台游客的，票价差别也比较大，我们坐飞机住宾馆享受的待遇也蛮好。在半个月的时间里，我们先后去了桂林、广东、北京、苏州、杭州等城市。因为行程蛮赶的，还有好多情况，不敢和当地居民交流，没有真实了解大陆，主要是饱览了祖国的大好风光。

记　者： 你是否在决定报考北大之前才真正了解北京？

陈经超： 对，2001 年我到北大参观时，也仔细游览了北京，感觉北京是集政治、文化、经济旅游等于一体的大都市，这几年北京的发展变化非常大，那时私家车还不太多，而如今的车辆还需要以车尾号限行，有的家庭甚至超过两辆车，环线道路修得也很多，这一切都是几年前不敢想象的。

记　者： 从你的经历中可以看出你是一位能吃苦，求上进，很有长远规划的人，那你在大陆工作期间是否对自己有过什么期望？

陈经超： 我觉得每个人的智商都是不相上下的，没有天生注定的聪明人，只要踏踏实实把事情往深里做，我想都会成功的。在这样一个知识竞技的时代里，我们跟国外的企业相比，从技术、生产力、人员培养和管理上还是有些差异的，但是我们在发展的同时要注重吸收国外一些先进的理念，在经济全球化的进程中，只要大家不断努力，我想大陆的经济实力排名会在世界前三名。

记　者： 你在北大读书之余是否有同学跟你探讨关于两岸的话题？

陈经超： 我觉得来北大的人天赋都不会太差，对一些事物都有自己的想法和看法。生活中我遇到的人蛮和善的，当然在政治问题上，我们的观念有些不太一样，只要多沟通，多交流，相互了解，就能促进两岸的和谐发展，很多问题也会迎刃而解，这是我来这边后的一些看法吧。

记　者： 在两岸问题上，你觉得自己比较赞同哪种观点？

陈经超：可能两岸的媒体必须要维护各自的立场吧，因此报道的内容多多少少有些偏激，所以，我觉得眼见为实，耳听为虚吧，最重要的是你所看到的听到的才是真实的情况。这些年，许多台湾学生来大陆学习，有那么多的台商来大陆投资，有那么多的台湾人来大陆旅游，所以交流多了，许多事情就会自然而然地解决了。

爱上北京的 N 个理由

记　者：你选择找大陆的女性为妻是否希望自己在大陆长期生活下去？

陈经超：我今后肯定要在大陆发展的，我不做那种纯粹的研究工作，而是选择到民营企业工作，尤其我太太也是北大的学生，我们曾在同一个学院学习。她是福建人，在文化背景和生活习惯上跟我相同，有时候缘分真的很重要。

记　者：如今你从一名台湾人成为大陆的女婿，你当时是怎么想的？你父母是否也赞同你的选择？

陈经超：可能是北京对我有很大的吸引力吧，毕竟是历史悠久的城市，它有着大都市密集性和商业性的繁华，2008 奥运的成功举办都说明它是个迷人的城市，我和太太在这里度过了珍贵的学生时代，很留恋北大的校园，也喜欢在这座城市里定居。像我父母还是希望我回台湾发展的，但是我执意选择了在大陆发展，他们也很尊重我的意愿。

记　者：你有没有想过以后的某一天再回到台湾或是国外发展？

陈经超：有，问这个问题的人蛮多的，我觉得如果到国外再怎么努力也很难达到一个高度，在这种情况下，多多少少要受到他们的歧视。我曾到过美国、新西兰等一些国家，还是能感受到这些差异的。如果我们在外资的企业中想做到总经理，那几乎是不可能的事。但我相信在大陆只要通过努力这是可能达到的。这些年，我在大陆读书工作的阻力越来越小，事实证明我的选择是正确的。

记　者：这些年来，大陆为台商出台了许多优惠政策，你有没有想过等自己有实力了在大陆拥有一家公司？

陈经超：这也是我在大陆努力的方向，等我有好的想法和好的产品，会做这方面的尝试，我更加希望能研发出自己独特的产品，不但在大陆也在世界打出自己的品牌来，在我们这个领域有很多传媒集团或广告集团，也随着企业的发展逐渐走向全球化，等条件成熟的时候，我想我会实现的。

记　者： 你对将要来大陆求学的台生是否有好的建议？

陈经超： 我觉得机会是为有头脑的人准备的，如果你没有自己的想法或努力，来到这边期望有份轻松工作，就是不可能的，台生只有付出比这边人更多的努力，才可能坚持下去，这点非常重要。所以台生在来之前就要想好自己到这里不是轻轻松松过日子的，毕竟你来这里要重新开始，要为自己的下一步做好铺垫，不管你想回台湾还是想出国或者想在这里发展，你要有一个明确的方向和选择，如果心理上没做好准备，最好不要过来。

记　者： 有些台生是否也向你请教一些经验？

陈经超： 有些台生毕业的时候，问我将来怎么办这个问题，其实这是一开始就要想清楚的事，而不是毕业之后才考虑。有些台生在大陆读书的时候，不愿和大陆的同学住在一起，不愿和他们交流。如果选择留在大陆工作生活，就要再花费时间和精力重新认识这里的一切。否则你只能选择出国工作或者再往上念，除此之外就是回台湾。

记　者： 你的建议非常实际，你的事业心这么强，你是如何协调家庭和事业的关系呢？

陈经超： 因为我们的婚姻刚开始，我觉得家庭是双方都要有所付出、有所牺牲的，最重要的是家庭分工，我希望我太太不要丢掉自己的学业，有一份稳定的工作比较好，我们有各自的理想，也希望我们在今后的人生道路上和睦相处，这样的人生才有意义！

记　者： 好的，谢谢你接受我的采访，也祝愿你事业、爱情双丰收！

王昭伟

北京大学经济学院 2007 级博士生

贡献所学、
创造卓越、
身在北大、
心聚中华.

王昭伟.
二○○八、五、十九

秀丽手记

他与两岸共同学府结缘

　　五月的北京，春风和煦，在北大图书馆南门左侧的草坪旁，按约定的时间，我静静地等待着即将采访的北大台湾博士生王昭伟。这时，一位身材魁梧，身穿黑色 T 恤衫、牛仔裤的男生向我走来，笑容中洋溢着青春的活力，令人诧异的是，这位帅男生看上去很年轻，就像一位刚入学的大学生。当再次确认他的博士生身份时，他爽朗地笑着说："好开心，别人也这么说，可能我还褪不掉大学生的习气吧，等我毕业后要尽快到社会上锻炼啦。"他的嗓音浑厚，浓眉下一双有神的大眼睛，透露着热情与聪慧，为整个采访，增添了一份亲切的感觉。

　　王昭伟风趣地说，他是王姓家族 400 年前南迁到台湾的第 10 代传人了，虽然是土生土长的台北人，但是与大陆的学校比较有缘，他在台湾的东吴大学念经济系，东吴大学与大陆的苏州大学有着历史渊源，这两所大学至今联系比较紧密。在淡江大学产业经济研究所读的研，在台湾"国立中央大学"读博士，"中央大学"与大陆的南京大学，是国民党政府撤到台湾后设立的复校。念博一年后，王昭伟觉得自己多年来在台湾接受教育，视野和舞台都不够大，而台湾跟大陆同文同宗，很希望能到大陆读书，于是，他放弃了在台湾读博的学习，决定报考大陆最好的北京大学。从台湾念"中央大学"，感觉是从南京转移到了北京，竟然没有一点陌生感。

在北大读书，让王昭伟体会到了浓厚的学习氛围，学校要求的必修课他都认真学习，而那些对港澳台生的免修课，他也主动去学。

当谈到北大开设的马列主义课程时，他说这是很好的学习机会，过去在台湾一直接受"三民主义"教育，而对大陆的必修课知之甚少，来北大正好有这个拓展知识面的机会，多了解一些知识。当我问他对马列主义是如何认识时，他坦率地说，这些思想都是为百姓着想，目的都是让人民大众过上好日子，他乐观地说，如果自己今后能在大陆工作，就能较全面地了解大陆同胞的想法，也比较容易沟通，在彼此的相处中不会有什么障碍。

生性活泼、爱好广泛的王昭伟，在台湾从小喜欢学弹钢琴、拉小提琴、游泳，到了北大，他充分发挥自己的游泳特长，主动参加学校游泳比赛，并获得了蝶泳第三、自由泳第五名的好成绩。正是有着乐观的性格，他与大陆的许多同学结为好友，每到夜晚，几个男生相约在北大西门的小吃店，买几串烧烤、举酒杯畅饮未来，谈古论今，共寄乡思，与同学分享各自家乡的事。

让王昭伟最开心的事应该是到大陆旅游了，他在假期到东北几个城市亲身感受了独特的景色以及东北人的豪爽；他谈起了第一次来大陆就到孔子的故乡山东曲阜时，体会到了孔孟文化的深厚底蕴；当他来到厦门和深圳时，为大陆沿海城市发生的巨大变化而震惊，他风趣地笑着对记者说，这里的气候与台北差不多，将来在这里工作生活乃至养老都是蛮不错的事。

与王昭伟交谈感到是件很愉快的事，他很乐观健谈，对生活充满了激情，他梦想着将来有一天发挥自己的特长组成一个交响乐团，邀请一些有着相同爱好的朋友经常聚集在一起，做自己喜欢的音乐……

采访结束，与这位台湾土生土长的帅小伙王昭伟握手言别时，我请他写两句对北大生活的感悟，他略作沉思，提笔写下几个苍劲有力洒脱的字，我发现他握钢笔的手与众不同，几乎是把笔紧紧抓在手中的。他看出了我的疑惑，挽起袖子伸出胳膊，露出一道长长的疤，他说小时候因为调皮玩耍，伤了胳膊，共缝了26针，不方便写字，但又不肯落后，于是天天练习书法。

他的话虽然说起来很轻松，却展现了他好强乐观的一面，我想，他具有的这种优秀品质，在今后的人生道路上一定能为自己书写出精彩的一笔。

与两岸共同的学府结缘

记　者： 你的祖先是从大陆迁过去的，你是否觉得选择与大陆有着历史渊源的学校读书是天缘巧合？

王昭伟： 对，我的祖籍是山西太原，祖先大概在400多年前慢慢迁到福建再到台湾来的，到我这里应该算是第10代了，这么多年过去了，但我们仍然记得王姓族谱的根在大陆在太原。我是在台北出生长大的，从小学到高中都在台北念书，我念"国立政治大学"附属小学，后来念景文国中，然后到台北市立成功高中，那是曾任中国国民党主席连战先生的母校。高考时，我考上了东吴大学念经济系，这所大学刚好与大陆的苏州大学很有渊缘，所以东吴大学近些年一直与苏州大学保持联系。

记　者： 你在台湾就读的学校都与大陆的学校有渊缘吗？

王昭伟： 其实，台湾有很多学校都是因国民党政府撤到台湾后，设立的大学都与大陆的学校有着历史渊源，我从东吴大学毕业后，又考上淡江大学产业经济研究所，东吴大学跟淡江大学相比都是台湾私立大学中颇具实力的好学校，我很感谢在这两所学校里所受到的教育。

记　者： 当你从这两所学校毕业后没有参加工作，在台湾告别了一年的博士学习后，出于什么样的考虑选择到大陆读博？

王昭伟： 我毕业后，家里人都希望我去深造，我也在考虑读台湾的还是大陆的，于是我考上了台湾"中央大学"的博士班。"中央大学"前身是大陆的南京大学，因为那时国民党首府在南京，撤到台湾后复校就是"中央大学"，所以是很有源缘的。后来我希望能到大陆看看也蛮好，毕竟同文同宗，同样的血缘和文化，一年后，我决定报考大陆对港澳台招收的博士班。

记　者： 选择北大是你最大的心愿吗？

王昭伟： 大陆对港澳台的招生考试每年只有一次，如果考不上就等第二年再考，当时我想要考就考大陆最好的学校。我没做特别的准备，以长年累积的实力和平常心应考，2007年我很幸运地考上了北大，感觉从南京又迁到北京一样。在北京的生活，我尽力把自己当成大陆人，尽快融入这里的生活。

记　者： 你当时为什么选择金融专业，是你父母对你的一些期望吗？

王昭伟：我自己本身在"中央大学"也是念会计金融这部分，跟我过去研究的方向比较结合。我考北大的经济学院有很多专业，像政治经济学、财政国贸经济史、世界经济金融保险等很多，我读金融是因为毕业后比较容易就业。我父母都很尊重我的想法和兴趣。我父亲是大学老师，关注的是宏观货币金融方面；我妈妈在台北一家银行工作，他们都是服务于金融业，有可能受他们的影响。

记　者：在台湾不承认大陆学历的情况下读书，你担心过自己今后的就业吗？

王昭伟：虽然台湾至今还未承认大陆学历，但是近些年报考大陆学校的台湾学生也蛮多的，有的学生希望回台湾就业，只好再选择到国外一所院校拿硕士或博士文凭，而我选择来大陆，是因为看到两岸的关系越来越好。从长远来看，随着中国大陆的发展，北大博士学位一定有她的市场价值，何况北大在世界高等院校中都是有影响的。将来有机会我还会到欧美进修，我期许自己未来能兼备欧美及中国经验。

认真学习马克思主义

记　者： 两岸的学校开设的课程有所不同，比如大陆的政治课中都涉及到马克思主义哲学，你作为台湾学生是如何面对这些课程的？

王昭伟： 我已经修完了必修课，而政治课中开设马克思主义哲学和《资本论》等方面的课程，对于港澳台的学生来说并不要求必须上，因为我们在台湾从小一直念"三民主义"，很少接触大陆学校中涉及到的政治内容，所以来北大念马克思市场经济学也挺好的，还能弥补过去的不足，我想既然来这里学习，多学一点也还蛮充实的，所以我主动修了这门课。

记　者： 你对马克思主义是怎样的认识？

王昭伟： 我觉得要想在短时间内完全认识它并不容易，但我认为任何一种主义和思想都有它存在的价值，事实上三民主义本身也有社会主义的色彩，就是说它希望创造一个全民均富的中国，倡导每一个中国人要平等，都有饭吃，有工作做，其实这是一种很高的思想境界，我觉得这很好。

记　者： 你在学习的时候是否也会遇到一些理解上的障碍？

王昭伟： 毕竟我过去从来没有上过这些课程，在听课的时候难免会有障碍，和大陆的同学相比就会难一些，他们很早就开始上马克思主义的课程，有趣的是，一些大陆的学生上这个课的时候会看其他方面的书，可能他们听得太多了吧，而我作为一名台湾人面对这个陌生的领域就会很认真地听，听不懂的地方，我就主动向他们请教，他们蛮不错的，也很乐意给我讲。

记　者： 你在学习的过程中，是否结合课本里所学的知识去认识大陆改革开放 30 年来发生的巨大变化？

王昭伟： 对，大陆经济发展的成果是有目共睹的，这应该归功于邓小平先生，他的想法是让一部分人先富起来，尤其是大力发展沿海城市特区的观念。我曾思考过他的观念跟孙中山先生当时要做好实业计划，在广州做一个大港口的想法不谋而合，一个国家国力的增强首先要先把经济建设搞好。我非常认同邓小平先生改革精神。正是有着这种大刀阔斧的改革气势，东南沿海城市经济发展得很快，去年我去深圳的时候，发现香港跟内地逐渐趋向融合，没有太大的差别。如今，大陆人们的生活水平、文明程度有了很大提高，过去人们还没有买私家车的概念，而现在的家庭拥有一辆车已经不是难事了，有的城市在硬件上甚至比香港、台北还要发达。

记　者： 在这种变化中你最关注的是哪些方面？

王昭伟： 我对大陆的发展很有信心，也许以后还会面对一些贫富不均的问题，如今，大陆面临贯彻十七大精神构建和谐社会的重要任务，不断改善农村、农民、农业问题，关注农民工和弱势群体，缩小贫富差距，社会才能真正达到和谐。

记　者： 你是如何看待许多台商在改革开放中到大陆投资的现象？

王昭伟： 台湾经济发展与大陆相比较早，有着先进的高科技技术和先进的管理理念，但是台湾的市场不够大，在大陆改革开放之初，一部分台商选择来大陆投资办企业，增加了当地的就业机会，也为大陆的经济建设发挥了一定作用，当然台商也得到了许多实惠，可以说是互惠互利的事情。台商与来大陆投资的外商相比，在思想上文化上的交流、沟通比较容易，台商在大陆的队伍越来越壮大，也离不开大陆的市场，我想将来两岸企业的发展也很乐观。

记　者： 当大陆南方遭遇灾情的时候，许多台商也纷纷慷慨解囊，你觉得这种举动是否体现了两岸同胞血浓于水的亲情？

王昭伟： 在新闻中看到了南方城市有突如其来的雪灾，五月份汶川又遭遇大地震，那些在大陆投资多年的一些台资知名企业也捐了很多钱，他们在大陆获得的利益又以爱心回馈给大陆的灾民，因为他们有这种实力。我想将来大陆经济到底在世界上扮演什么样的角色很难说，我认为中华民族的崛起，是离不开两岸以及各地华人们的相互支持与帮助的，台湾的发展不可能置身于大陆之外，同样大陆的崛起在某种程度上也需要台湾更进一步提供一些技术的交流经验，就像如鱼得水、如虎添翼一样。

比赛，重在参与！

记　者：你的性格比较开朗，是否与你小时候的兴趣爱好有关？

王昭伟：我从小就学习钢琴、小提琴，在小学也拿过台北市钢琴比赛前三名，还是乒乓球校队队员。我的兴趣非常广泛，念大学的时候，我担任学校的管弦乐团首席。我希望自己的生活模式是多才多艺，其实生活就是要学会去享受，人生在世还是要让自己活得快乐一点。

记　者：你在北大是如何发挥特长的？

王昭伟：我在北大曾想加入游泳校队，但课业繁忙最后还是自主锻炼，每次至少游 1000 米。最近考试多了，所以把花费时间长的游泳改为跑步了，我每天连续跑 2000 米，跑得满头大汗再洗个澡回去睡觉，其实锻炼身体也很重要的。我的小提琴放在台湾的家了，课余时间只能到学校的琴房弹几首钢琴曲来舒解学习压力。

记　者：你经常参加学校举办的一些活动或是比赛吗？

王昭伟：我参加过一次台资老板举办的闽龙杯乒乓球比赛，参赛选手面向在京的台湾人，包括台生、台商、台干还有大陆台办的一些朋友，我作为北大的台生参赛的，球逢对手，屡战屡败，虽然没得名次，但我还是坚持到底。另外，我还参加学校"北大杯"的游泳比赛，我参加蝶泳拿全校第三，自由泳拿全校第五。其实我并不看重是否能拿名次，重要的是想多多参与比赛。

记　者：你在课余时间喜欢做些什么？

王昭伟：因为课业比较多，我基本上都在学校、食堂、教室、宿舍，除了游泳馆和操场是我常去的地方外，我也去学校附近的中关村、第三极和家乐福超市，那里比较繁荣，买生活用品和衣服比较方便。比如同学过生日买个小礼物比较好挑选，有时候在食堂吃腻了，就约几个同学到外面找好一点的饭馆聚会，清华大学东边的五道口有韩国餐馆，我们班的韩国同学找我吃韩国烧烤，味道也很不错啊！

记　者：你和周围同学相处得也很融洽吧？

王昭伟：我跟大家相处比较友好，我们的宿舍在学校西门，西门外有很多鸡翅店，我们一些男生晚上出来喝酒，这种方式还能加深彼此的感情，学习上有不懂的方面相互请教，相互帮忙。大家都来自大江南北，常常聊各自家乡的情况，他们对台湾也很感兴趣，我也把台湾旅游等方面的情况跟他们一同分享，向他们展现台湾人热情、善良、耿直、很友善的一面，希望给他们留下台湾的好印象，我也欢迎大陆学生有机会到台湾走走，我会义不容辞当好东道主的。

流连于孔子之乡

记　者：你是否也想过到大陆一些风景优美的省份观光呢？

王昭伟：我们在台湾学的课本常常介绍大陆的许多名胜古迹。在2006年7月我硕士毕业时，正好有一个台湾"国立"的成功大学跟山东大学合办的研讨会，我的一篇论文也被研讨会选中，我跟老师、同学们一同到了山东省会济南。山东的朋友很热情，带我们游览了济南的趵突泉、大明湖、孔子的故乡曲阜、登五岳之首泰山等有名的景点，过去我只在课本里看到的景点，猛然出现在眼前，感觉很兴奋。那是第一次来大陆，我们看到什么都感到非常好奇，我拿着相机四处拍照，就连山东简称"鲁"字的车牌也想拍，那次留给我的印象很深。

记　者：除了景点吸引你以外，你和当地的山东人打过交道吗？

王昭伟：其实台湾人对济南也是很有情感的，我们上小学的历史课读过"济南惨案"，那段历史对我们中国人来讲很悲哀，而如今看到的济南市发展很快，也很繁荣，很是感动。在古代山东是鲁国，又是中国古代著名教育家孔子的故乡，孔孟思想的发源地，我认为山东给我的感觉是读书风气特别好，儒家学术很浓。那次山东之行较紧张，和当地的居民没什么交流，只跟山东大学的老师和研究生建立了友谊，现在还与他们保持联系，感觉山东人很热情，我非常喜欢他们的酒文化，尤其是山东人个子都特别

高大，让南方人感觉很
惭愧啊。

记　者：那次山东
之行让你对大陆加深了
好感，是否也为你来北
大读书奠定了基础？

王昭伟：对，那次
到山东有了比较直观的
了解，我也感到大陆10

年后将有更大的发展，所以希望来北大读书，也能早一些了解大陆，认识
大陆，对大陆的发展持有乐观的态度。

记　者：除了山东，你还到过哪些城市？

王昭伟：我到过辽宁的省会城市沈阳，东北的道路给我的感觉很大气，
就连东北人讲话也很豪迈。我乘飞机还到深圳玩了两天，感觉深圳不愧为
金融中心，高楼大厦，灯火通明，晚上华灯初上的感觉真的很美。当我走
在深圳的街道上时，切实感受到了大陆南方城市的巨大发展变化，脑子里
闪过一些念头，今后有机会到深圳定居也不错。距离香港很近，香港飞台
湾又很近，实现"大三通"后离台湾也很近，这些地方我都蛮喜欢的。

对大陆的发展，我乐观期待

记　者：你期望自己今后将从事什么职业？

王昭伟：拿到博士学位后不论做学术研究还是从商，我希望该轻松的
时候就轻松一些。不想把我的压力带回家庭，我要带着老婆去听音乐会，
她可以是音乐白痴，这没有关系，我可以教她如何欣赏。如果她喜欢插花
跳舞什么的，我可以陪她跳舞，我还可以教我的孩子弹琴、踢足球、学习
琴棋书画，其实我觉得男人应该具备成功的事业和完美的家庭。

记　者：看来你还是位浪漫主义者，你这么喜欢音乐却选择了在金融
领域里深造，是否感到有些缺憾呢？

王昭伟：我过去最大的梦想是当指挥家、作曲家，那是件很爽的事情，
也许哪天我有了大笔的资金，可以组成一个乐队成就我的梦想。以色列管

弦乐团的指挥家原来是名医生，还有台湾有一个由医生组成的管弦乐团，他们每天面对病人感到压力很大，所以他把情感倾注于音乐中，那种素质不输于职业乐团。对职业乐手来讲，每天拉琴弹琴像上班，他们反而没有感情了，可是那些医生每天从事枯燥乏味的工作之余，还有心情搞音乐，表示他们心中对音乐充满了热情与激情。

记　者：你认为将来在哪里发展最具优势？

王昭伟：有时候机会来了才能知道，如果拿到学位想在大陆发展，比起韩国人、日本人、美国人来讲，我比他们更有优势，因为我的中文没有问题，我又有北大的学位，也有这边的人脉关系，在大陆发展也非常好。不过也可能回台湾，因为我相信马英九先生主政后，对大陆学历的承认是迟早的事，将来不论在台湾还是大陆发展，只要哪里适合，我都会去试一试。

记　者：你将来也可能奔走于海峡两岸，起个桥梁或沟通的作用。

王昭伟：这几年，大陆释放出许多的善意，国民党也常派人来大陆访问，尤其是2008年以来两岸关系越来越和缓了。我比较关注金融学，目前像台湾一些金融机构、金融大企业的管理技术蛮好的，但市场不够大，如果他们来大陆发展，也能推动这里的金融业发展，现在也有陆资到台湾去，将来两岸在这方面也有一定的互补，那时就需要有一些既懂台湾又懂大陆金融市场的人才，我可以在这些岗位上尽绵薄之力。

记　者：你是否对两岸未来的发展充满期待？

王昭伟：从2000年至今的8年间，不管经历了什么样的情况，两岸之间有着很大的变化，再过8年，两岸也许更加开放，很多事情都比较好解决，台湾人到大陆找工作，也许大陆人移到台北、高雄去上班那样简单，这都是很有可能的。

  记 者：你对两岸未来的发展是否持一种乐观的态度？

  王昭伟：对，我很期待！我很乐观！

高子涵

北京大学法学院 2004 级本科生

智慧. 成长

活在当下.

在北大。

高子涵
2008.5.19

秀丽手记

大陆是我的第二故乡

　　2008年5月8日，在北京大学百年讲堂广场的花坛座椅上，我见到了台生高子涵。她是一位穿着短裙身材娇小的台湾女孩，也是一位爱笑的女孩，她的笑容很甜美。采访中，她显得活泼又不失稳重，才思敏捷，幸福的笑容浮现在她的脸上。

　　高子涵与许多台生一样，他们的祖先都是几百年前从福建沿海一带移居到台湾的。据高子涵介绍，1992年她爸爸被所在的台湾公司派到大陆工作，受大陆良好的投资和生活环境的感染，她爸爸决心把全家都迁到大陆。1997年，高子涵小学毕业，随父母到江苏昆山读书，从初中到高中，直至考入令众多学子羡慕的北京大学法学院，她在大陆度过了美好的青春时代，给她留下了许多美好的回忆。但印象中的家乡台湾仅停留在过去的记忆中，思乡之情随着年龄渐长更加浓烈。每次回台湾的日子总是短暂的，她总是把时间用在和家人团聚，与周围的亲友分享她在大陆的各种见闻上，每一次踏上她童年成长的土地，总是感觉到自己心灵的回归。

　　当高子涵谈到就要告别北大生活的时候，轻松活泼的语调中掠过些许淡淡的伤感，她给我讲了许多在大学里那一幕幕难忘的情景，一个个相处融洽的大陆学生，一个个愉快开心的日子，一次次置身图书馆读书的感受。

尤其是她谈到接棒北京大学台湾研究会理事长的职务后，让她在忙碌的学习之余又增添了一份亮丽的色彩。

提起北大台研会的活动，她显得格外认真，为了让协会的活动更加充实，她向那些在台湾有过社团经验的台生征求改进意见，努力让那些新想法和新点子付诸实施。她深有感触地对记者说："我们协会致力于筹办两岸青年交流活动，尽管在学习之余感到忙碌，但它能丰富我们的校园生活，通过这些活动，我能与更多的两岸同学互动，与他们交朋友，同时还能为那些来北大交流的台生起桥梁作用，陪伴他们更好地了解北大，与台生交谈的时候，还可以了解台湾近年来的情况，因为我不想与台湾有距离感！"

是啊，高子涵真诚的话语也道出了那些早年随父母来大陆的台湾学子们内心的忧虑，正是她们有着在大陆生活学习的经历，亲身经历着大陆发生的巨变，他们开始熟悉大陆的生活，融入大陆生活，他们成长于台湾和大陆，生命里因烙下这种印迹而更加精彩。

灿烂的阳光照在百年讲堂广场的花坛前，仿佛那朵朵绽放的小花也在静静倾听这位台湾女生的心里话，近年来，随着大陆改革开放力度的加快，人们的生活水平有了很大提高，也吸引了众多台湾人来大陆工作。高子涵欣喜地对记者说：20多年前，一些台湾公司员工被派到大陆工作，还要给这名员工许多福利做为补偿，即使那样也很少有台湾人来大陆工作，但现在就不同了，许多台湾人都争着来大陆工作，等她毕业后，也要去她爸爸在江苏的那家公司锻炼，我从她眼里看到了更多的是期盼。

此时，她那天真可爱的笑容，宛如邻家的小妹。

中学时代的大陆记忆

记　者： 请你介绍一下来大陆生活学习多年的大致情景？

高子涵： 1992年，我爸被台湾所在的公司派到大陆工作，5年后我爸带我们全家到江苏昆山定居，那年我刚好小学毕业，从初中、高中和大学一直在大陆读书，如今我马上要从北大法学院毕业了。

记　者： 你那么小离开台湾到大陆读书，和大陆同学相处得如何？

高子涵： 那时候，台湾一些到大陆工作的父母很少敢把孩子带到大陆上学，怕不适应吧。爸爸送我去的那所学校就我一个台湾学生，刚入学那阵子，每次下课铃声一响，有很多同学跑到我们班教室的窗户上偷看，大概他们对台湾学生感到好奇吧，所以台湾小孩在那个年代还是备受大家关注的。

记　者： 你是如何适应这个群体的？

高子涵： 其实，我在台湾上小学成绩蛮优秀的，到昆山上初一时，心里还是想着在大陆上学一定要努力，不能丢台湾人的脸，所以要表现得好一点。老师和同学们对我也很友好，常常主动和我讲话，问我台湾是什么样子，有的老师还说有机会跟我回台湾玩之类的，感觉当时周围的师长同学都对台湾比较好奇。

记　者： 在学校里，你与其他同学相比是否感觉到身份的特殊？

高子涵： 其他方面没什么差别，主要是语言上，我的台湾口音比较浓，普通话发音不标准，在语言表达方式上与大陆的同学也有出入，他们会善意地笑话我，也会帮我纠正发音，我现在已有很大改变了，他们对我很照顾，我和大陆的学生交

大学四年里高子涵（左一）与亲爱的家人合影

往比较融洽。

记　者：你经常与大陆学生接触，当你再跟台湾的学生交往时是否会感到有距离感？

高子涵：虽然江苏的台商很多，但与我同龄的台湾小孩很难遇到，所以我与大陆同龄人一起成长。直到考入北大，我才有机会结识到许多到北京读书的台湾学生，他们大多是在台湾读完本科后到大陆读硕士或博士，但我是台湾人，所以彼此之间还是有一份同乡的情感，很有亲切感。

记　者：你对在北大取得的学历是如何看的？

高子涵：检验一个人的能力不只看学历的，有的台湾学生在大陆读完书后再去国外留学，为的是拿到国外的学历，然后再回到台湾找工作，但是我觉得大陆的学历迟早能被台湾教育部门承认，所以文凭不是太大问题。如今，还有一个新情况是台湾的海外毕业生，也会考虑到大陆就业。

畅游北大图书馆

记　者：你第一次走进北大校园时是怎样的心情？

高子涵：记得第一次走进北大校园是从南门进来的，那天是所有新生的报到日，要举行非常隆重的入学仪式，我觉得成为燕园的新生很幸运吧！能看到许多新鲜事情，能跟很多优秀的人一起交流学习，在上大一的时候，我有很多的理想，希望自己做得很好，毕业后，同样也希望让自己做得很好。

记　者：你选择法学院是对它感兴趣还是将来想从事这种职业？

高子涵：我觉得不论在台湾还是大陆，许多人都热衷于法律这个职业，我当初是出于喜欢才选择了法学专业，4年大学生涯很快就要过去了，我可能留在大陆发展，也许我暂时不从事与法律有关的职业，但我确实喜欢法学，毕竟在生活和工作中离不开法律，多了解相关的知识，遇到法律上的问题就会迎刃而解。

记　者：这四年里，你觉得学习难度大吗？

高子涵：现在我的各门功课都已经通过了，但是学无止尽，法学是一个很深奥的学科，如果要深入研究的话是永远学不完的，不能有自我满足的心态，今后还要多学习新出台的法律、法规，才能让自己的思维跟上时代的发展。

记　者：在课堂上，你们是否也讨论国家法律方面的话题？

高子涵：每一个国家的法律、法规都有不完善的地方，我觉得这都有从不完善到慢慢完善的过程，中国正处在这个过程之中，我和同学们在课堂上也常常讨论这个问题，像中国正处在全球化的环境中必须不断完善法律，才能不断进步不断向前发展，也能达到中国提倡的和谐社会的目的。

记　者：你在历史悠久的北大校园读了4年书，哪些场所给你留下最深刻的印象？

高子涵：我觉得最喜欢图书馆，它毕竟是亚洲最大的高校图

河南寻根之旅

书馆，藏书量已达650万册，这里的读书氛围非常浓，能看到很多自己喜欢的书，在这里品书犹如品尝丰盛的精神大餐，能真正感受到置身于知识海洋里的那种愉快，每次到这里心情感到非常愉快和放松。

记　者：你对学习如此痴迷，是不是为了将来能有个好工作而打基础？

高子涵：在我周围都是优秀的学生，受整个校园学习气氛的感染，大家都在拼命学习，我和同学们聊天的时候，感到大家的人生理想都不平凡，让自己的知识更渊博，也不光是为了自己找个好工作，而是把眼光看得很远，他们希望能为更多的人做更多的事情，我想，这样才不愧对师长的教导及自己4年所学的知识吧。

让台研会成为两岸青年交流的桥梁

记　者：除了学习之外，你是否也参加学校的一些社团活动？

高子涵：在北大不同的时期感触也不一样，刚来的时候，第一感觉就

是我要跟这些很优秀的同学一起学习了，遇到的老师都是很有影响的学者，尤其发现大学老师授课的方式能让自己很快成长起来。后来，我参加学校的社团，有许多机会接触不同的人，我的精力基本上用在社团的活动里，能更多分享到校园丰富的文化生活。

记　者：你在社团里是否也给你的大学生活增添了乐趣？

高子涵：在大学我参与过许多社团活动，但投入最多的是台湾研究会，在夏雯震学长离职后，我升任北京大学台湾研究会理事长，在任职前一年主要担任刊物《两岸青年》及月刊《台研动态》主编。协会中所有人努力背后的核心目标是希望能够帮助两岸青年互相了解和交流。在那段日子里，和协会里所有伙伴为理想共同奋斗的过程，是我一生值得珍惜的回忆。

记　者：社团给那些来北大的台湾学生做过那些工作？

高子涵：我们社团做学术探讨也做交流，每年也有很多台湾学校的团体来北大，我们社团就负责接待他们，交流有两天短期的也有较长的暑期交流，这种交流过程互动比较多。比如说，我们带着台湾学生到校园四处走走，带领他们游历北大甚至认识整个北京城的朋友，不只介绍校园的各个景点，也会告诉他们北大学生是怎样生活和学习的。

记　者：你是在大陆生活十年的台湾人，可能在思维上或待人处事等方面与台湾学生已产生了距离，你在与台生沟通时是否想了解他们的想法？

高子涵：我与台湾同学交流时会有一种亲切感，我会告诉他们北大的情况，当然一些大陆同学也愿意了解台湾大学生是怎么生活的。在交流的过程中，我也很想了解跟我同龄的台湾学生是怎样的状况，想了解他们对未来的期待和人生规划的思考重点。

记　者：你认为在台研会当理事长期间这个担子重吗？

高子涵：我觉得当理事长主要能够统合所有资源以发展协会，但我在北大年龄比较小，各方面没有像学长那么成熟，尤其台研会在 2007 年 12 月刚获得品牌社团，我接了夏雯震理事长的棒子后，感到压力很大，我尽全力做好社团的工作，就是想保住品牌社团的实力，这对我也是一个相当大的挑战。

记　者：台湾研究会的会员里面台湾同学多吗？

高子涵：有些台湾同学不愿意加入台研会，这也是我常常思考的问题，可能台湾研究会原来是一些对台湾政治感兴趣的大陆同学建立的协会，她的传统思维方式可能是单向的研究，一些台湾同学已经很了解台湾了，而且课业和研究任务也都比较繁忙，就无法投入太多时间在社团。

记　者：你遇到这个问题是如何解决的呢？

高子涵：我遇到这个瓶颈后，曾跟一些台湾同学交流过，了解到台湾社团的运行模式以及团队的观念与大陆是很不一样的，他们觉得我们社团还应在某些方面需要改进，我们把台湾一些社团的精髓与我们社团原有的传统融合在一起，让台湾研究会真正成为两岸青年交流，并在此基础上从事相关学术研究的社团。

记　者：台湾学生对台研会是否还有其他的期待呢？

高子涵：北大台湾研究会里面聚集很多对台湾友善的大陆同学，希望它成为交流的好地方，台湾同学可以到这个团体认识更多地大陆同学，他们希望有来自不同省市的大陆同学，介绍各自家乡的特点，用放寒暑假的机会，带他们到大陆的一些景点逛逛，他们很希望通过游览的方式，更多的了解大陆。

我的身份就是中国人

记　者：你到大陆读初中至今，接受的教育与你在台湾的同龄人有所不同，你是如何看待中国历史的？

高子涵：我上小学的时候，觉得教材上有什么就读什么，也不会关注两岸之间的事，这可能与每个人的兴趣点不同吧。两岸问题包涵了很大的范围，我关注政治和历史上的问题比较少，我关注中国的传统文化比较多一些。

记　者：在江苏上学的时候，你参加学校组织的"五四"青年节和"清明节"之类的活动吗？

高子涵：我从没有因为自己是台湾人就觉得自己很特别。我这个人比较有集体观念，比如去扫烈士墓之类的纪念活动，我会去看看这是怎样的场合。长大后就会比较客观地理解这些事情，我在台湾读小学时从没有这样的经历，这可能是两岸教育的不同之处吧。

记　者：你在大陆这么多年，对中国的历史是否有一个清晰的认识？

高子涵：毕竟我是在大陆读的中学，中国历史也是必学的功课，所以我了解比较多，而我上小学时，对大陆了解的就很少。当年邓小平先生去世的时候，我从台湾新闻里收看到后，我们不知道他是谁。所以，我上高三后，有一位从台湾转来的同学做文综试卷时，有一道题问"一国两制"是谁提出的，他写的竟然是毛泽东，所以我们不难从中看出台湾同学对大陆的情况知之甚少，也不是他们的过错，主要是他们身处的环境不同造成的。

记　者：你对自己的身份是怎么看的呢？

高子涵：我刚到大学的时候，就有一种身份认同的问题，我知道我是台湾人，但我从小是在大陆长大的，所以回到台湾跟同龄人沟通时，需要更加用心。到北大后，像雯震学长或者昆铮学长，他们像亲人那样和我一起讨论今后会怎么样？有时，我也会把这种感觉分享给我的大陆同学。

比利时欧盟暑期学校留影

记　者：你是否试图缩短自己具有双重身份的距离？

高子涵：应该是吧，我觉得对大部分的大陆同学来讲，台湾学生的那种生活方式和生活状态并不重要，他们只把它当成知识或兴趣来了解，但是对我来讲，我是台湾人，我想要了解更多台湾的新东西，只有这样，我才不会跟台湾脱节。

魅力大陆是我第二故乡

记　者：你在大陆生活的时间比较长，每年的寒暑假你还回台湾吗？

高子涵：每年寒暑假我都回台湾，因为我过去的小学同学和周围的亲戚，常常问我一些关于大陆感兴趣的事，他们也很关心我在北大的学习生活以及北京的一些事情，我都会把我所知道的告诉他们。当然，我也会向他们了解关于台湾的事。

记　者：这些年来，你父母在大陆的生活工作还顺利吧。

高子涵：我觉得可能跟家庭环境有关系吧，都是从商的，所以可能对历史和政治这些问题不太敏感。刚来大陆的时候，因为两岸人民的生长环境不同，所以公司管理的方式也不太一样，经过多年在大陆的探索，工作还比较顺利的，我父母在大陆生活得蛮愉快。

记　者：你在学习之余，是否也会去一些旅游景点游览？

高子涵：北京有名的景点都逛过了，现在比较喜欢关注平民化的景点，像北京的胡同、四合院和一些名人故居。不过，最近有往外跑的倾向，我先后去山西、青岛、湖南、湖北旅游。那天我同学帮我统计了一下，好像去过18个城市了。我喜欢了解中国古老的民风民俗。

记　者：那你去的这些景点印象比较深的是哪个？

高子涵：印象最深的是黄山，小时候经常看黄山的画。当我10多岁登黄山的时候，看到眼前的自然景观为之感到震撼。我跟父母翻山越岭，一直爬到黄山最高处，感受到黄山如仙境般的美丽。尤其是那里的松树和飘动的浮云，太美了，到现在我还常鼓动一些朋友有空一定爬黄山。

记　者：大陆的山水能吸引人，你觉得大陆的投资环境是否也能吸引更多的台商呢？

高子涵：我关注到北京物价和人们的消费情况，发现人们的生活水平有了很大的提高，两岸经济的发展也在加快。最明显的变化是，当年我爸爸到大陆工作的时候，大家都不愿意到大陆来，可是现在就不一样了，很多人主动到大陆投资从商，这可能跟大陆提高的经济实力有关系。

记　者：你今后是否希望留在大陆工作或是在大陆定居？

高子涵：也许现在考虑到大陆发展的台湾人比较多吧，那些到大陆求学的台生肯定比在台湾从媒体中获取大陆信息的人更加自信，因为他们对大陆了解得更全面一些，也能很快适应大陆的环境，即使他们选择回台湾发展，也会考虑从事与两岸相关的工作。近些年我会在大陆工作的，至于在大陆定居还是要看以后的发展了。

记　者：谢谢你，祝你的未来更加美好！

台研会活动后留影

吕昆铮

北京大学对外汉语教育学院 2006 级硕士生

为该院第一位台湾生

志之所向 如舟之有舵

择我所爱 亘之有恒

昆铮

北大，北大，叫我如何不想她

　　按约定时间，记者在北大百年讲堂前见到了台生吕昆铮，他敦厚的脸庞，戴着一副眼镜，结实的身子穿着一身白色运动衣，有力的大手拿着一本书，记者断定他一定爱好运动。我们在百年讲堂西北处的一片绿意满枝的树林中，寻得一石桌四石凳的好地方，开始了采访。从他的话中不难看出，他为人随和。他对记者说空余时间常常骑着单车在校园跑，对北大的每一个地方都能熟记于心，令他惬意的事是每天能在北大晨跑。

　　采访正在进行中，有几位工人用水浇灌花草树木，一阵清风吹来，水滴随风吹到我们身上，吕昆铮很幽默地随口吟诗一首，只可惜记者怕工人影响采访，随手关掉了采访机，现在想来甚为遗憾，只隐约记得一两句：清风携雨润树枝，绿意荡漾为我痴。吕昆铮不愧是研究对外汉语教育的，看来他有着非常扎实的中文基础。

　　谈到他选择的这个专业时，吕昆铮笑着说："想当初，在台湾的东吴大学读中文时，我还和家人作了一番斗争，毕竟家人希望我能学一门实用性强，毕业后能在大公司有所作为的专业，但我从小喜欢中文，在我的坚持下，还好，父母尊重我的选择，一直支持我到北大读书。"

　　无疑，吕昆铮是位性情中人，由于他对唐诗宋词、古文歌赋有着特殊的喜爱，在中学，他背诵了大量优美的诗词佳句，时时陶醉其中。大学毕业后，他选择了教中文，每次上课，他不用带课本就能顺畅地讲完全课，也成为学生们眼中的偶像。他不仅给学生讲每一篇诗文的意境、作者的生平，而且还把那些励志的佳句作为激励学生们奋发的警句，同时，对中文的喜爱也让他萌发出了到北大念书的想法。不久，吕昆铮去金门岛服役，在那两年时间里，他遥望着隔海相望的大陆，心中的那份愿望不时在心底涌动着。尤其是拜望昔日的老师时，更是深受启发。老师说要想真正学习中文，想了解五千年来的中华文化，要到大陆学习，就要到大陆最好的大学念书。老师的一席话在他心底激起一波波涟漪，从此，"北京大学"四个字已深深镌刻在他心底。服完兵役，他立刻着手为考北大做着准备。

他真诚地对记者说，想来北大念书是他珍藏了 10 年的梦想。2006 年 7 月，当他揣着那张录取通知书来北大报到时，心中充满了喜悦之情，但令他深感意外的是，由于水土不服，再加上北方比较干燥，入学没几天，他就拉了三天肚子，到了冬天又患感冒，打了好几天的点滴，直到第二年才适应北方的环境。谈到这里，当记者问他是否后悔来北大读书时，他说，人又不是神仙怎么会不生病呢？现在他很注意锻炼身体，偶尔患小感冒也不算什么病了，尤其北大是自己梦想了 10 年的大学，怎么能因为一点小事就退缩呢？不管遇到什么困难都要克服。

让吕昆铮深有感触的是，北大的学习氛围很浓，这里聚集了各路的精英，像听林毅夫老师的中国经济研究专题课以及名师的课，连讲台、窗边都挤满了学生，有许多录音笔、摄影机，就像开记者会一样。

走出课本，走进生活，在大自然中寻找先人留下的绝诗佳句，吕昆铮希望能在大陆旅游时，寄情于山水美景之间。他先后到范仲淹笔下的岳阳楼中寻求豁达的意境，到陕西探寻令世人震惊的兵马俑奇观，在旅游的同时也深深感受到了大陆发生的巨大变化，也为这片神奇的热土感动着。他希望将自己所学的知识运用到今后的工作中，让国外更多的人们了解感受中华文化。

采访即将结束时，吕昆铮用一句话深情地概括了来北大读书的心境："叫我如何不想她"。

是啊，向往北大，在北大寻梦，这也许是众多来北大念书台湾学子的一个心声吧！

十年终圆北大梦

记　者： 你对中文的喜爱是否缘自对几千年来的中华传统文化怀有浓厚的兴趣？

吕昆铮与北京市台联会长、北京大学统战部部长虞成池老师

吕昆铮： 对，我从小就对中华传统文化情有独钟。上中学时，父亲和叔叔、伯伯们在大陆投资。在我高二寒假的时候，终于有机会和台商家属组成了类似探亲的团队第一次来大陆，我们观赏了大陆的一些自然风光，那种自然之美诗情画意给我留下了很深的印象。参加完台湾高中联考后，我第二次来到大陆，希望在这里能放松心情。

记　者： 过去你对大陆的认识与你亲自观察到的情形是否有差距？

吕昆铮： 上小学的时候，我一直认为大陆很落后愚昧，让人难以通融，不过在大陆经商的父亲和叔叔、伯伯们常给我们讲一些大陆方面的资讯，所以我长大后希望能亲自到大陆看看。第一次来大陆，我走出机场时，就看到高速公路四通八达，高楼林立，商城遍布，人们的穿衣打扮也很新潮，在旅游景点还有许多方便游客观光的游览车，这一切让我很震惊，才发现过去我对大陆的认识比较偏面。

记　者： 这种新认识是否让你萌生了来大陆求学的心愿呢？

吕昆铮： 正如父亲和叔伯所说的大陆正处在快速发展阶段，也将成为经济强盛的地方，所以我在台湾读东吴大学时选择了中文专业，希望能对中国有更多的了解。其实，我选择到北大念书与第一次来大陆有很大关系。

记　者： 在当今就业激烈竞争的情形下，你没选择热门的专业而是选择了中文，你是怎么想的呢？

吕昆铮： 当初我在台湾读中文系，差点儿闹家族革命。家人对我念中文感到不可思议，我的堂哥堂姐都是从事商业活动或医生那些比较实惠的职业。我堂哥在台湾清华大学电机系与经济学系获双学士学位，台湾交通大学电子博士，他读的科系是台湾当时正蓬勃发展的高科技半导体产业，这样的高学历在那个年代是令人羡慕的。但我觉得中国以后将逐渐发展成为经济强国，对外的交流也很频繁，学好中文将来肯定能派上用场。我父母看我的态度很坚决，也就同意了。

记　者： 那时学中文是否想过将来有一天到大陆继续念中文？

吕昆铮： 我大学毕业后曾在高中教国语。到金门岛服役的时候，我就考虑等服完兵役后将来做什么，因此，我利用放假之机，回台湾和大学老师讨论过，我想长期从事对外汉语教学，想到大陆读书。老师很支持学生有自己的想法，他们还给我介绍了大陆一些知名的学校。

记　者： 当你选择来北京读书的时候是否与台湾的大学作过比较？

吕昆铮： 是的，我曾经作过很有趣的比喻，说大陆的北京大学和清华大学两者之间的关系，就像台湾的台湾大学和清华大学一样。两岸的台大和北大是可以类比的：北大和台大都是属于一个综合性的学校，两岸的清华大学都是属于理工科；我觉得两岸的清华都有共同点，都培养高智商理工人才。

记　者： 北京大学在你心目中是什么样的定位？

吕昆铮： 北大毕竟在全世界的名校中都很有影响，也是许多学子心目中的圣殿，我很仰慕它的名气，教我如何不想它嘛。当然北大还是意义深远的"五四"运动发源地。在这么多年里，北大培养了许多优秀人才，就连外国人也会选择来北大，可能北大正是有着无限的魅力吸引我吧，所以我来大陆念书，就是为着北京大学来的。

登山望远心境宽

记　者：在北大学习对外汉语教育专业的台湾学生多吗？

吕昆铮：我们学院我是第一个读这个专业的台湾硕士生，所以大家都感到好奇，喜欢问一些台湾政治方面的事。我的性格比较开朗，可能带有台湾的行事风格和思想，同学们觉得蛮好玩，大家相处蛮开心的。有时候我也常常补修一些学分，也上本科生中文系的课。

记　者：以你开朗的性格，和同学相处得融洽，你和老师相处是否也这样呢？

吕昆铮：除同学以外，最让我感到温暖的是我的导师，他非常年轻，师出名门，是一位非常低调、非常含蓄的学者。而郭锡良老师，是中文系古代汉语专业的老教授，德高望重，他曾经被学院外派到英国伦敦孔子学院任院长。孔子学院是对外汉语教育的最高指导单位，"汉办"为汉语国际推广而在各国各大学设立的对外单位。

记　者：在学习中他以老师的身份要求你，在生活中是否以大哥哥的身份与你交往呢？

吕昆铮：我记得2008年过年回家前，事情蛮多的，我的压力也挺大。乘飞机的前一天下午，接到导师的电话，他问我是否有时间去登山，我很高兴能跟导师一起外出。那天下午，导师开车带我去西郊爬鹫峰，比香山高许多，站在山脚下，我抬头看去，哇，好高的山峰！我们在山顶上像老朋友一样聊了许多生活、人生等方面的事。导师说人生就应该像登山一样，不要怕失败，只有到达顶峰，才能看到最美丽的风景。那天导师给我讲了好多人生哲理，让我挺感动的。晚上导师请我吃饭，算是提早过年，这一切让我觉得像回到台湾家乡，感觉很温暖。

记　者：你是否对导师有一种感恩的情结？

吕昆铮：有些老师或同学不太了解台湾人的所思所想为什么会是这个样子，我比较苦恼。但导师经常对我讲要敞开胸怀，要学会接纳周围的一切，他还用茧成虫然后化成蝶这个很美丽的比喻，开导我把不开心的事忘掉，导师的话让我觉得很温暖。我对导师有种感恩的心，因此，我从台湾回来带给导师一瓶我结婚的酒。虽然这是送礼的行为，但是表达的动机不一样。

记　者： 你送结婚的酒一定有特殊的意义吧？

吕昆铮： 我送老师的那瓶酒是近20年的金门高粱酒，味道醇美，那是我在金门当兵时把攒的钱全用来买高粱酒，准备结婚时用的喜酒，一直没舍得喝。不过曾送给我很敬重的叔叔和伯伯，因为小时候他们教给我许多做人做事的道理。如今送给我的导师，完全出于我对他的敬重。

记　者： 每逢佳节倍思亲，你在北京会不会找一些台湾同学聚一聚？

吕昆铮： 思乡情当然有，也许是身在异乡需要互相安慰一下，一

台湾研究会学生于黄帝陵合影

定要的，一个人在外面是很痛苦的。我是新竹人，在台北读书的时候，离家来回一个小时我都觉得很久。后来我在金门岛当兵，管理很严格，没有自己的自由时间，那时候才感觉家是多么的好，思想上常常感到有压力。

记　者： 你到北京后，心里还会有压力吗？

吕昆铮： 过去的压力与北京不同，虽然这里很自由，但是压力却很大，感觉这里每天都要接受新的考验，很多事情都是计划赶不上变化，所以在北大压力我不会比别人小。只要在台湾当过兵的人都共同做过恶梦，梦到又回到了军中当兵，有时会梦见东吴中文系教国学的老教授上课时拿了一迭试卷对大家宣布："这堂课我们考数学。" 我会在梦中惊醒，暗想：我数学较差，中文系不是已经脱离数学了吗？怎么还考呀？所以很需要内心有排解的地方，

台湾学生游览北京白塔寺

因此，有北大导师开导我，我的心里才感到放松。

活动中，让大陆学生感受台湾文化

记　者：北大的台研会经常举办一些活动，你作为台研会的副理事长，觉得最成功的是哪一次？

吕昆铮：在2008年"五一"那天，我们台湾研究会举办了一个社团文化节的活动，应该说办得非常成功。我坚持把台湾大专院校联谊性质、服务性质社团举办活动动态、立体、游戏中学习、寓教于乐的方式注入这次多元文化节的活动中。

记　者：那天的活动主题是什么？用了多长时间？

吕昆铮：就是让北大的学生在亲身参与活动中体验台湾文化，我们从早上9点开始到下午4点结束，每个学生的热情都很高，举办活动的成员连午饭也顾不上吃。我们先分地区，再将地区内可以代表台湾文化的产业、精神思想、运动、人文等设计活动，透过不同游戏活动来呈现我们要表达的意念，大陆同胞想了解台湾人也可以从宗教信仰入手，为何台湾人敬鬼神，这样或许会减少不必要的文化差异。

记　者：妈祖也是很多福建人信奉的神，你觉得通过活动比看书去了解是否更有效？

吕昆铮：我们并不是叫大家都去信教，而是我们透过一个宗教仪式的活动，让大陆学生了解台湾人为什么会这么信奉妈祖，了解台湾人的思维方式，那个活动可以说天马行空，展现多元的面貌，我带了一些不同的观念进来，这与学术上的理解有很大差别的。

记　者：你们举办的活动是否与其他社团相比与众不同？

吕昆铮：北京大学有很多社团，有

北京大学港澳台学生河南寻根之旅台湾研究会於河南嵩山少林寺

的活动比较静态，我们希望开一个动态的活动，不但有学术内涵，还要雅俗共赏，有游戏，能突出我们品牌社团的独特风格，参与者也可能是来自台湾、香港，也可能来自我们大陆任何的省，对台湾的好奇都能在这种和谐融洽的氛围中激荡。

记　者：你在这个活动中是否起了关键作用？

吕昆铮：我是活动组的组长，我把整套的台湾社团思维经验都带进来，其他成员也都积极策划，我和台研会的一位师妹达成共识，互相帮忙。她是台湾师大的，我是东吴大学毕业的，我们都当过老师，因此我们配合比较默契。这个活动我还当美工，尽管时间比较紧，但我在台湾常办这种活动，还是很有信心的。

记　者：那天有多少人参与呢？

吕昆铮：大概有近千名学生吧，我们就在百年讲堂的南侧，充分利用每一块空地，我们以台湾地区划分来安排不同场景，每一个地点都有介绍。活动中有问答，要把学术性的东西转换为问答的方式，每个人看了下面的说明，就可以回答问题，而每个地点都设计了游戏，这些游戏适合当地特色的游戏，大家参与的热情很高，可以说这个活动在北大耳目一新。

诗情画意入梦来

记　者：你在读书时，是否喜欢中国的诗词歌赋？

吕昆铮：国民党执政时期，在教育上，台湾学生能了解到非常多的中国传统文化；但是民进党执政后，从教育入手，把一些很优美的古文删除了，把很多所谓的现代台湾散文或者台湾文学加进去。有的老师们反对把苏轼《赤壁怀古》等好诗词删去，因为大家认为一篇优美的古文中精练简洁的章法架构，是学生在初中、高中阶段的写作和人格塑造方面的重要养分。

记　者：在那种环境下，你对学习中文是怎样看的？

吕昆铮：那时候台湾还比较开放，对于学中文没有硬性的规定，我就是想做自己想做的事，我念的是与大陆有着渊缘的东吴大学，这所学校教学质量也是数一数二的。读中文系的时候我感到很快乐，大一背诗三百首，大二背古文，大三背文学史、宋词和元曲大概有两百首，从优美的古文诗词中感受到中国文化的深厚底蕴。

记　者：你在学习的同时是否也把诗词中的精华融进你的写作中？

吕昆铮：是的，老师不仅要求我们背许多文章，教我们怎样掌握古人的写作经验以及如何欣赏美文诗篇，并希望我们在教学的时候以同样的方式去告诉学生。老师常教我们怎样去体验它，真的受益很多。

记　者：你有扎实的中文基础知识，教学时是否觉得如鱼得水？

吕昆铮：我教学生学习古文诗词的时候，不拿课本就能很轻松地上完这堂课。我跟学生说你们不用把课文背下来，但是你们要懂这个文章怎么写，怎么论证的。我通过讲作者的生平以及文章中的思想，教学生们为人处事的道理，这也是了解前人人生经验的一种途径。

记　者：你第一次来大陆探亲旅游的时候，是否心怀那些名篇佳句在真实的景点里体验诗情画意？

吕昆铮：应该是的。有些古迹已经重建了，很难寻觅当年诗人描写的意境了，再加上有一些商业气息，显得不伦不类，但是从那些遗迹中仍能感受到那种精神。每当我烦闷的时候，就想到范仲淹的《岳阳楼记》，想到许多励志的名篇，也就对生活充满了勇气。

记　者：你到大陆旅游的同时是不是也感受到了大陆这些年来的巨大变化？

吕昆铮：我去的地方有上海、四川九寨沟、杭州、苏州、河南、河北还有广州、陕西，虽然对于整个大陆来讲，我去的地方不算太多，但我能感受到大陆的发展很快，尤其是沿海城市的人很富裕，内陆经济也与沿海之间的距离趋于缩短，这是我最大的感受。

叫我如何不想她

记　者：等你北大毕业后，对未来有什么样的期待？

吕昆铮：我的目标是赚大钱要好好侍奉父母亲，父母亲既要挣钱养家，还要和周围搞好人际关系，他们总是把最好的东西留给子女。如今我姐姐和弟弟都已经成家，都有工作可以养活自己了，只有我年龄大了还让父母供我念书。尤其是我父母或伯父来北京看我的时候，我没钱为他们包一辆车，不能带他们住好的宾馆，还要让他们在太阳底下跟别人一起挤城铁、公交车，每想到这些，我心里就觉得很难过。那时，我就想着将来要赚大钱，要好好孝敬父母亲。

记　者：你的想法很实在，也表达了你对父母的养育之恩。

吕昆铮：其实，做父母的也许不在乎子女拿多少钱孝敬他们，但子女不能这么想。我们要尽力让父母亲过上好日子，就像父母亲当初把子女抱在手上当宝贝一样，只希望儿女能健健康康成长，作为子女长大了就是希望父母亲能安享晚年。

记　者：除了要孝敬父母外，你还有什么样的想法？

吕昆铮：我还要回馈社会，回馈乡里。有一位美籍华人方丽邦琴女士，她为对外推广汉语教育学院捐赠了1600万人民币，希望我们学院盖一栋新的对外汉语教学大楼，取名叫方丽邦琴楼。她在致词时说的话，对我触动很大，内心涌起一种感动，我觉得当一个人事业有成后就要回馈社会。

记　者：福建还有你的亲戚吗？是否去祭过祖？

吕昆铮：我祖先的坟都迁到台港了，也没有什么亲戚在那里，祖辈们代代相传，让我们记住自己的祖先在福建。

记　者：结合你所学的专业，你认为怎样才能发挥更大的作用？

吕昆铮：我们对外汉语是作文化推广，把教室的主课堂转移到社会中考察，比如说河南或陕西可以把它作一个旅游汉语或历史汉语有机的结合；也可以把目光看得更远一些，开发一些省份做结合。我觉得要看以后的情况了，希望把汉语推广成一种国际化的工作。

记　者：你觉得这个专业能给你带来当初所期望的吗？

吕昆铮：从心里讲我今后做汉语文化推广工作，让更多的外国人了解中国文化，这是很有意义的工作。我来北大学习感到很幸运，从心底总有一个声音在说：北大，你一定要来，非来不可，这是一个好学校，你能认识许多非常优秀的人，所以让我如何不想她！

台湾光复座谈会时与北京市台联副会长叶芳（右三）合影

王汉琦

北京大学外国语学院 2007 级硕士生

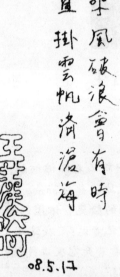

乘風破浪會有時
直掛雲帆濟滄海

王汉琦

08.5.17

秀丽手记

到北京学法语的女台生

5月18日的北京，天空中飘洒着绵绵细雨，浸吸着往日的尘埃，给人们带来一丝凉意。在北大泊星地，身材苗条，1.71米身高的王汉琦向记者走来，只见她秀发披肩，漂亮的脸庞、休闲的服饰流露出时尚与大方，她闪着一双有神的大眼睛笑着对记者说："我这几天不仅要学法文，还喜欢上了练书法。"随后，她又抬头看着天空叹口气说："我不喜欢这种小雨，要下就要下大暴雨，那才叫过瘾！"

不难看出，王汉琦是位很开朗爽快的女生，我也打趣地说："你要是练书法，一定练草书，而且还是狂草！"她喜出望外地看着我说："哇，你怎么知道，我真的好喜欢狂草啊！"我们俩都开心地笑了，也很快消除了彼此的陌生感，她绘声绘色地跟记者聊起了在北大的点点滴滴。

祖籍江苏的王汉琦，出生于台湾台中县，成为台湾第三代的外省人，她在台北度过了中学生阶段。在她读大二的时候，第一次随团来大陆旅游，繁华的都市、古朴的遗迹给她留下了深刻的印象；她读大三作为交流生到法国学习时，也更坚定了她来大陆来北京大学读书的信心。那时，她对在法国认识的几位大陆生说："等我考上北大，就去找你们玩！"没想到那句玩笑话居然成为现实。

热情开朗、个性率真的王汉琦，话语中时常发出爽朗的笑声，她说："做什么事都要有自己的想法和独立的思维。"当年她上大学选择法语专业时，遭到父母的反对，但她有自己的想法，她不想勉强自己去学大家认为热门的学科，她要另辟蹊径，敢于学别人认为冷门的专业，凭着她的努力，在法语系的同学中很快脱颖而出。当她准备报考北大时，她的父母觉得她的想法不现实，因为考北大有一定难度，但王汉琦知难而上，边学习本科的知识边为考北大研究生默默准备着。当得到北大录取通知书的那一刻，王汉琦笑了，从心底涌起一种满足感，她的父母也由衷地笑了，感到女儿真正长大了、成熟了，再也不是过去眼中时刻让人呵护的小女孩儿了。

个性好强的王汉琦是个遇弱则弱、遇强则强的人。她在台湾学习很刻苦，基础也比较扎实，成为班里的佼佼者。当她看到北大的同学学习劲头很足时，也毫不示弱，在回家过年的一个月时间，竟然闭门不出写出了四篇论文，开学后得到了老师的赞许。

王汉琦来到北大后，依然保持着在台湾上大学参与学校社团的热情。她在北大台研会《两岸青年》网刊编辑部任部长，虚心学习，精心策划，力争把每一期网刊做到最好。如今，她以自己的热情调动了会员们参与的积极性，也得到了大家的认可。

访谈中，王汉琦兴奋地说，其实，来北大学习还有一个目的就是能到大陆那些美的景点旅游，饱览一下祖国的大好河山。她深知："地上文物在山西，地下文物在陕西。"于是，她利用放假的时间，游五台山、逛太原晋祠、品古城平遥神韵、看乔家大院，为震惊中外的西安兵马俑而备感神奇，感受着大陆朋友们的盛情款待，她高兴地对记者说："我能看到这些景点真是不虚此行啊。不过我外出旅游刚两个星期，就挺想念北大的，看来人还是有归属感的。那些漂亮的风景就像在梦中一样，在大陆旅行是我长大以来最高兴的事！"王汉琦的言语中流露出满足与陶醉的神情。

王汉琦是那种敢说敢做的性情中人，她感到自己是一名中国人，喜欢中国的文化，她要活出真实的自我，她不愿从事简单的翻译职业，而是希望自己能把所学的法文知识用于今后从事对外华语教学，要让更多的法国人了解中华文化，了解快速发展的中国。

王汉琦，这位好胜心强的台湾女生，正以独特的思维方式活出真实的自我！

到北京学法语的女台生

记　者： 你在台湾的大学毕业后，大多数台生选择去法国学法语，你怎么会选择来北大学呢？

王汉琦： 可能是我太喜欢北京了，在台湾上大二的时候跟旅游团来过大陆，很喜欢北京的名胜古迹。上大三时，我作为交流的学生到法国，但感觉不适应法国的生活，在那里结识了一些大陆的朋友，他们知道我非常喜欢中国文化，就鼓励我考北大法语系，况且北大的名气非常大，所以，我在大三就决定考北大的法语系了。

记　者： 你选择学法语出于什么样的想法？

王汉琦： 我对语言很有兴趣，我在大学能学到中文和英文，但是我觉得这两种语言太普遍，太大众化了，我就想选学另一种语言，我在台湾"中央大学"学法文，这是台湾唯一一所有法文系的大学，因为语言不只是工具也是一种事业，我知道"中央大学"有交换学生的计划，我也希望能到法国看看。

记　者： 你考北大的决心那么大，是否也做了充分的准备工作？

王汉琦： 我从法国回来后就拼命复习，考北大首先到香港去笔试，考完笔试后等了很久，我没收到任何消息，就以为没有希望了，当时感到很伤心就大哭了一场，爸爸还逼我去找工作。没想到在5月底，突然有人通知我去北大面试，我担心考不上，还花费时间和金钱，要求北大的老师用电话口试，但老师坚持说这是学校规定，然后我就到北大面试，老师都很和善，面试也很顺利。

记　者： 面试顺利也就意味着将成为北大学生了，你是否感到满足了自己的心愿？

宿舍内学习

王汉琦：面试结束后，我感到很有希望，就在北京亲戚的带领下，开始大吃大喝，到处游逛。其实，台湾的一些传统建筑保存较好，但是没有那个环境，就盼望着到隔海相望的大陆看看唐诗宋词中描写的那种意境，所以我来北大的好处就是在假期到处旅游，到处看呀，每到一处景点就觉得很感动。

记　者：你父母知道后是一种什么样的心情？

王汉琦：我考上之后，父母也很高兴，认为我能到大文豪胡适及一些名人曾待过的学校学习，也感到很自豪。送我来的时候，陪我一起逛北大，他们也很喜欢北京的文化氛围，一走进北大，心里很愉快，因为我来到最憧憬的校园，将开始新的生活。

记　者：你来北大后，与曾在法国结识的大陆朋友有联系吗？

王汉琦：我跟他们都是在法国相识的，虽然我们只有短短一年的交情，但是他们对我真是超级好，他们都是我很喜欢的北方人，在法国他们非常鼓励我考北大，我还说等考上北大后一定找你们玩，没想到，真应了当初的诺言。"五一"节期间，我去山西、西安找那几位朋友，老友相逢，他们待我十分热情，吃住行几乎全包了。我先后去了这两个省的许多旅游景点，能亲眼看到在书本中介绍的古迹，这是我长大以来最尽兴的一次旅游，同学之间的友情也让我感到温馨。

记　者：你来北京学法文，很大程度上是因为能多接触中国的文化吗？

王汉琦：对，因为我很爱中国文化，从小是在背诵唐诗宋词中长大的，我非常喜欢李清照、李白和白居易等诗人，我非常喜欢上国文课。同时，我也很敬佩中国的书法家，那种行如流云潇洒自如的字体，让我很陶醉，平时我也练隶书，以后我还想练习行草。

与大陆学生 PK

记　者：过去你一直在竞争的环境中学习，在北大你有这种压力吗？

王汉琦：其实，我最大的压力就是来自同学的压力，这种状况从小到大一直都能碰到比我强的，我就想办法一定要超过他。我好胜心还蛮强的，刚开学的时候，我感到压力比较大一点，时常高估对手的能力，上学期我写了四篇论文，并且得到老师的赞赏。

记　者：你靠的什么劲头能在较短时间内完成论文写作？

王汉琦：因为有几个同学跟我说，他们写完论文就可以回家过年了，我一听这么厉害，我的师兄就是写完才回家的。那时，我很久没有见到爸妈了，也非常想回家，我爸妈听说我要回家写论文，他们对我超级好，每天三餐照料我能静心写论文了，就不让我做家事，我还被骂成书呆子。

记　者：你能如期写完，当时是一种什么样的心态？

王汉琦：我在寒假找很多资料拼命看书，拼命写所有的论文，几乎什么事都不做，终于在过年的前几天全部写完了，我心里才感到踏实，等我回北大后才发现有好几个同学还没写完。那时我觉得自己的能力不一定比其他大陆同学弱，我重新拾回了信心，这样恰恰能起到激励我的作用，对我的学习帮助很大。

记　者：平时你跟同学打交道，是否说出自己对生活的一些看法？

王汉琦：我个人比较喜欢跟室友讨论，我们不讨论法语的内容，而是讨论一些时事。我们讨论一些概念或者是一些想法，有时候我们辩论得很激烈，几乎要吵起来，可是讲完之后就没事了。比如说关于男女评选的事，比如说关于西藏问题，有时会讨论关于抵制家乐福的事，当然大家的意见都不一样，就会踊跃地讲，这种感觉还蛮好的。

记　者：你们争论得这么激烈，会不会影响彼此的感情？

王汉琦：不会的。我们讨论地时候都有各自的观点，讨论之后，大家还和以前一样相处，而且感到大家都能展示自己很真实的一面，这样比较像我心目中理想的北大学生，就是要有自己的想法，勇于提出，而且都是深思熟虑的观点，有时常常会激发出火花，我喜欢这种讨论方式。

遇强则强，遇弱则弱

记　者：你的第一学期感到课业紧张吗？

王汉琦：这学期的论文有很多科目。我是法语系的，主要是学文学翻译还有电影。因为我修了世界电影史，老师对我论文的评价是：跟别人有不一样的地方，观点独特有新意。这也是我上一学期的最大收获，所以让我对今后的学习非常有信心。

记　者：能举个学习中的例子吗？

王汉琦：像文本分析课，法国作家司汤达《红与黑》前面的序言，按大家的想法会分析全书的内容是什么，但是我突然有个想法，抛去本书的实质不说，觉得它很像旅游手册，所以我就把它设定成一个旅游手册，用旅游手册的方式来分析，我们老师看了觉得很新颖，当众表扬了我。

记　者：你在学习法语的这些年里，先后领略过台湾、法国和大陆不同学校的授课方式，在教学方式上你觉得他们各有什么不同之处？

王汉琦：我在台湾上本科的时候，觉得有些老师很认真，不太注重互动，大部分是比较传统的授课方式，而不是对话式的。我在北大读研究生的课，觉得太过于专精，老师有时候会提一些问题让学生回答；但是在法国与各国同学一起上语言课时，课堂气氛非常活泼，法国人很重视互动的方式。

记　者：你觉得在北大学法语有什么特点吗？

王汉琦：北大的教育比较重视语法和基础功课，这是台湾比较忽略的东西。台湾注重思想内容，还会看你文章有没有言之有物，可是北大会注重你的语法、结构是否很完整，现在我的语法被迫得到加强啦。在台湾不用写法语论文，可在北大法语系的同学都要写法语论文。就是真正论文的形式，但我完全不会呀。第一次交论文的时候，我觉得已经做得很漂亮了，却被段映红老师指出格式或其他方面的缺点，当时有一种挫折感。

记　者：那你觉得老师对你的要求是不是太严格了？

王汉琦：因为我以前根本不重视这种打字的格式，我连 Word 里面最基本的编程都不会用，怎么能达到要求呢，后来我们老师就给我仔细讲有关方面的知识。我觉得北大的老师很认真，也很重视我的情况，可能是两岸学习差异的关系吧，所以他们并没有责怪我，就是提一点意见，说我这里可能比较弱，以后要改进，后来我和段映红老师还成为好朋友。

记　者：在这种学习氛围中，你的法语水平是否比以前有很大提高？

王汉琦：在北大学习的竞争力还是蛮大，因为我这人是遇强则强，遇弱则弱型的。当我觉得同学们都很强的时候，我就要加把劲，法语自然就会有提高啦，我也是追求完美的人。

到新浪网"讨债"

记　者：你担任《两岸青年》编辑部部长的职务是因为你有较强的文字及组织能力，才在众多同学中脱颖而出的吗？

王汉琦：那时，我跟当时的理事长高子涵外出采访，她正在寻找编辑部部长，她看到我对这方面蛮有兴趣的，就让我先试着做了副部长，后来大家觉得我还不错，就正式扶正让我当部长了。

记　者：你是否也向大陆的媒体投过稿呢？

王汉琦：2005 年，我还得过大陆的一个征文奖呢，那是新浪网举办的全球华人新春寄语，我当时在法国作交流学生时很有种思乡的感觉，写了一篇思乡的文章投稿，没想到一投就中，还获得二等奖。新浪网的人说要给我寄奖金，等我从法国到台湾后，仍没收到那笔资金，后来我就想等考上北大后，要找他们去算账。

记　者：你考上北大后，有没有找过当时主办征文的负责人呢？

王汉琦：有啊，我考上北大后，就到新浪网找到当时那位负责人，他们很惊喜地问我，你怎么会来呢，这份奖金还给你保存着，当时不知道怎么联系。没想到他们真的把装有奖金的信封袋交给我，尽管奖金只有几百元，但对我来讲还是很感动的。

记　者：如今，你作为网刊负责人希望把它办成一个什么样的刊物？

王汉琦：我的想法就是把它办成一个很多样化的刊物，每月出一份是关注两岸青年内容，台研动态的网络刊物，还有时事评论，请人写些政论或者是时事方面的文章，登到我们网刊的主要位置上，希望里面有跟政治相关的主题性栏目。介绍性的栏目有文学、台湾音乐、电影或体育等各个方面的内容，我们办好这期刊物，准备再结集出版。

在木兰围场

记　者：你们的网刊内容能否得到大家认可？

王汉琦：网刊的内容有些文章学术性比较强一点，有老师的文章，也有学生写的论文，读起来比较严肃，但里面那些比较生活化、轻松活泼的文章也有不少，会谈一些生活中有趣的事啊。我们编辑部拿到稿件后一起选文章，由我来审稿，大家都负责校对，我们都持一种认真的态度，据调查，大家的反映还不错。

记　者：要想办好网刊，里面涉及到的事也比较多，比如像约稿、排版等方面，你是如何做的？

王汉琦：因为台研会里大部分是大陆同学，他们常常主动投稿，每期的内容都有大陆和台湾同学的文章，每次拿到初稿后，我们还要反复修改，希望每期都做得漂亮一点。上学期，我们缺美术编辑，我挺喜欢画画的，但是我不擅长用电脑画画，我和高子涵用电脑软件来编辑，有时忙到半夜，所以做得很辛苦。不过我在编辑部与来自不同省市的同学打交道，我还可以通过交流，了解他们的生活以及他们做事的态度，感到也挺开心的。

活出真实的自我

记　者：你小时候最大的理想是什么？

王汉琦：我小时候想当女太空人、外交官等等，天马行空的想法还蛮多的。上高中的时候，我就想着去法国读书，我爸骂我不切实际，劝我别做白日梦了，赶快好好读书吧，可是我上大三的时候就真的去了。我去完法国后又说要去北大读书，我爸又说我做白日梦，结果我又去了，我就是那种说到就要做到的人。

记　者：你对将来有什么样的定位呢？

王汉琦：我现在还没有明确的想法。我觉得当翻译干得再好也是重复别人说过的话，有时候照实翻译反而让对方不高兴，所以我不太倾向做翻译这行，我更喜欢老师这个职业。我可以向法国人介绍我们中华的文化，那样一定感到很骄傲很自豪，所以我对从事对外华文教学蛮有兴趣的。

记　者：你父母是否对你也寄予了许多的期待？

王汉琦：父母对我从小到大没有什么期望，从来没给我规定以后要怎么样，从小到大父母给了我很大的自由，我想做什么就做什么，小学功课不太好，父母就让我学画画、体育或其他东西，父母觉得我挺多才多艺的，他们总是以一颗宽容的心待我。

记　者：你是很有个性的人，你对于社会上的"女强人"是怎么看的？

王汉琦：当我考到北大后，我爸妈对我很有信心，觉得女儿能走出自己的路了，我现在做什么事他们都很放心，我也想做一个很要强的女性啊，因为我本身比较有自己的想法，我不会为了某个人就牺牲我自己的事业，我希望能有属于自己的一片天地。

记　者：那你对即将到大陆读书的台生有什么好的建议吗？

王汉琦：如果台湾的学生来大陆念书，首先要消除过去对大陆的偏见，有些台湾人对大陆的认识只停留在一些比较负面的印象。因为我到北大念书之前就来过大陆，这些年也亲身感受到大陆的进步，所以，当台湾的一些同学跟我说大陆依然很落后，我会直接问他们，你去过大陆吗？你了解大陆吗？如果没有去过就没有资格讲

北大校园留影

这些话，我希望那些想来大陆念书的台生要有清醒的认识，不能只听片面之词，不要把自己当成井底之蛙。

记　者：也就是说让这些台生对大陆有全面的了解，才能很快融入到大陆的生活和学习中。

王汉琦：对，我当然赞成他们来大陆念书的决定。我希望他们不要一直保留着原有的偏见，要了解真实的大陆，还要有包容的心，因为在北京许多高校里念书的学生是来自世界各地以及大陆各个省市的，他们都带有各自家乡不同的风俗习惯，所以，心胸要开阔一点，要有自己的特点，才能活出真实的"我"来。

记　者：人就是要活得真实，才不会感到累，愿你轻轻松松一路走好！

郑元真

北京大学艺术学院艺术学 2007 级硕士生

体験文化

融入生活

郑元真 2008.05.23

秀丽手记

为中国的艺术瑰宝深感震撼

　　郑元真留给记者的第一感觉是非常文静，像一池安静的湖水，只有走进她的艺术世界，才能深深感受到她对生活的那份热爱蕴藏在心底，一经触摸，很快就能激起朵朵美丽的浪花。艺术家的那种浪漫气质与文化底蕴也从她身上一点点显现，这与她20多岁的年龄有着极大的反差，愈是如此，让记者愈加对她增添了一份好奇感。我们避开麦当劳餐厅的高峰时段，在餐厅寂静的一角处，把一连串的好奇抛给她时，她露出少女特有的笑容，用一口流利的普通话向记者讲述了她走上艺术之路的历程。

　　郑元真从小就喜爱绘画，虽不主修这个专业，但她有着天生的悟性，在台湾读书，考的美术成绩竟然超过了学这个专业的学生。大学毕业后，当她面临着人生道路选择时，艺术的魅力时刻吸引着她，猛然间，她感到自己今后的路必定与艺术有关，经台湾一位老师的点拨，她决心到台湾以外的地方汲取艺术养分。面临着同时考上荷兰一所艺术研究所和北京大学的双重选择时，她在亲人的期盼中，欣喜地走进了北大校园，她也成为台湾及大陆亲戚们心中的骄傲。

　　在北大读书之余，她走遍了北京仍保留着古城历史遗迹的殿堂，用探寻的双眼追寻那个久远年代里所发生的故事。她对记者感慨地说，能在北京观赏到过去在台湾无法想象到的艺术珍品，这一切太美了！太神奇了！

当记者问郑元真，身为艺术学的研究生，除了学习课本知识以外，是否也常常到社会上学习探索。她的眼前一亮，高兴地说，首都北京不愧是以文化、政治、经济和旅游为中心的国际大都市，可以说受益匪浅。她喜欢看在北京举办的各种艺术展览，内容包罗万象，有现代派艺术也有古典艺术，有历代画家的艺术珍品也有当代画家的新潮之作，除了中国的还能观赏到其他国家来北京的艺术展览。郑元真利用这机会，奔走于各大展览中，每次观展之后，回家还要认真做笔记，分析展览中的成功与不足之处，当天不写完决不睡觉，她对艺术的热爱达到了痴迷的程度。郑元真外表文静内心似火，当记者与她谈到对当代艺术的认识时，她有许多独到见解，如果不是采访式的交流，没准她还能讲很多很多。

谈到她来北京读书的感受时，她说，在学业上收获很多，还开阔了视野，更主要的是真正了解北京了解大陆，感到过去在台湾仅从书本上及媒体上获得大陆的信息是片面的。她除对艺术执著追求的倔强个性外，还兼有柔情似水的性格，也使她的人缘格外好，面对两岸学习及生活上的差异，如果她有什么不解之处，周围的同学总会主动告诉她。在紧张的学习之余，她也和大陆的同学在一起品尝北京小吃，偶然到 KTV 高歌一曲，让自己在北京的学习生涯增添了一份亮丽的色彩。

郑元真曾去过西方一些国家，也有意识地做过一番考察。当谈到她毕业后的打算时，她认真地对记者说，台湾现今慢慢被边缘化，反观大陆这些年来经济的巨大变化，给艺术市场带来了无限的潜力，她希望今后能为两岸艺术界的交流尽一份力。

也许是记者同样对美术的爱好，希望她能现场为我画一幅素描，她欣然应允，敏锐的目光上下扫视着我的脸，轻巧的画笔在采访本上一笔笔落下。很快，一幅素描画好了，她把记录着各种展览信息的小本也装进包里，轻松地抚了抚额前的秀发，笑着说，每天把时间安排得紧凑些，生活也就充实了许多。

看着她为我画的这幅素描，感觉有几分神似，我要把它好好珍藏起来，这幅画也印证了她热爱生活、热爱艺术的真实写照，艺术成为她生活中的最大乐趣。我真诚祝愿艺术与她常伴，愿她在艺术的殿堂里寻到属于她自己的那条路。

我圆了家人的美好心愿

记　者：你当时选择到北京读文化管理专业是否与你在台湾的学习有关?

郑元真：我在台中东海大学念外文系，那时候我对艺术非常感兴趣，也辅修美术系的学分。我大学毕业后在语言与艺术之间选择了艺术这条道路，开始在台湾所有与艺术相关的研究所里开始寻找自己的出路。

记　者：在寻找自己的路时，是家人还是你个人的因素让你选择来北大?

郑元真：我在台湾考上了元智大学的艺术管理所，念了半年，觉得在台湾就读视野上仍有局限性，于是，我决定到台湾以外的地方去念书。那时候我申请了欧洲和北京的学校，幸运的是欧洲荷兰一所研究所和北京大学我都考上了，面临两种选择，家里人很希望我来北京，尤其是我的爷爷奶奶听说我考上北大后，他们很高兴打电话告诉江西的亲戚，说家族里有一个孙女考上了北京大学，可以说把我上北大念书当成全家引以为自豪的事，当然我考上北大也是件很开心的事。

记　者：你是否认为从多方面能感受到北京深厚的文化氛围，才考虑来大陆读书?

郑元真：当然。北京和荷兰相比各有特点，能来北京继续深造，既是家人的希望，也是自己的选择。我来北京近一年时间里感觉还是蛮不错的，从艺术的角度来讲，北京可以说是中国当代艺术市场核心的发源地，这里提供了最新的艺术资讯，还可以随时随地去看一些最新的中外艺术展览。

记　者：你第一次来大陆是什么时候，那一次的北京之行是否给你留下较深的印象?

郑元真：第一次来大陆是 2006 年的夏天，我和我弟弟及朋友跟着旅游团来北京待了一个礼拜，就是纯粹的旅游，所到之处感觉很好，当时我从没有想过有一天我会到这边念书，所以来北大面试，又到这边念书，我感觉还蛮奇妙的，很有缘分。

记　者：当你来到北京读书后，是否在学习之余细细品味北京那些保护较完整的古建筑景点?

郑元真：我第一次来北京主要是看紫禁城、圆明园、颐和园和天坛等几个比较大的殿，觉得这里的古建筑保存这么完好又如此多，简直让人目不暇接，心里感到很惊奇！当我来到北大念书后，就有更多的时间可以到处走走，我特别喜欢北京的鼓楼、后海和有胡同的地方，那里有古韵的感觉。

与艺术学院学姐在天津留影

记　者：许多游人来北京不仅喜欢游览历代皇家的古建筑，也在城中感受那些保存较完整的胡同、四合院等古朴的民居生活，你参观后有何感想？

郑元真：第一次来京是跟旅游团，第二次是来北大面试，每次时间都蛮紧的，还没机会与北京百姓交流，只是喜欢到这些地方看一看，也蛮有感觉的。在逛胡同的时候，偶然发现了音乐家的工作室，里面的布置很有艺术气息，后来也跟他们成为朋友。

记　者：你来北大念书是父母送你来吗？当你成为一名在世界名校中都很有影响的北大研究生时，是一种什么样的心情？

郑元真：我的父母工作比较忙，我从小自理能力较强，来北大面试和入学都是我一个人，尤其是入学后，我在校外租房，感觉比较自由，我喜欢看书到深夜，也喜欢到北京的一些艺术展览场所观看，我是抱着一颗平常心来的，从内心讲能在北大念书真的很高兴。

学习重要，体验生活更重要

记　者：你是否从小就对艺术有着独特的感受？

郑元真：对，因为我很喜欢艺术，只要跟艺术方面有关的东西，我都蛮认真地学。我上大学时就选修了美术系的课，那时我比美术系的同学考的分数还高，拿了全班最高分98分。那位在学生眼中比较严肃的教授看到我的成绩后非常高兴，也比较赏识我，这可能与我从小就对艺术特别感兴趣有关吧。

记　者：你到北大后是否仍保留着这种优越感呢？有没有感到压力？

郑元真：到北大念书不算轻松，课程安排蛮多的，我还是能适应的，该读书的时候就要认真读书，当然来这里体验生活也很重要。

记　者：近些年，我国的文化产业发展起步不算太长，但速度比较快，你对这方面是怎么看的？

郑元真：我觉得这是中国政府大力支持文化产业发展的结果，中国的市场蛮有发展潜力的，目前以艺术市场的角度来看或是其他方面来看，它的发展空间都很大。

记　者：北京经常举办一些与文化产业相关的活动，你在这方面是否做过一些调查研究？

郑元真：参加过几次，像今年艺术学院文化产业研究院举办过一些相关的论坛，学生们都参加，感觉还不错，组委会邀请了很多知名的嘉宾。我觉得文化产业市场的成熟还需要一定的时间，因为文化产业在国外发展的时间也很短，所以它还不具有实际系统化的理论，我们研究时也以西方国家学者的理论作为研究对象。

记　者：你觉得在北大念书，老师和同学给你留下了什么样的印象？

郑元真：可能是因为地方文化的不同吧，我觉得北大的同学课堂发言非常踊跃，如果你慢了点就没有机会了，而且他们的发言结果就是希望别人也去认同他的观点，这种情形我还是不太习惯。我在台湾的教授是外籍老师，他希望学生多发言，我们只有对这个话题非常感兴趣才会发言，只是表达一下自己的观点，在北大感受到的学习氛围挺浓。

记　者：你现在适应这种方式吗？

郑元真：还蛮适应的。我应该属于那种积极主动融入生活的人。

记　者：你对老师上的哪一堂课印象比较深？

郑元真：我觉得上个学期教美学的叶朗教师，他是一位资深的教授，也是我的指导教授，去

在北京参加地球日关灯一小时活动

年是他教学生涯中最后一年的课。

记　者：听他讲课的学生多吗？当时是什么情形？

郑元真：那是能容纳 500 多人的教室，每次都暴满，我们要在很早的时间去占位子，过去我每次都占不到位子，我就跟同学坐在走廊的地上听课，可是这样就看不到叶朗老师了。于是我去找上一堂课的学生，请他帮我们占位置，因为我们是必修课的学生，却没有位置可以坐，而那些没修这课的学生，凭兴趣就去旁听，尽管心里感到挺委屈，但一想到我的老师有如此魅力，心里也就坦然了。

记　者：你是否很喜欢叶朗教师讲课的风格？

郑元真：我觉得他是一位很有内涵的老师，如果你非常集中精力去听的话，会觉得每句话都非常有味道。我跟念艺术学博士班的学姐都去听他的课，听完后都有新的收获，我们把他每堂课最精彩几句话当作至理名言。不管干什么都会想到叶老师说的话，拿出来读一遍，觉得很诙谐、很有哲理性。

探寻中华文化历史脉络

记　者：你对所学的专业是怎样理解的？

郑元真：艺术管理首先就是对艺术脉络的历史有非常深的了解，如果你不了解它的发展脉络，就没办法搞懂整个市场的变化是怎么回事，因为它既是理论也是很实际的东西。除了研读美术史之外，还要读很多当代理论方面的书籍，还要观察市场的变化，必须要大量吸收这种资讯来源，因为这个市场是随着全球化的变化而改变。

记　者：你除了在校学一些理论，是否也在实际中观察和感悟它？

郑元真：对，我觉得北大虽然是一个很好的大学，教授的素质也都蛮高的，可以学到的东西很多，但是我觉得还需要自己到文化市场上多方面了解，积累经验很重要。

记　者：以前你在台湾念书时是否有这种意识？

郑元真：我在来北大之前在台湾的艺术管理研究所学习，尽管只念到一半，但是我们亲自做的事非常多，比如说在短短三个月内就能策划两个展览，全部是学生自己邀请艺术家、发布相关新闻，然后做场内布置到发文宣，还有广告这些东西都由我们自己弄，也挺锻炼人的。

记　者：你去国外是否看过这方面的展览或者也思考同一个问题？

郑元真：我以前还是有蛮多机会去欧洲那边的，所以我大概知道那里是一个什么样的情形。我从小就对艺术感兴趣，所以每到一处，只要是很知名的美术馆、博物馆和一些展览，我都会去看。

记　者：北京的文化氛围非常浓，你是否也经常去看一些美术展览？

郑元真：北京这种国际化的文化市场远大于台湾，所以在北京看展览对我的影响和震撼还是蛮大的。我最喜欢的展览是在首都博物馆看法国罗浮宫的文物展览、"潘玉良画展"，还有亚洲艺术中心李真的雕塑展览，我几乎每个月都去北京一些知名的艺术展览馆观看。我还喜欢古迹，2007年我去河南参观龙门石窟，左边是河，右边可以看到山体凿出来的大小石洞，每个洞里都有佛像，放眼望去十分壮观，那些很小的佛像近在咫尺。坐在那里凝思静想，可以想象出在很久以前造石窟的情形，很肃静，有种与之相通的心灵感应，就觉得蛮感动的。当然，印象最深的当属在中国美术馆看的敦煌艺术展览。

记　者：在中国美术馆举办的敦煌艺术展览给你留下了什么样的印象？

郑元真：从中国美术馆场内外的布置来看，让人们感觉犹如真正置身其中，很大气、很壮观，我觉得这个展览的策划非常成功，如果我们去甘肃敦煌参观并不一定能看到每个洞窟，而在美术馆看展览就等于详详细细地走了一遍，我觉得受益蛮大的。

记　者：在展览最后那天我也去了，发现观众仍然络绎不绝，正是因为敦煌有着独特的艺术魅力才让人们久久不愿离去，你在那里呆了多长时间？

郑元真：我在美术馆呆了整整一个下午吧。我也是那天去的，还开放了老年人免费入场，所以观众非常非常的多。我随着解说员走了好几遍，就想在那里多呆一会儿，多看一眼。

记　者：你觉得敦煌艺术馆在京举办的这个展览让你最震撼的是什么？

郑元真：我在台湾念中国美术史的时候，课本里介绍过这方面的图片，我只能靠想象去了解它究竟是什么样子，还没有机会去亲身感受。当我在美术馆参观时，看到大小佛像以及文物的整体布置都是按原状摆放的，占美术馆的好几个大厅，面对实物我能想象出在那个久远的年代里，中国人凭着智慧创造出令世人瞩目的艺术瑰宝，这和书本上看到的图片感觉是完全不同的。就像我在台湾是没有办法想象大陆到底是怎样的情景，这边的人是怎么样生活的，只有亲自到这里体验，才能感受到真实的北京。

记　者：中国的传统文化历史悠久，你无论在台湾还是在大陆乃至到有华人的地方，都能感受到中华文化的深厚底蕴。作为一名研究者来讲，中华文化应该如何在继承和发扬的基础上传承下去？

郑元真：我觉得中华文化能流传至今非常珍贵。我们应该把它继续发扬光大，像中国的水墨画，诗情画意，很让人陶醉；还有流传民间的各种艺术，我都蛮喜欢的。我是怀着非常尊敬的心情看待的，我本身对这方面的研究还不够深入，所以我选择来北京的一个原因也是希望能在这里了解感受到更多的中华文化，通过我们的努力让世界的人们了解中华文化。

学习着并快乐着

记　者：在北大艺术学院文化管理这个专业有几位台生？

郑元真：我是 2007 级硕士研究生里面惟一的一位台湾学生。

记　者：那你和大陆学生相处时感觉如何？

郑元真：同学们对我还蛮好的，感觉都很亲切，都还蛮照顾我的。

记　者：他们是否对你这位来自台湾的学生感到好奇？

郑元真：有的。他们喜欢问一些关于台湾的问题，像台湾有什么好吃的、台湾当红的明星怎么样，还有哪些地方好玩等等，当然也问台湾政治方面的问题。

记　者：你会如何回答他们关于两岸方面的问题？

郑元真：其他的话题，我很乐意说，但我不太喜欢和他们谈论两岸的政治，他们也蛮尊重我的，不勉强让我谈这些。

记　者：北大的同学给你留下了什么样的印象？

郑元真：我喜欢跟同学们出去玩，喜欢在学校附近找个便宜点的小吃店吃饭或是到 KTV 唱歌，我觉得我们相处得很愉快。我跟同学们的私交挺好的，因为我是从台湾过来的，对这边的很多事情不太清楚，他们就很照顾我，很友好地告诉我应该怎么做。

记　者：你觉得大陆同学做事方式与你想象的有出入吗？

郑元真：还是有的。我参加完北大的笔试后，感觉考得还不错，但我一直没收到通知书，心里很急，打了几次电话才知道有我，我十万火急地订了机票，终于赶上了面试。来北大住宿时，经打听留学生跟台湾的学生分开住了，等于台湾学生跟大陆学生是平等的，其实我希望能分到条件更好点的宿舍或是留学生宿舍，我一时不知道该住在哪里，问过几个人，他们都说不知道，当时我挺生气的。

郑元真与同学们吃台式火锅进补

记　者：刚入学你就遇到不顺心的事，有没有后悔过？

郑元真：事情过去了，没觉得有什么后悔，生活中不可能有那么多顺心的事，来这里主要是学习，考虑到在这边能学到东西，其他的都是次要的。

探寻自然之美是人生的乐趣

记　者：当你爷爷奶奶得知你考上北大后非常高兴，这是否与他们在大陆呆得时间长有关？

郑元真：我爷爷是在江西长大的，在上饶那一带开布庄，应该算是地主之类的人。因为赶上大陆的政治运动，我爷爷奶奶先后逃到台湾，我的大姑姑留在江西，后来两岸关系缓和了，我姑姑曾来过台湾一次。

记　者：你爷爷是否常给你们讲在大陆的情形？

郑元真：他们不常提大陆的事，其实我奶奶原本是门当户对的千金大小姐，她和我爸、我大伯逃到香港的时候身上一毛钱都不剩。后来到台湾的日子过得也很苦，白手起家，通过努力，后来的日子才一点点好转。两岸开始对话后，他们才有机会重回大陆。

记　者：等你硕士毕业后，你是否希望自己在两岸文化交流方面起一个桥梁作用？

郑元真：像我们从台湾来到北大念书，感到大陆当代艺术市场也很火热、很有潜力，对外的窗口也会越来越大。我觉得呆在这边非常贴近市场的核心，应该有我要做的事，同时也希望能起两岸文化交流的桥梁作用。

记　者：希望能给自己找一个很好的事业点吧。

郑元真：也可以这样说吧。我觉得先想清楚自己到底想要做什么，然后再找一个适合自己的方式去努力，我再找一个适合我发展的地方，这是成就事业前应该做的事。

记　者：你小时候希望自己长大后做什么？

郑元真：我小时候很喜欢画画，曾想当一名艺术家，作品获过学校的奖，不过我毕竟不是读美术班的，我现在有时间也画一些素描、水彩等画，只把它当成业余爱好。

记　者：你现在是否通过画画来了解这个文化市场，也便于你今后更好地发展？

郑元真：也不完全是，其实画画是很个人的东西，就是让自己从中得到快乐。

记　者：就像你一开始讲的那样，只要是与艺术有关的事，你都会从中感受到快乐，对吗？

郑元真：是的，艺术的美不光是在书本里、课堂上，还体现在生活中，我觉得到各地游览，可以直接感受到大自然的美，那也是人生中的乐趣。

与北大同学们同游颐和园

陈宛甄

北京大学政府管理学院 2007 级硕士生

北大成为我在远程发展的舞台，成为我交流的平台，成为我认识的窗口。

陈宛甄

秀丽手记

热衷于校园活动的漂亮女生

　　只要走进北大校园。就不难发现许多社团在三角地、百年讲堂前，以及周边等橱窗内张贴着各种活动的信息广告。有人说北大的学生多年来一直保持着热血沸腾的个性。时光跨越到21世纪，随着中国改革开放步伐的加快，大学生们参与社会活动的积极性也越来越高，在这些学生里还活跃着一群来自宝岛台湾的学生，漂亮女生陈宛甄就是其中的一位佼佼者。

　　与陈宛甄见面的那天，刚好是她获得北大主持人大赛亚军的第三天。她的脸上依然带着成功后的喜悦与自豪，白净的脸庞，苗条的身材配着一身休闲运动衣，齐耳的短发显得清爽靓丽。她开门见山跟记者说："我在参加比赛前几天，因忙着去鸟巢拍摄，事先不知道比赛着装要求，我就是穿着今天这身衣服上台的，没想到竟然获得亚军。"她快乐的神态中流露出一份自信。

　　陈宛甄属于那种活泼中不失稳重，文静娴雅中又透露出几分成熟的女生，与她交谈，能感觉到她的知识面很广。她笑着对我说："2007年我能考上北大，完全是因为爸爸的一句戏言。他说以后大陆招台生时一律用简体字答题。也许是他对我的期望吧，我听信了爸爸的话。大学毕业后，我在台湾当实习老师的同时，天天为报考北大研究生准备着，我怕以后报考就不能用繁体字答题了。"

没想到正是这一句戏言竟让陈宛甄的生活很快改变了航向。来到北大后，面对丰富多彩的校园生活。她感到很兴奋，顿时从心底涌起一种归属感，她就是喜欢这样的校园生活。她凭着姣好的容貌和丰富的才识到北大电视台工作，凭着一颗火热的心又当上了奥运志愿者，凭着她的风趣幽默在2008年北大"大学生主持人大赛"中一举摘得亚军的桂冠，正是她出色的表现，被东方卫视看中，邀请她去做节目。

在她轻松的话语中不难看出她取得这些成绩的背后所付出的艰辛与汗水，尤其让记者深受感动的是，她在当奥运志愿者的时候，要承担很大的工作量，每天从早到晚都以瘦弱之躯带着比较专业的摄影机、三角架和麦克风等设备奔波在比赛场馆，就连下雨天也要坚持工作。只要走进这些场馆，她似乎释放出了全部的热情，忘我地将大学生志愿者在奥运场馆工作、休息等方面的场面一一收入镜头，每天拍摄结束，她扛着设备回到学校再做善后的工作，还要补习功课。

当记者问陈宛甄为了尽好北大赋予的任务而耽误自己的学习是否值得时，她认真地用不容置疑的口气说："当然值得啦，北京奥运是中国人的百年梦想嘛，能为奥运做点事是很幸运的事，机会很难得啊，耽误了学习，只要抽时间补上就行，如果不能当志愿者，就会错过一生！"她的话锋一转又俏皮的说："如果我老了，跟我的晚辈们提起我当年曾在北京奥运会当志愿者的一幕幕感人情景时，他们一定会对我更加敬佩了。"说完，她爽朗的笑了，她真是个活泼开朗的漂亮女生，仿佛在她眼里，自己付出的那些劳累与辛苦全部烟消云散，化作幸福美好的回忆。

访谈中，据陈宛甄介绍说，她的祖籍是天津，爷爷在1949年带领全家来到台湾。目前，与大陆的亲戚仍保持着联系，尤其是她到北大学习之前，就曾来过大陆来过北京，让她亲身感受到了大陆所发生的巨大变化，一改她在台湾时人们所传言的大陆人都处在水深火热之中的荒唐印象。也正是她对大陆有了全新的认识，才让她热衷于校园生活。

那天的采访几乎都是在绵绵春雨中进行的，因为话题越聊越多，我们由室外青草地上的长椅上又辗转到附近的餐厅继续访谈。

当记者回家整理录音稿时，发现关于她的故事还很多很多，可写的内容也很多，因篇幅所限，只能采用其中的几个片段，也许在多年以后，她以自己的热心与执著再书写一曲优美的歌，记者暗想会有机会再采访她的。

误打误撞考北大

记　者：你出于什么样的考虑选择到北大读书呢？

陈宛甄：我读的是台湾师范大学，歌星 SHE 里的 Selina 是我的学姐，学的专业是公民教育活动领导学系，大学毕业后，就希望自己当个教师。在国中当实习教师的时候，听我爸爸讲 2007 年是台湾考生报考大陆高等院校最后一年用繁体字了，以后的台生再考大陆的高等院校增加难度了。我听后心里有些急，如果不尽快考，就会费很多的精力和时间学简体字，所以我决定考。没想到是被老爸骗了，考上北大有点误打误撞的样子。

在北大校园留影

记　者：你考的这个专业有难度吗？是否考虑到自己今后的发展？

陈宛甄：2006 年 12 月份我开始复习的，因为是政治学科，两岸的政治毕竟不是一回事，所以学了 4 个多月，白天当实习老师，晚上回来再复习，那段时间比较紧张。我只能考政府管理学院学习中外政治制度专业，其实这个专业比较窄，我硕士毕业后不可能在这里当公务员当官员，就当是对大陆的了解吧。

记　者：你何时产生到北大念书的想法呢？

陈宛甄：2004 年，爸爸到北京办事时就带我一起来了，我借这个机会到北大、清华和北京师范大学看了看，但那次没想过要到北京读书。后来，我曾比较过北京几所大学的不同特点，我很喜欢北大的人文气息。

记　者：你以北大学生的身份再次来时，有什么样不同的心情？

陈宛甄：第一次很轻松，第二次就意识到自己要在这里读研，也有点怕，毕竟还不太熟悉这个环境，我独自带着行礼下了飞机打车直奔北大报名。有一个台湾的同学在北大门口接我，带我去报到，把宿舍布置好，还要办很多卡，感到很忙碌，就像要在这里安家似的。

记　者：你在北大读书的一年里，能适应吗？

陈宛甄：大陆同学挺热心的，当我需要帮助的时候，他们很热心的帮我，像我宿舍里有一个大四的学生，对这里的生活方式等各方面都很了解的，如果我有些事情办不好，她就会告诉我要怎么样去办，若是去哪个地方，他们就会告诉我怎么走，这样子心里比较踏实。

记　者：你觉得在北大读书的方式和台湾有什么区别？

陈宛甄：我觉得还是有很多区别的。以前我不太爱读书，只有为了考试才去读书。我比较喜欢活动，在台湾上大学的时候，我就喜欢参加学校社团活动。到北大后，我非常喜欢参加学校的各种活动，比如空手道、台湾研究会、北大电视台，还有奥运会志愿者，还参加了北大主持人大赛。

记　者：还真是不少啊！这些活动有没有影响到你的学习呢？

陈宛甄：有的！我们大部分课在这个学期开，像本科生少上一节课还好，但是研究生就蛮严重的，会落下许多，因为我把好多精力用在活动上了。其他同学的论文差不多写完了，像我没时间写，这个星期几乎都在赶作业了。

记　者：有些台生到大陆读书，还有另一个原因就是利用业余时间在大陆旅游，你是否也有这种想法呢？

陈宛甄：对。我去过不少地方，目前已去过河南、安徽、浙江、北京、上海这几个地方，有些地方是到北大之前就来过，我很想四处走走，现在还有课业，要把每天的时间规划好，我觉得等这学期学完学分后，明年就能边写论文边出去看看了，对我来讲这是最想做的一件事情。

大赛中，凭自信脱颖而出获亚军

记　者：你刚才说自己喜欢参加北大举办的活动，还荣获了 2008 北大主持人大赛亚军，你谈谈这方面的情况好吗？

陈宛甄：因为北大两年举办一次主持人大赛，我在上学期期末的时候，刚进北大电视台，老师觉得我挺爱讲笑话的，就让我参加主持人大赛，我去报名了，初赛的时候蛮简单的。才艺表演我给大家讲了三个笑话，效果蛮不错就过关了，复赛那天是台湾地区领导人大选的日子，我支持的人当选了，所以那天我特别开心，情绪非常好，发挥也就很好。

记　者：你在参加比赛的时候，有没有想过能获奖？

陈宛甄：比赛的前几天，我在鸟巢当志愿者，每天早晨5点去鸟巢，下午5点回来，那段时间很疲劳，没时间看书，没怎么准备，一天时间就把1分钟自我介绍制作成品了，还要准备主持的内容。我是最后一个进入决赛的，那天我也没有想太多，只想着我尽力了，听天由命吧。

记　者：你比赛前，有没有找过指导老师或同学为你出谋划策？

陈宛甄：没有指导老师，我是请同学帮我拍，后期制作也请人来做，因为我那段时间很赶工的，一直没机会和别的选手接触与学习。

记　者：你准备工作充分吗？

陈宛甄：比赛前办过培训，就是讲比赛选手应注意的事项，因为那时候我作为北大的志愿者在鸟巢很忙，没去听。没想到正式比赛时却傻了眼，大家都穿着正式的服装，到我上场时，我很苦恼不知道该怎么办，有个选手拍拍我的肩，鼓励我说："你就做你自己就好了！"然后我就冲上去了。因为我自备的主持内容是关于娱乐新闻的，里边有很多搞笑的话，台下的评委和同学们听后都笑了，认为我主持的风格还不错，比较有特点吧。

记　者：你在没有准备好的情况下，上台比赛是否来源于自己的自信？

陈宛甄：没有，那时我看到他们在舞台上表现得都很出色，我不是不愿意去准备，而是真的没时间准备，所以我没有太多的期待，我是属于搞笑、随意、轻松那种类型，临场发挥的比较多，我讲完后就引起全场轰动。也可能是我特殊的服装吧，让大家反而觉得我跟别人有所不同，给大家留下的印象比较深，当时只抱着试一试的心态，没想到能获奖。

记　者：你是一个对生活积极乐观向上的人，得了亚军后引起一些媒体关注，你是什么样的心态？

陈宛甄：我参加完主持人大赛后，得到了主办方北大和东方卫视的认可。那天的评委有许多名人，像电视台"实话实说"、"新媒体聚焦"、"新闻视察"等

姚明慈善晚宴上跟香港导演王晶合影

中央电视台、东方卫视的一些主持人和北大传媒学院的老师，听说评委的阵容很强。我获奖后没几天就有人找我谈，让我协助东方卫视做"加油2008"的节目，因为他们是在放假时间制作不会耽误我的学习。

记　者： 你做事情是否常给自己定标准，让自己做得最好？

陈宛甄： 我觉得作为一个女性，不同的阶段有不同的目标。我跟我妈讨论过这个事情，比如我做老师的时候，就很害怕误人子弟。有人统计过，一堂课你可能要讲许多例子，这些例子如果你讲错了一个，可能就会影响一个学生的一生。即使过去有些事做得比较成功，但只代表过去，并不代表未来，只有不断调整目标，不断地追求，才可能到达成功。

奔波在奥运场馆的漂亮 MM

记　者： 你当奥运志愿者是否觉得这也是一个锻炼的机会？

陈宛甄： 北大电视台给了我很多机会，因为北大团委需要一名拍摄鸟巢志愿者工作情形的人，当时电视台推荐了我，我是以"补选"的方式当了一名志愿者的。我的工作就是专门拍其他奥运志愿者准备工作的情形，我这个机会很难得的，也是在北大学习引以为自豪的事。

记　者： 当奥运志愿者期间你具体做哪些工作？

陈宛甄： 我主要熟悉其他志愿者的工作情况，拍摄那些为观众服务的校园志愿者，比如他们要知道为观众做哪些服务？我要提前知道交通口、竞赛组、礼宾组要做什么事，然后赶过去拍摄。我觉得当志愿者蛮辛苦的，当然我不是以观众的身份，不是以外来者的身份，而是以一个参与者的身份直接亲历北京奥运国际盛会，对我来讲真是一件很有意义的事。

记　者： 你在拍摄大学生奥运志愿者的时候，对他们那种无私奉献的精神有什么感想？

在颁奖室合影

陈宛甄：他们的服务和付出比在学校学到的知识要多。志愿者的角色跟所学的知识没有任何关系，比如说他在北大参加论文比赛中本该能获奖，但是他却放下自己的事，去做奉献和服务的辛苦工作。我感到他们真的很了不起，大家为办好奥运会的心很齐，让我很受感动。

记　者：当奥运志愿者并不是件轻松的事，还要有很好的体力和充沛的精力，像你这么苗条的身材如何适应工作的？

陈宛甄：我是在3月份接到通知的，4月份参加竞走和马拉松测试。测试前，我参加过这方面的准备和培训，我也许不知道奥运会的具体项目，但是一想到奥运会是件了不起的盛事，心情很激动。以后我年纪大的时候，就有资格跟晚辈们说我当年曾是北京奥运会的志愿者，我凭着瘦弱的身体竟然能参加到这么盛大赛事中，会感到自己做了一件很自豪的事。

记　者：你还挺幽默的，你谈谈当奥运志愿者期间的酸甜苦辣吧。

陈宛甄：其实，我觉得当志愿者要学会等待，因为每个志愿者都是在待命的状态。北大离鸟巢比较远，我搭很多时间跑来跑去，有时候跟其他同学一起去，有时候自己去，我要带比DV机大点的那种摄像机、三角架，还有麦克风装备，就觉得比较辛苦。我跟其他志愿者工作的时间还不一致，志愿者都要排班的，比如他是交通口的就会排班，每月轮换一次，最后奥运会开幕一起再去，可我每天从早到晚都要去，我主要拍他们工作、休息等方面的情形，有时候拍摄结束，扛着机器回来还要做一些善后的工作。

记　者：北京奥运前夕，你是否也赶上不好的天气？

陈宛甄：天气不好不是重要的因素，主要是鸟巢的环境比较特别，它是个露天的田径场，鸟巢里有夹层，夹层里边是办公室，办公室内外的温度相差有七八度。志愿者在一个相对固定的环境工作，而我两边都要跑。其实，在主持人决赛前几天，我在拍摄天安门前开跑的情形时，那天一直猛下雨，特别冷，风也很大，结束的时候，我搭其他媒体的车回到鸟巢，我是带着感冒参加北大主持人决赛的。

记　者：你当志愿者期间要经受天气、时间和体力等方面的考验，你觉得做这些事情值得吗？

陈宛甄：我跟他们聊天时很开心，觉得自己能参加这样的工作当然值得啦。北京奥运是中国人的百年梦想，能为奥运做点事是很幸运的事，在我们付出辛苦的同时，也能感受到快乐，每次看到志愿者热心的样子和他们脸上流露出那种自豪的神情，我就感到很开心。我一定要把这些感人的一幕记录下来，机会很难得啊，就算耽误学习，只要抽时间补上就行，如果不能当志愿者，就会遗憾一生。

感受两岸学生不同观念

记　者：你到北大以来，与你过去对北京的印象有差距吗？

陈宛甄：第一次跟爸爸来北京只游览了颐和园、圆明园、故宫、长城和北海公园等名胜古迹，与自己过去的认识还是有落差的，因为在台湾的教育里讲到大陆同胞的生活如何如何。把大陆讲得很惨！所以当我来到北京后才发现，哇！都市好繁华好气派啊！

记　者：你逛北京的故宫与逛台湾的故宫有哪些不同的感觉？

陈宛甄：差别真的很大。北京故宫完全是一个很雄伟的古建筑，我看后就想，这么高的围墙就把一群人局限在宫内，与外面的人过着不一样的生活方式。这里的汉文和满文同时写在一起，感觉很有皇宫帝王的气派。我去的时候刚好在整修，看到的展品很少，而台湾的故宫就像一个博物馆，能看到很多展品，但对建筑物没有什么感觉。

记　者：如果你能好好了解60年前的那段历史，就不会感到奇怪了。

陈宛甄：应该是吧。

记　者：除了你对北京的景点有不同的感受外，那你对两岸学生在课余时间打工有什么不同的感受？

陈宛甄：台湾的学生有打工的习惯，参加服务类打工的学生很多，打工的性质不同也让他对社会的经验不一样，在服务业打工的人，人际关系就会变得比较强，因为他能尝试去接触各式各样的人。而北京的学生打工大多属于家教、翻译或跟老师一起做项目，比较偏向学术，可以借这个机会提高自己的学识，可能两岸学生接受的教育和传统的意识有所不同吧。

记　者：你有没有外出打过工？会选择哪种工作？

陈宛甄：我在台湾上大一下学期的时候，一直忙各种类型的打工。做餐厅服务生时，有时遇到不好说话的客人，他们的要求很多，我们就要想办法去解决，不可能让客人向老板反映事情，真的很锻炼人。我还在台湾"中央研究院"当面访员，超锻炼人的能力，因为我们要到陌生人家访问，第一关要找人家具体住所在哪里？有些人的户籍在人不在，就常常扑空；第二关是人家是否让你进去？通常女生还好，不像男生，被访员感觉他们有威胁感；第三个是被访问者拒答，有些问卷比较隐私或关于政治倾向及宗教信仰方面的，他们会选择拒绝回答，那我就要鼓励他们回答，也累积了许多的经验。

记　者： 你是否希望通过打工把积累的这些经验运用到今后的工作中去？

陈宛甄： 这些活动能让我接触各式各样的人，在后来我当实习老师的时候也会知道学生想什么，比如学生喜欢动漫，我有当动漫小说出租店店员的经历，就可以和他聊这个。学生觉得老师也懂这些，从心理上就会拉近距离，毕竟我和他们差10岁，我当户外教育员时接触过有问题行为的少年，我也知道应该如何和类似的青少年进行交流。

记　者： 你与大陆同学交往的时候也感到很愉快吧？

陈宛甄： 大部分还好！不过，大陆的一些学生对台湾有一些想法，知道我是台湾人通常会问我三个问题：一是你支持"台独"吗？二是你属于哪个党派的？三是你在台湾是不是经常能看到明星？

记　者： 你会怎么回答？

陈宛甄： 有些人对前两个问题真的很想和我讨论，有些人只是问问，如果你的答案不是他想的那样，很容易发生争论。我不想发生这样的事情，我希望慢慢接受对方才行。

记　者： 你到这里学习以来，认为自己在哪方面的变化最大？

陈宛甄： 变化还是蛮多的。我的价值观感觉在这里变得特别现实，比如台湾的一些女生找对象时，会希望他幽默风趣或者爱好一致等等。我在这里接触的一些女生就会说，希望对方要有房有车是北京户口，好像她们把物质条件也纳入进去了，听久了，我也感觉变得现实了。

开阔眼界　规划未来

记　者： 你刚到北大读书的时候会不会经常思念家乡？

陈宛甄： 我从小是在父母身边长大的，尽管上一年级的时候住过半年学校，但父母是不是在身边并不很在乎，来北大念书对我来说是一个全新的体验，也蛮愿意接受的，父母很想我，经常打电话问：哎，你怎么样呀？我通常会说，我很好呀，没事呀，所以思乡的情况比较少，我从没有为了思乡而哭，如果受到委屈才会怀念故乡吧。

记　者：你觉得哪件事让你挺受委屈的？

陈宛甄：比如我刚来报到的时候注册晚了，因为在台湾只要缴了学费就算注册了，但这里规定是在学生证上盖了章才算注册，所以延迟注册被训了一顿，当时特别难过，觉得很委屈，那是因为我不知道，现在想起来也不算什么。

记　者：你来北大念书有没有对今后作过规划？

陈宛甄：这是我走进北大后感到很意外的事。在台湾念书的学生很爱玩，满 18 岁就可以考驾照了，有驾照后就可以天南地北到处乱跑，他们还喜欢参加学校社团活动，有时也会想到下一步怎么走，但都比较模糊。而北大的学生都有长远清晰的规划，比如说在大学 4 年里做哪几件事，研究生第一年要把课程修完，第二年考博或找工作什么的，他们的想法对我也挺有启发的。

记　者：你的父母对你有什么样的期待吗？

陈宛甄：小时候，妈妈就对我说要做一个人格高尚的人，哪怕你的收入一般或偏低也无所谓，只要不给社会造成累赘就行了。当我在北大主持人大赛中获亚军时，妈妈只是说，哦，恭喜哦，就没有别的了。当时我有小小的失望，可能妈妈对我的期许就这样子吧。我只能尽力做好自己的事就行啦。

记　者：你除了喜爱旅游，有没有想过到大陆西部偏远地区当志愿者？

陈宛甄：有啊。我在台湾时就到幼儿园、疗养院为山地同胞

与北大同学们同游于颐和园

当过义工，我对从事志愿性的工作很感兴趣，在这里好像规定只有共产党员才能去西部支教，如果有机会我很愿意做这样的工作。

记　者：在北大读书快一年了，什么样的话最能表达你此时的心情？

　　陈宛甄：尽管我来北大只有一年时间，但在这里让我大开眼界，学了不少的知识，我在假期回台湾后，把我所看到的真实内容讲给台湾的同学和亲人，也会把台湾的一些真实的事讲给北大的同学听，这也算是一个小范围的民间交流吧，让我的大陆同学能近距离接触台湾文化，真正认识台湾，这也是我最大的收获！

廖淑志

北京大学中国语言文学系 2007 级硕士生

北大之行，恰如
桃李春风一杯酒
但愿
江湖夜雨十年灯 后
能与诸位重逢

廖淑志

秀丽手记

置身燕园陶醉于古诗意境

"铁肩担道义，妙手著文章"，1910 年北京大学中国文学系成立 9 年后，又改称国文系。经过岁月的洗礼，北大中文系名师辈出，林纾、严复、陈独秀、鲁迅、刘师培、吴梅、周作人等等众多名家任教于此。百年学术，薪火相传。如今的中文系已成为新中国最早入选的国家级人才培养基地，来到这里求学的每一位学子，不仅可以浸润陶冶于前辈学者的人格魅力和学术积淀，更可真切地感受诸多当代名师和一大批有为中青年学者的个性风采，得到知识和思想的双重滋养。台湾女生廖淑志正是抱着同样的美好梦想，慕名来到令人瞩目的北大求学。

在北京大学图书馆南门的长椅上，一袭白衣碎花长裙的廖淑志，白净的脸庞，戴着一副近视镜，说话温柔而有理性，洋溢着文人特有的气质，在两个多小时的访谈中，她道出了多年来向往北大念书的心声。

廖淑志来北大之前，北京对她来讲是个很陌生的城市。她对大陆对中华文化的了解是从小在爷爷和外公那里早已养成，她喜欢背唐诗宋词，背《三字经》，感觉中文是很美的语言，中文代表着浪漫的绮丽文学世界，常常被古代诗人的浪漫情怀所感动。然而当她上大学选择专业时，却阴差阳错地学了日文系，但是她想在中文领域深造的念头始终未变。

近年来，随着大陆经济的快速发展，廖淑志也看到了两岸文化交流日趋频繁，她希望到大陆了解悠久的历史和深厚的中华文化，想亲身感受一下国文课本中古代诗人描述的意境，想亲眼看看大陆是什么原因能在较短时间内发生如此巨大的变化。

廖淑志在谈到家人对她在北大读书的看法时，她动情地对记者说："爷爷是位很早就从福建到台湾的移民，外公是广东人，1949年他是随国民党到台湾的国民党军人，妈妈也随着父亲来台湾生活了近60年，但大陆的一切依然清晰地刻在心底，依然怀念在大陆度过少儿时代的情景，对大陆故乡的土地依然梦牵魂绕，因此父母也很想让我来大陆读书。"让廖淑志欣慰的是爷爷、外公等家人，在她上北大后也借机来北京游览了名胜古迹，领略了大陆的新风貌。

正如廖淑志所说，如今中国的发展日趋国际化，也吸引了世界人的目光，在外国人中已掀起了学习汉语的热潮。外国人对中华文化如此热衷，更应该持久地把国学传统文化植根在人们的心中。

当记者谈到她今后有何打算时，她说，等研究生毕业后还要继续深造读博，希望从事文学理论及中西文化的研究，过去她常常为一部文学作品中的女性形象与别人发生争执，因为不想看到一些作家把成功女性写成轻浮的形象，感觉这是一种偏见，也许她今后会为女性争取平等做些事情。

廖淑志说这番话时，语气很坚定，与刚才留给记者那种温柔文静随和的印象判若两人，记者很奇怪她究竟应该属于哪种类型的人。听罢此言，她爽朗地笑着说："今天因为有些感冒，所以给你造成一种假像，如果让其他师兄学姐知道你给我的评价后，非拍我不可。其实，我的性格还是很急的，有些事情别人做得慢了，我就会忍不住跟同学发火，和陌生人初次见面时，留给对方的印象是很温柔的，但熟悉我的人都知道我是那种敢说敢做个性张扬的人。"

听了她的一番自我介绍，看到她夸张的表情后记者也笑了，是啊，与她短短两个小时的交流中，不难看出，她在北大学习期间能快乐地感受着这里的一切。临别时，记者对廖淑志说，希望下次见面时要看到生活中真实的你，她听后，调皮地笑了。

到大陆感受古诗意境

记　者：你对中文的喜爱是因为你的长辈对你的影响吗？

廖淑志：我爷爷很早就从福建到台湾，我的外公是广东人，他是1949年随国民党撤到台湾的国民党军人。我很小的时候听外公常讲大陆的事，我很喜欢背唐诗宋词和《三字经》，觉得国文是一个很美的语言，它代表着一个浪漫绮丽的文学世界，学中文是我儿时的梦想。

记　者：你是否源于这样的喜爱才选择了学中文专业？

廖淑志：好事多磨。我考台湾大学的时候，不小心填错志愿，念了日

文系，但学习中文依然是我的梦想，我喜欢背诵古诗词，所以我暗想今后非中文不念，我们学初中和高中课时规定要背《四书》，大学里有《论语》、《孟子》。有时候老师在台上讲，我还在下面帮他接下一句，所以我大学毕业后就决定改念中文研究所。

记　者：是什么原因促使你选择到北大念研究生的？

廖淑志：我注意到，近年来大陆的经济发展越来越快速，已经不是我们掩住眼睛就假装看不到的事实，我想亲眼看看大陆的发展，了解她为什么变化会如此大。另一个原因是大陆有非常悠久的历史和深厚的资源文化。

记　者：你父母也赞同吗？

廖淑志：我妈妈那代人毕竟是1949年后来的，对大陆的一切还有着记忆，父母也很想让我来的，尤其是中国的发展已日趋国际化，也吸引了世界人的目光，我还是要来看看这里，真实感受一下大陆的文化氛围。

记　者：你入学考试的时候觉得有难度吗？

廖淑志：入学考试是非常有趣的事。我那时考文学专业，就想着文学

应该是做中方与西方的文学比较，我看过大陆考的论文大部分是这样，所以我很认真复习中西方文学理论知识，然而等到考试的时候，题目却是中日文学方面的内容。

记　者：恰好你学过日语，对这份考题是否得心应手？

廖淑志：我学过日文没错，但我答卷的时候很痛苦，好像跟我准备的内容没有多大关系，我也不清楚为什么会这样，毕竟我西方文学的内容准备很充分，心里非常有底气，而对日本文学理论几乎没怎么复习，不过，自己还有基础，总算通过了。

记　者：你入学考试是在几月份？

廖淑志：4月份在香港考的，那时天气还算舒服，笔试通过后，6月份来北京面试。

记　者：面试的时候，北京给你留下什么样的印象？

廖淑志：北京城历史悠久，还保留着比较完整的古老建筑物，马路两旁长的花花草草看上去非常美丽，算是四季分明的地方吧。台湾毕竟是一个四季很热的地方，所以在台湾念中国文学的时候，是没有办法去感受古代诗人描述的那种情怀。我到北京能感受到春秋季节比较短，冬天对我来说也挺冷的，但我能马上体会到诗中的那个意境，所以，到大陆念书真是来对了。

投身学中文的热潮中

记　者：你眼中的北大学生上课是怎样的状况？

廖淑志：北大有很多学生在上讨论课的时候，都能滔滔不绝，讲得有条有理，内容很丰富，他们为了准备好一次演讲，会围绕一个主题看10多本书，他们讲的内容引用参考书中的内容比较多。

记　者：你与大陆学生交流时能否感到有收获？

廖淑志：我在台湾大学念书时，感觉跟大学里有很多很优秀的学生们为伍是很光荣的事，认为他们都很强大。当我来北大后才发现，随便从中文系里找一位学生，她都有很强的外语能力，也有非常渊博的中文知识，他们阅读过大量的书籍，跟他们一起讨论和交流，每天都有新的收获，这是我来北大觉得很欣喜的事情。

记　者：你觉得在你心目中北大应该是一种什么样的学习氛围？

廖淑志：北大毕竟是中国历史上"五四"运动的发源地。我觉得这里的学生们就应该有自己的思想，通过与他们交流，我感觉他们的思想都很活跃，彼此也能互相交流对一些事情的看法，我喜欢这样的氛围。

记　者：你是否能很快适应这里的学习氛围，若有不同意见是否也和同学们辩论一番？

廖淑志：我的性格看上去比较柔和，如果相处久了，你就会知道我面对不同的意见，也敢大胆与他们辩论，提出异议。我认为讨论课本来就是要发表不同意见。可能是我太主动了，有时候教授上课，我发现有不妥之处，也会反驳他。有的同学会说，这样影响课堂秩序，应该在下课的时候交流比较妥当，后来我改进了一些方法，我就是想让他们了解我的想法。

记　者：课余时间是否还读其他书来弥补过去的不足？

廖淑志：我们中文系比较注重上讨论课，所以不能只学老师要求的教材，一定要多补充许多知识，讨论起来才能有的放矢。我看到的大陆同学都是这样做的，在课余时间，我也会阅读大量的文学书。

记　者：如今，中国经济的快速发展已引起世人瞩目，你是否考虑到选择学中文对你今后的发展起着重要的作用？

廖淑志：在学习中，我发现许多大陆学生都希望到国外教中文，从中也可以看出来世界上掀起的中文热，正是这股热潮才引来众多学生投入到这块领域。中国文学有着浩瀚的历史长河，所学的内容很多，但是为了适应社会的发展，还要让她焕发出新的面貌，我们才能发挥重要作用。

与大陆学生相识倍感高兴

记　者：你来北大读书能否适应这里的环境？

廖淑志：我天生是到处爱跑的人，因为我去过欧洲一些国家，也去过日本，但来北大面试前，我从没有随旅游团来过北京，也没有到大陆其他的地方逛过。刚开始来北京的时候，感觉天气很干，还好我没什么事，但我有些不习惯这里的食物，它比较油腻、很咸，价钱不贵，给的分量却很多，吃不到一半就全部丢下了，回去后我会喝很多很多茶，如今，都是我自己做饭。

记　者：你一个人到北京读书是否会感到寂寞？跟同学们相处得如何？

廖淑志：我没想到北京的冬天太冷了，时间比较长，亲友也不在这里，几个比较知心的朋友都在台湾，心里还是觉得有些害怕。不过我与大陆的同学相处都很不错，冬季来临前，他们就带我去买鸭绒衣，提醒我说早些买很便宜，若等到冬天再买就开始贵了。而且我认识的大陆同学都非常能干，跟着他们去办一些事情，还能认识不同的人，也觉得心情开朗不少。

记　者：冬天过了，你看到的北京又是什么样子？

廖淑志：我第一次看到北京的春天，感觉是那么漂亮，到处开满了花，像牡丹花、桃花、杏花、海棠花，以前只在书上才能看到的花，我在这里都能亲眼看到，那一整棵树上面开满了一朵朵花，让我非常激动，不像在台湾看到的花，都是一小盆一小盆的，很精致，也很娇生惯养。我和同学们时常去赏花，还拍许多照片，尤其是牡丹花比我的脸还大，我真的感到很惊奇。

记　者：到北大读书以来，让你最感动的事是什么？

廖淑志：在生活或学习中，我遇到的同学们都非常好。有一次，我需要北京外语大学的一个资料，就拜托一位同学帮我借出来，但我找他的时候，图书馆的人很多，他先帮我借，我真的很感动。其实，我在这里碰到很多难题的时候，这边的同学都非常热心帮我，让我有一种受宠若惊的感觉。

记　者：你是否也去了解北京方方面面的情况？

廖淑志：我去世界各地旅游时喜欢看当地的民俗，因此来大陆也有这样的习惯，就是想去看看各地的民俗与文化是怎么样的。我去过上海这样的国际大都市，我还想有时间去那些偏离市中心的地方，看看他们是怎样的人，生活情况如何，喜欢了解当地的民俗，这也是我以后希望做的事。

隔海相望倍思亲

记　者：当年台湾当局开放国民党老兵赴大陆探亲，你爷爷那年是否也想来大陆的家乡看看？

廖淑志：对，大陆还有我家的一些亲戚，刚开放时他们回大陆探过亲。2007年，他们来北京看我，我带他们去参观天安门、故宫等著名景点，他们感觉北京城市建设得非常好，一切都是现代化的大都市。

记　者：他们对大陆的变化是否会发出一些感慨？

廖淑志：他们觉得大陆与以前相比变得很新很漂亮了，一切都充满了活力，不过他看到眼前崭新的一切还是有些怀旧，因为他们老家以前的那些街道房屋全部重建了，找不到原来的模样了。

记　者：你来大陆在很大程度上是否取决于你的长辈对你的影响或者是你喜爱中文的缘故？

廖淑志：不光是受长辈们的影响，最主要是大陆对我来说像一个全新的魔幻世界，我就是喜欢大陆文人写的那种异乡情调喜怒哀愁，有时候我对台湾的一些同学开玩笑说，我来大陆念书，应该由这些作家们负最大的责任，因为他们的文章时刻吸引着我，好想来看看的。

记　者：那你来北京后找到这种感觉了吗？

廖淑志：对，我在课余时间找大陆同学或是台湾同学逛了天坛、雍和宫、故宫、中山公园、孔庙、十三陵等等景点，就连长城也爬了两次，同学们说我逛得很疯狂，主要是我太喜欢这里浓郁的文化氛围了。

记　者：这些景点是否让你有许多感想，是否把它转为文字借以抒发自己的情感？

廖淑志：说实话，每一个景点却对我触动很大，爬长城的时候我有许多感慨，就是当年修建长城后成为阻隔外族和汉族的一堵墙，尽管长城依旧在，但是实现了民族团结。由此我联想到海峡两岸之间的分隔，很是感伤，虽然两岸只隔着条大海，但回归的路是那么漫长，因为政见不同让两岸的亲人饱尝思念的痛伤，这是逛长城给我留下最深的印象。

桃李春风一杯酒

记　者： 你认为两岸文学创作上有哪些相同与不同之处？

廖淑志： 我觉得在上世纪 80 年代以后，文风好像不太一样，因为台湾文学吸收了很多西方新小说的创作方法，所以台湾的小说看起来西洋的痕迹比较重，甚至说你把它剥离到台湾的一个社会背景，还是可以看得懂。大陆的小说有很浓的本土气息，如果你把它从文化特质中剥离出来，可能没办法理解的，这就是我觉得两岸小说差距最大的地方。

记　者： 年轻的学生喜爱看哪类小说？

廖淑志： 从同年龄的人讲，要关心的话题也不一样，如果是比较流行的小说，像台湾的藤井树、痞子蔡，大陆比较流行郭敬明的小说。比较相同的地方我觉得两岸青少年写的小说都表现出没有办法跟日益发达的社会随波逐流，会产生一种哀愁感。而成年作家关注到的问题不同，自己的政治立场跟意识形态不同，表达的观念也不同。

记　者： 你以后希望从事文学创作还是希望自己的生活方式不愿意受空间和时间的约束？

廖淑志： 我喜欢无拘无束地生活。很多大陆的女生跟我讲，念完硕士都二十五六岁了，都不打算继续念博，怕找不到对象，我很不理解，也没办法想象，我觉得女人 30 岁结婚都不算晚。

记　者： 可能你的个性强一些，给自己的定位也比较高。

廖淑志： 有的人说女孩子总是要嫁人的，女人的成功还是离不开男人的。其实，我想这应该是男女双方互相支持的，我不喜欢单方面的支持，每个人都是独立的个体，这是我和别人常争辩的话题，可能我有一点女权主义吧，就连文学作品也没办法接受把女性丑化或是把女性给平面化。

记　者： 你以后会不会在捍卫女权的道路做些事呢？

廖淑志： 以前有人说我适合做这方面的工作。他们觉得我这一方面还蛮强悍的，可是后来学理论以后，发现文学作品里把女人写成那样子，再批驳也是没多大用的，没那么大能力为处于弱势的女性发言，后来还是决定改念文学，不要再碰这个了，觉得单纯念文学理论就好了。

记　者： 读完研究生后你是否继续读博士？

廖淑志：以后我想出国继续念文学博士，也可能学汉文学。

记　者：你学汉语文学为什么到国外去念呢？

廖淑志：因为在国外研究中国传统文化是采用西方的研究方式，我希望能从他们的角度来领悟中华文化的独特性，去感受一下中国和国外的文化差异，还可以突出自己的主题性和独特性，就是需要一个参照系，才能突显自己的存在，做一些中西方文学的比较吧，这是我去国外念的意义。

记　者：你如何用一句最精炼的话来概括在北大的感受？

廖淑志：应该是桃李春风一杯酒，就算是对今后的一个期望吧：我在这边过得很开心，交到了许多好朋友，希望以后在国际论坛上能遇到这些优秀的大陆学者们，也希望自己的好朋友都可以达到自己理想的目标。

罗海芸

北京大学心理学系 2007 级硕士生

追求卓越

精益求精

保持自我进步！

罗海芸 08.5.13

秀丽手记

掌握开启人们心扉的金钥匙

　　提起心理学，人们很快能想到这是专门研究人的学科，而北京大学则是中国最早传播心理学的高等学府，早在 1900 年就开设了心理学课程，1917 年创立中国第一个心理学实验室，这是中国现代科学心理学的开端。人们也会对它的倡导者、著名教育家、北京大学校长蔡元培先生具有的前瞻性心生敬佩之情，他为把科学心理学引入中国作出了重要贡献，为新中国培养了一批批优秀人才，时到今日，仍吸引着众多慕名而来的学子，来自台湾的女生罗海芸就是其中的一位。

　　5 月 13 日，在北大图书馆右侧草坪的长椅上，记者与她面对面进行了一次关于如何做好心灵沟通的对话，她给记者的感觉是，很沉稳大方，言语亲切得体，犹如大姐姐般的温和。

　　罗海芸跟记者谈到来到北大的原因时，笑着说，可能与大陆有亲情的关系吧。她的爷爷、奶奶和祖父、祖母都是从浙江和江苏辗转台湾的，可以说家族一直跟大陆有着密不可分的渊源。她上中学的时候，因为姑姑的工作关系到上海定居，他们全家常去那一带旅游探亲。从那时起，大陆给她留下了一个好的印象。小时候，她曾梦想着长大后当一名记者，也曾想过当一名教育学生的老师职业，她进入大学后，因为喜欢了解人，所以对心理学开始产生了兴趣。从大学毕业后，工作中接触到各式各样的人发现，不管是自己还是身边的人，在生活中都会遇到各种挑战和难题，她感到了疑惑，也希望能到台大或国外的高校深造，借此改变现状，让自己在知识的领域里汲取新鲜养分。正当罗海芸考虑报考的学校时，一个偶然的机会，一位老师给她介绍了北大心理学系的情况，顿时让她萌发了来北大读书的念头，毕竟北大的名气让人敬慕，尤其是首都北京这座历史悠久的城市呈现出的大气，更是让她着迷，也更坚定了她来北大念书的信心。

当罗海芸通过考试，满怀喜悦带着录取通知书迈入北大校门时，一种崭新的生活让她又回到了学生时代，因着所学专业的原因，她时刻用一双慧眼关注着周围的一切。在学习中，她发现大陆学生都是来自各省市的精英，不论年龄大小，学习上都很用功，几乎每个人都有一个长远的人生规划，以及他们的人生观价值观，这些都让她深受启发，与过去在台湾读书的心态相比有着强烈的反差，在某种程度上，她也改变了过去的一些观念。

访谈中，当记者问罗海芸考上北大有何感受时，她立刻兴奋地说："哎，当时有许多台湾的同学和同事知道后，都说我考上北大很了不起呀！那可是亚洲的名校等等蛮夸张的话吧。其实与这里的同学相比，我真的很普通，这说明北大在台湾学生的心目中占有重要的地位吧！"罗海芸是一位有着亲和力而又随和的人，她和众多台湾女生一样，在度过适应期后，能很快融入到北京的生活中，并带着一颗善解人意的心，以自己的专业特长为周围的一些朋友解除思想上的困惑。她那乐于助人的精神也赢得了周围同学们的信任。

罗海芸动情地对记者说："其实人与人之间的交往就应该以诚相待，让人们都在一个和谐的氛围中相处，工作生活都会感到舒心，用一颗爱心面对朋友，能为朋友做点力所能及的事我也感到很开心啊！"

谈到今后的人生之路时，她很爽快地说："作为新时代的女性要有独立的思想，要有自己的事业，更要有美满的家庭，这应该才是完美的人生吧，我希望朝这个方向去努力啊！"

夕阳的余辉普照在校园的每一个角落里，我们的谈话也在愉快中即将结束了，临别时，罗海芸深有感触地对记者说："我在北大学习的一年里，深受周围同学们的影响，让我始终保持着不断进步的状态，我忘不了在教学上严谨、生活中亲切的导师谢晓非，忘不了北大学子清晨高声背诵英文的情景，忘不了与同学们在课堂上讨论的情形……"

是啊，北大这所历史悠久的高等学府培养出了一批批优秀学子，才华横溢的学子们在这里也留下了无数令人动情的故事，无论岁月如何变换，这里的一切已深深烙在他们的心里。正如罗海芸所说，无论她走到哪里，都不会忘记在北大学习生活的点点滴滴。

感受亚洲名校

记　者: 北大作为世界知名的高校,你入学后,台湾的朋友、同学或亲戚是否问你一些关于北大的情况?

罗海芸: 哦,毕竟这些年全世界都在盛行中国热嘛,人们对大陆都很好奇。他们听说我考上了北大,就用很敬佩的眼光看我,觉得很了不起,用那种很羡慕的语气说:哇,北大耶,这个学校可是亚洲的高等学府。我会对他们说我没什么了不起,我的同学比较厉害,都是来自大陆各地的精英。

记　者: 是什么时候你对心理学感兴趣的?

罗海芸: 应该是大学以后对心理学有兴趣的,因为在大学里,我觉得学习与社会学有关的课程可以了解各种行业不同人的心态,接触的面也比较广,身边的朋友遇到什么困难都喜欢找我聊。在这个过程中,我对了解自己,探索自己也比较有兴趣,我感到自己做这件事很有价值呀,觉得从事以助人为职业是很好的事,然后对心理学越来越有兴趣了。

记　者: 当年你大学毕业工作几年后又来北大读研,是为了开阔视野还是想换一种生活方式?

罗海芸: 对,我是在台湾辅仁大学读社会学专业,毕业后,在台湾从事与心理学相关的职业,工作3年多的时间里,我遇到了瓶颈,难以解决,刚好有位老师给我介绍北大的情况,2007年我决定报考北大读心理学。毕竟工作这么多年没有读书了,我来到北大感觉这里的学生很爱读书,竞争比较激烈,我们跟大陆学生一起住,她们在宿舍里也要看书,等于生活中全部都是学习的环境,这跟我以前在台湾读书的生活很不一样。

记　者: 你对这种紧张的学习氛围能适应吗?

在奥体地铁站前留影

罗海芸：生活中毕竟诱惑比较多，在台湾通常过着愉快享乐的学生生活，而来这边就要专心读书了。我跟北大的同学在学业方面相比还是有差距的，后来慢慢调试自己的心情，就是不要跟自己的过去比，那我就觉得自己有蛮大的进步，感觉很充实。

记　者：你觉得在北大读心理学有什么不同感觉？

罗海芸：我觉得这里跟台湾的感觉很不一样，因为这里各方面属于快速发展的阶段，人们对心理学有一种更高的期待和更大的好奇心，一听说是读心理学的，就会用一种特别的眼光看你。北大心理学的老师朴实低调，做学术很严谨，我从他们身上学到了做学术严谨的态度和方法。而在台湾感觉接受外来的东西比较早，所以，心理学方面发展比较早，就会接触一般民众的生活，离现实比较亲近的东西，大概就是从学术的角度来学心理学。

记　者：你在学习之余喜欢做些什么？

罗海芸：除了读书就是健身，学校旁有个健身房，我是那里的会员，一周去做两三次健身运动吧，那里有许多健身器械，还可以练瑜伽，生活还是比较丰富的，有时还可以跟朋友到外面吃小吃，比如韩国菜、日本料理，都是年轻人比较喜欢吃的，像北京的烤鸭只有招待客人的时候才吃，感觉还是很愉快的。

要主动去适应

记　者：你走进北大后让你最难忘的事是什么？

罗海芸：刚来的时候，每天早上我看到许多学生站在草地上手捧书本大声朗诵，好像在背演讲稿什么的，就觉得很奇怪，但他们好像习以为常，根本不怕别人好奇的目光。我仔细听了几次，才知道他们是在朗诵英文或背英文单词，我从身边这些小事情中观察到这里的学习风气很浓，才让自己要求上进吧。

记　者：你和大陆的同学会不会针对一些不同的观点站在各自的立场上辩论？

罗海芸：以前有人告诉我在这里不要谈论敏感的话题，但是我跟他们一起上课、学习、洗澡、吃饭、聊天，生活在一起，彼此的感情都很好。我觉得朋友之间也没有什么不能谈的，对一些比较敏感的政治话题我们还会争论，但我们不是在吵架，虽然我不会生气，但是我感到心里的一些观念被挑战了，从内心讲还是有点震惊。

记　者：那你会偏向哪种观点呢？

罗海芸：他们都是 80 后的人，而我的年龄比她们

台湾朋友到北京旅游时，充当业余导游

大三五岁左右，其实，她们也很开明的，他们生长的时代背景跟我当年在台湾出生的时代也是很像的，都属于经济腾飞的阶段，她们对各方面的接受度也比较宽，我觉得有些东西是可以讨论的。当然结果不可能完全一样，我能接受他们的想法，他们同时也接受我的想法，但是我们不会拿自己的想法与对方对立。

记　者：要想融入北京，这也需要一个适应过程。

罗海芸：我觉得在生活方面也要适应，就是我们宿舍内没有个人洗澡的地方，大家都要去大澡堂。我第一次去觉得很不好意思，赤条条的暴露身体，感觉很难为情，后来跟女同学熟了就一起去，自己也慢慢适应了。在饮食上的习惯也是不一样的，这边的口味比较重，碗也较大，给的分量也比较多，时间久了，也就很自然适应这里的一切了。

帮人犹如帮己

记　者：学心理学是否要结合社会的发展，为人们思想的变化做及时引导？

罗海芸：因为前一阵子北大举办校庆，我们心理系也是建系 30 周年，邀请了很多校友。在会上，老师提出心理学理论跟实践的差距是什么，还有一位老师谈到心理学应该做到符合社会的期待，还要满足社会需求也是很重要等议题，我觉得越来越注重强调把理论应用到实践中的重要性。

记　者：你是否想到把所学的知识运用到实践中去？

罗海芸：哦，我觉得在学校学的内容都是理论的，实践部分只有靠自己在实际生活中做不同的体验，每个人的体验是不一样的，我常常提醒自己说，将来把这些知识要跟现实社会结合，我觉得用来服务人帮助人很重要。

记　者：周围的朋友、亲戚知道你是读心理学的，会不会主动找你寻求帮助？

罗海芸：会的，非常多。有些朋友遇到不开心的事很自然地想跟我说出心中烦恼。我通常会多陪陪他们，给他们一些鼓励，不过，我会告诉他们最终能帮助你的还是靠自己，要不断调整自己，在生活中始终保持开阔的心胸，然后去观察体验生活中很多美好的东西。

记　者：心理学专业主要是研究人，你觉得有什么样的心态才能达到帮助人的目的。

罗海芸：对，首先自己要有乐观的心态，相信别人，要有爱心，才能让他们从你身上感受到快乐的力量。如果自己没有办法调整好心态，就没有办法再去帮助别人了。

记　者：在你帮助的这些朋友里面，他们大多会存在哪些方面的问题？

罗海芸：比较典型的就是感情问题了，有时会遇到单恋、失恋这种情况，当然我觉得不可能通过一次谈话就能解决好问题，而是要经过长期的陪伴。毕竟是朋友，我们已经有一个长期的感情基础，当感受到她心情不好时，就觉得她不能再沉溺下去，不能再用过去的痛苦把自己困住，就是通过陪伴和每次的谈话，让她感受到你的真诚，慢慢缓解那种矛盾，让她树立积极信念，带给他新的希望。

记　者：当你帮助的人从那段困境中走出来时，你会怎么想？

罗海芸：朋友就是应该互相帮助的，尽管我是学心理学的，但我也是普通人，有时我遇到心烦的时候，也会找朋友帮忙，通过相互沟通，精神上也是一种安慰，其实人与人相处就是要相互体谅，为对方多着想，我们的社会才会充满温情。

感觉台湾离北京并不遥远

记　者：你给自己今后从事的职业有过定位吗？

罗海芸：我在台湾工作的 3 年间，只想着把手头的工作做好就行了，但是好像还缺少了什么，内心有种声音好像时刻提醒我不应该满足于现状，所以就有了改变自己的想法。来北大后，也没有什么明确的长远规划，但我发现学校整个大环境都处在竞争中，每个学

2008 年 11 月朋友们为她庆生日

生都在努力学习力争上游，要求自己做一番事业，我就觉得这种价值观与我过去想的不太一样，对我也产生了很大的影响。

记　者：受这种影响后，你思想上会有什么样的转变？

罗海芸：我可能是受了这种观念的影响吧，产生了过去未曾有过的价值观，也就是要体现出自己的价值，当然对我来讲赚钱不是人生最重要的事情，但是我觉得年轻的时候必须努力打拼，要有自己的事业。等有一定的物质条件做基础，才能选择你想要过的生活，而不会在什么都没有的情况下去空想自己所需要的生活。

记　者：你认为人生的经历对于所从事的事业是否影响很大？

罗海芸：是的，我觉得人生经验的积累也是非常重要的，如果自己没有什么人生经历，就去指导别人如何做，那样自己也会觉得心虚，当拥有了丰富的经验后，对今后的事业发展才会增添信心。

记　者：台湾的同学或朋友向你了解北大读书的情况后，是否也想过来北京读书或是来旅游？

罗海芸：其实我没来北京前，觉得北京跟台湾的距离很遥远，第二次来北京时很少见到台湾人。但是近几年来北京的台湾人很多，像今年北京举办奥运会，突然间，有很多台湾的朋友来北京跟我见面，他们有的是来旅游，有的是看朋友，也有的是出差，感觉台湾离北京的距离并不遥远，就像是走亲戚一样方便，现在资讯发达，可能他们透过各种信息也对大陆感兴趣的吧。

将这里的一切珍藏在记忆深处

记　者：你第一次来北京的时候到过北大吗？当初有没有想过以后要来北大念书？

罗海芸：1996 年，我上高二的时候第一次参加旅游团到北京，当时没有安排参观北京大学，因为跟旅游团一起观光，我们能接触到当地的东西非常有限，印象中的北京是很模糊的。那时完全没想过将来的某一天我会来这里读书生活，也没想到这是个跟我有联系的地方。当我决定报考北大的时候，在北京多住了几天，才发现北京是一个很大气的城市，是各方面都很宽阔的地方，可以感觉到历史在这个城市留下的痕迹也是很久远的，还有流传很多的历史故事，这是上次没接触到的，这是让我感到很高兴的事。

记　者：心理学是一门研究人的学问，一个人的情绪好坏能直接影响到他的工作和生活。如今随着生活节奏的加快，人们所承受的压力也是来自各方面的，你在做这方面工作时，会不会感到增加了难度？

罗海芸：我在 10 多年前就有这种想法，毕竟社会在不断进步不断发展中，人们的思想也会随着产生变化，既然心理学是研究人的学问，就要了解现实社会中存在的问题，应该走入社会、走入人群，才能更好地了解现在的人是什么样子。如果研究者只从文献理论方面找研究方向，就会离人的真实状况越来越远，与现实越来越脱节。

记　者：你现在写论文了吗？你关注哪方面的研究？

罗海芸：现在还没开始写，每个老师研究的领域不一样，我先跟着老师的方向学，然后

代表台湾同学为到北大访问的台湾贵宾献花

通过阅读很多国外的文献，再找到自己感兴趣的方面去做研究。大方向应该是研究人是怎么样在有风险背景下作出自己的决策，最近我们老师在做关于社会比较的研究，我可能也会结合这两方面写吧。

记　者：你小时候的理想与你将要从事的职业差距大吗？

罗海芸：我记得上小学的时候参加暑期小记者夏令营，心中的偶像就是那些有名的主播与记者，那时我的志愿是长大后当一名记者；后来我还想过将来当一名老师，喜欢教导别人；但是等我考大学填报志愿的时候，却与那些理想越走越远了，反而对研究人感兴趣了。有时候兴趣也会随着年龄的增长而不断改变。

记　者：你到北大后从思想上有了很大的转变，你希望自己将来成为什么样的女性？

罗海芸：我觉的女性在社会中要承受许多东西，不管是生理上的还是社会对你的期待，不要有极端的想法，有些女强人要独身，放弃家庭与子女，这种想法是不可取的。应该有一个比较圆满的结果，要游刃有余地转换各种角色，这样才可以达到平衡。

记　者：你是如何看待当代成功的女性？

罗海芸：一名成功的女性，又要有自己的事业，还要照顾好自己的家庭的确很难，我觉得这就需要有很强的意志力，要有很好调节压力的办法才能做到。就算是一名普通的女性也要自立自强，不管你有没有结婚都要有独立的能力，要学会自己照顾自己，不能成为别人的负担，更没有理由让别人照顾你。

记　者：那你觉得什么样的人生才是完美的人生？

罗海芸：我对未来的想象，就是希望自己在人生奋斗的阶段，好好冲刺我的事业，做好我该完成的事情。当然我也希望有个美满的家庭，但不强求，一切随缘吧。不管怎样在经济上一定要独立，情感也要独立，等到年龄大的时候，我很想过一种和大自然相处的悠闲生活，跟老朋友聊聊天，那种最简单的快乐也是我最向往的晚年生活。

2007 年 10 月北大国际文化节，在台湾
展区前与学妹合影

记　者：也就是说在你退休前要尽自己之力去拼搏一番，等退休后才不会后悔吧？

罗海芸：我还是属于中国传统的那种女性，最终我不希望自己在滚滚红尘中打拼太久，每个年龄段都有不同的目标和追求，像我妈那代人大多是职业妇女，到年龄后很早就结婚了。但是像我们觉得现在还年轻，还能做许多事情，可能更看重事业吧，就是希望让自己的生活更加精彩。

记　者：你毕业后觉得自己更合适在哪里发展？

罗海芸：从目前看，我想把所学的专业用在工作中，我可能会比较偏向工商管理，希望到企业里面做人力资源的工作，我愿意把它看作是一个很神圣的职业，充分发挥我的作用，我不一定要回台湾，也可能会留在大陆，只要适合我，去哪里都行的。

记　者：北大给你的生活带来很大的影响，如果有一天你离开这个地方，你会有什么样的感想？

罗海芸：对，我觉的就是让自己保持进步，才不会被淘汰。其实每个人在不同的阶段都要扮演不同的角色，我现在就是要扮演好学生的角色，将来到社会上同样会把自己的角色演好，在这里学习生活的日子里，已经成为我生命中很重要的一个阶段。我常想，如果我离开北大，离开北京，到其他地方工作，我仍然很怀念这段时光和这个地方的，我会把在这里的点点滴滴珍藏在记忆中。

2008 年 1 月寒假前，与导师及实验室同学聚餐

赖奕佑

清华大学国际问题研究所 2007 级博士研究生

梦想是给
勇敢追梦的人.
赖奕佑
2008. 5. 15

秀丽手记

一双慧眼看大陆

　　近些年来，随着海峡两岸各种交流活动的升温，越来越多的台湾人来到大陆，以他们亲身的经历，改变了过去对大陆的一些偏见，但台湾2300万的台湾同胞，能来到大陆的人还毕竟只占少数。对于有的台湾人来讲，对大陆的认识仍停留在过去的记忆之中，于是有的人希望用眼见的事实告诉更多的台湾人。许多的台湾人也对大陆充满了好奇，赖奕佑就是其中的一位，他不是以一名旅游者的身份，而是以研究者的身份看大陆。

　　记者走进清华大学校园主路两旁浓郁的杨树中间，就在想，这位来自台湾研究中国大陆问题的国际关系学院的博士生赖奕佑，他是否会避免谈一些较敏感的问题呢？在政治立场上他会不会有所顾虑难以敞开谈呢？采访能否顺利呢？

　　带着一连串的问题，记者按约定的时间、地点，来到紫荆园西侧教学楼前的那片绿茵草坪边，记者拨通了赖奕佑的手机，不一会儿，远远地看到一位身材敦实的大男生握着手机向记者走来。记者看见他一张四方脸上透露着一股英武之气，看到他的微笑，听着他浑厚的嗓音，心里也渐渐踏实了许多，凭感觉他应该是一位随和的容易打交道的人。果然，我们坐在那张长椅上，他很顺利地接受了记者的采访。

在访谈中，赖奕佑的回答张驰有度，谈到他对清华校园的印象、谈到学习过程中发生的一些有趣的小误会、谈一些他和大陆同学的交往，他的回答很轻松也很健谈。当记者的话题转到他对两岸现状的一些看法时，他还是笑着示意记者关闭采访机，当然我们交流了一下各自的看法后，他略作沉思，又继续着我们的对话。没有记者想象的尴尬情形，他的言谈举止都流露出一种温文儒雅的学者风范，对记者的每一个问题，他都会很认真、礼貌地解答。

这位祖籍福建，生于台湾的赖奕佑，就是想通过自己的一双眼睛，对大陆作出一个真实的判断。由于过去有一些台湾人在投资、就业、求学、定居等方面，大多会选择美国、法国、加拿大等欧洲的西方国家，他们认为这些国家是进步的文明的开放的，而在他们心中对大陆的印象仍停留在几十年前的层面上。但对于大多数台湾人来说讲闽南语、写繁体字，与大陆一脉相承中华文化，以及传承着老祖宗留下的共同风俗习惯，心中就会有一种难以解开的情结。他们也许希望来到大陆追本溯源，寻找祖谱祭祖，以尽孝心，他们心中都有一个魂牵梦绕割不断的情结吧。

正值6月初，明媚的阳光将我们的对话真实地显现在太阳底下，此时一阵微风徐徐吹来，能感到清爽宜人，犹如我们此时的对话十分愉快。我想，大概与赖奕佑有着相同想法的台湾人还不在少数吧，愿两岸也如这和煦的清风一样，带来阵阵凉爽的惬意。

我想了解真实的大陆

记　者： 在台湾读书时你为何对研究大陆的专业感兴趣呢？

赖奕佑： 我从小到大念的历史大多是关于大陆的部分，那时候因为政治上的原因，两岸关系还比较紧张，我们在认识上也比较片面。虽然同是中国人，但有的台湾人甚至不太了解大陆的民情、风俗和习惯，我就感到很遗憾，就想多了解一下大陆真实的情况。2004 年，我就有到大陆念书的想法，所以我来北京考博之前，就先在台湾读有关研究大陆的专业。

记　者： 你在台湾读哪一所大学？

赖奕佑： 我在台湾淡江大学的中国大陆研究所读硕士，也算是开了眼界，对大陆的情况有一定程度的了解。

记　者： 你念书期间来过大陆吗？

赖奕佑： 2005 年我第一次来大陆，那次是学校组织的活动，学校也希望我们中国大陆研究所的同学们先来大陆看一看，走一走，一方面可以找些资料，另一方面跟自己所学的课本知识作一个实际上的结合。

记　者： 你们去哪些地方做交流活动呢？

赖奕佑： 我们先后到北京和上海，那次机会真的很难得，在上海我们跟台商交流，可以知道台商在大陆面临的一些机遇和存在的问题。尤其是我们与北大、清华和人民大学的学生座谈的时候，了解到他们的学习情况和对生活的认识。当然也接触了一些来北京求学的台湾学生，我跟台生交流时，就发现他们的想法跟我们在台湾念书的学生在某些观点上不太一样，我很好奇，也更加坚定来大陆念书的决心。

记　者： 在读硕士时，你觉得了解到的大陆已达到什么样的程度了？

赖奕佑： 我在台湾读硕士时，老师以实际经验为主，以教材为辅，常给我们讲他们从事两岸交流的亲身经历，我觉得这种授课方式对我们启发蛮大的，让我们对大陆也有一些了解，如果说老师只讲教材上面的一些知识，我就不会太感兴趣了。

记　者： 你到大陆读书，清华大学是你的首选吗？

赖奕佑： 我读硕士时，主要研究中日关系中的台湾因素，我看了许多北京清华大学老师的文章，感到他们的观点很独特，思维敏捷，对问题分析得很透彻，尤其是清华大学国际关系学院的几位老师在台湾是相当有名气的，我很想多听听他们的课，所以当初选择来清华大学读博，可以说算是慕名而来的。

改变过去的表达方式

记　者：你是否觉得入学考试有一定的难度？

赖奕佑：我觉得还蛮难的，要通过面试、笔试和口试的考试。

记　者：你在考试前的准备情况是怎样的？

赖奕佑：我念硕士时学校开设了一些关于大陆方面的课程，但是在台湾要想多找一些这方面的教材还比较困难，我托人到大陆出版社的书局买或者订购，通过这些方法才可以买到教材，所以我能找到教材还是蛮高兴的。

记　者：你对大陆的认识毕竟还不太全面，适应的过程快吗？

赖奕佑：比如说在台湾大家习惯称"中国大陆"为"中共"，有时候我们讲话会直接说"中共、中共"，然而到清华后不管是考试还是跟同学讲话，我这么一说，大陆的同学就很介意，他们就会纠正我讲"是中国大陆"、"台湾是地区不是国家"，可是我从小就生长在那个环境，习惯了台湾的说法，偶尔会发生这样的事情。

记　者：现在你在这方面的表述是否有所改变？

赖奕佑：现在好多了，跟同学们讲话基本上能用一样的说法，这样在交流上比较方便，也不会产生一些误会了。

记　者：那你对哪些课目感兴趣呢？

赖奕佑：我对中国的外交、中国一些经济政策等等方面感兴趣，因为中国的发展毕竟能影响东亚的一些区域以及东亚的合作机制，所以我看中国在这方面将发挥较大的作用，不管现在还是未来，中国的影响力都在提升，这对于稳定东亚的和平及世界安全机制是比较有力的。

记　者：你怎样看待中国近年来的外交策略？

赖奕佑：我觉得中国近年来的崛起，引起周围一些邻国的警惕，他们有些害怕和担心，可目前来看中国外交正在走向一个和平发展的道路，我觉得大陆对内努力营造一个很好的经济环境，对外也能够跟邻国取得互信，这对整个东亚的和平都是很有帮助的。

记　者：在清华学习你最敬佩哪位老师？

赖奕佑：当然是我的导师啦，他是清华大学研究中日关系很有名的刘江永老师，他有着丰富的学识，每次上课，他精神饱满，充满热情。我们有问题向他请教，他解答得很仔细，给我们讲很多很多的内容，隔几天，他还找一些相关的资料供我们参考，他很有自己独到的见解。

记　者：在治学方面，清华的老师是不是给你留下了很深的印象？

赖奕佑：这边的老师能给学生付出这么多，很愿意抽时间和我们讨论这些事情，这让我感到相当惊讶，也相当感动！过去在台湾遇到的一些老师，感觉和他们有一点距离，有时候去找老师问问题，就想着是不是给他添麻烦了，是不是占用他的时间了。台湾的老师很少说找个时间跟你讨论，然后再去帮你找资料，相比之下，清华就不会存在这个问题。

记　者：你觉得在清华学习有压力吗？

赖奕佑：有，我在学习方面还是感到有些压力的，有时候老师要求我们的作业有些难度，跟一些同学讨论时，也觉得大陆的学生非常用功，就会觉得自己在知识上或是想法上还有些不足的地方，我觉得要以他们为榜样好好学习。

期盼两岸走向和谐之路

记　者：台湾的历史与文化与大陆密不可分，你是如何看待的？

赖奕佑：我觉得中华文化在台湾和大陆是没有区别的，我认同我们都是同胞同宗同文化，尤其大陆改革开放 30 年来，经济快速增长，国力增强，这是世界所公认的，也是分布在世界各国的华人们引以为自豪的事，毕竟它属于一个大中华的荣耀，台湾人也是龙的传人，这份荣耀当然也是台湾人的荣耀，这一点是值得肯定的。

记　者：台湾在过去几年的教材里有"去中国化"的内容，这些是否影响过你对大陆的认识？

赖奕佑：在 2000 年后，台湾的教材才有"去中国化"的内容，我是在这之前读的中学、高中，因此对我没什么影响。可是在 2000 年之后，看到一些"去中国化"的内容，我就感到难以接受。中国大陆的历史跟台湾的历史是分不开的，如果台湾强行要讲"去中国化"，就等于把我们祖先的一些东西抛掉了，少了基础性的东西，如何再向前发展，显得基础不稳，有一种无源头的感觉。我想，对于那些 2000 年后接受历史教育的台湾学生来讲，他们受的影响会比较深。

2008 年春季学期研团研会趣味沙滩排球赛

记　者：马英九先生执政后，你作为来大陆学习的台生能感到受益吗？

赖奕佑：马英九先生执政，当然也使两岸走向了比较和谐的道路，两岸之间的交流就会更多，也会减少或消除一些误会。如果两岸一直处于 2000 年到 2008 年之间的那种状态就会产生较大的分歧。当然，马英九先生过去就希望台湾当局能承认台生在大陆的学历，这对我们来讲是一件好事，将来我们选择就业的范围也更广了。

记　者：随着两岸交流逐步升温，你觉得两岸人民的认知度是否也在增强？

赖奕佑：当然啦，两岸人民交流的多了，自然彼此了解的也就会多，台湾人民也会知道大陆的政策是怎样的，大陆的人民对台湾人也有一些比较客观的看法，不像以前两岸关系处于紧张状态下，在认知方面会有那么大的差异，所以我觉得两岸之间有一个和谐的关系，对两岸未来走向一定会产生正面的效果。

记　者：你对两岸统一持什么样的看法？

赖奕佑：我觉得两岸统不统一这个问题，真的要取决于台湾人民，要和大陆人民之间有很好的互相切磋。如果有一个很好的前提，统一问题自然会成为一个美好的设想；如果两岸之间差异不能消除，反而增加一些分歧、一些意见的话，发展方向就不是我们所能够想象到的。

记　者：你对两岸发展的前景有什么样的认识呢？

赖奕佑：马英九先生执政后，他对两岸的政策持积极的一面，比如说两岸实现了大"三通"，开放的幅度有所增加、开通了周末包机、扩大开放大陆居民到台湾观光等等，这些对他执政来讲是相当有利的。我觉得两岸政策只要和缓，就会带动经济，达到互惠互利双赢的好处。

记　者：这种环境对提升台湾的城市竞争力是否起到促动作用？

赖奕佑：我希望马英九先生执政后应该多做这方面的工作，就像刚才讲两岸之间的和缓对双方是有利的，毕竟一些企业家在投资之前一定要看当地的投资环境是否稳定，如果政策处于不稳定的状况，他们就评估投资风险。如果两岸开放的步伐加快，这对台湾来讲也是一个有利的发展前景，经济带动起来了，自然就会提升城市的竞争力。

在清华学习感受快乐

记　者：你来清华大学一年来，给大陆同学留下什么样的印象？

赖奕佑：我跟大陆同学相处得很愉快，经常跟他们无拘无束地聊天，同学们也感到我比较好接触吧。印象最深的是第一次在清华有百余名学生的大课堂上课，老师点名时，我没在意别人是怎样回答的，当点到我的名时，我就举手回答"有"，全班同学以诧异的目光注视我笑，我很奇怪，赶快问旁边的同学：你们为什么要笑我呢？我做错什么了吗？旁边的同学就问我：你是从哪里来的？我说从台湾来的，这有什么差别吗？他就跟我说，这边都回答"到"。我才明白，原来大家看我认真举手并回答"有"，还以为我故做幽默呢！虽然是一件小事，但是那时就觉得这是蛮有趣的一个现象，后来我就很注意大陆同学的语言表述了，尽量避免发生类似的笑话。

记　者：你和大陆的同学对一些问题是否会发表不同意见？

赖奕佑：像我们研究所有自己筹组的论坛，大家互相交流一下各自的看法，这种方式对我们的学习有很大帮助，也可以说是思想上的激荡。在论坛上我们不只是发表自己的意见，还可以了解其他同学的想法，也可以听到老师的一些看法，这对我们在学术上的成长是很有利的。

记　者：你们除了学术上的交流，在生活中交往多吗？

赖奕佑：我是个比较随和的人，我觉得到一个新的地方很容易适应。我常和大陆的同学还有一些外国留学生很友好地相处，我们研究所也会组织一些出游的活动，我们在郊外架起篝火围着火圈跳舞，一起玩游戏，边唱歌边聊天，感觉挺开心的！

记　者：清华大学一年来，给你留下什么样的感受？

赖奕佑：来清华最大的感受就是校园很大，非常的大！如果不骑自行车的话，凭两条腿走到哪里都会很累，我第一次来清华的时候，因为不了解这里的情况，拿着行礼箱向一个学生打听路，他也说不清楚，因为学校太大了。那时天气还比较炎热，我大概用了 1 个小时才找到宿舍，感觉比较累。不过清华的夜晚较凉，树阴浓密，有名的地方很多，像校门、近春园、清华园、水木清华等等地方，晚上我骑自己买的自行车在校园里逛，微风吹来，感觉非常舒服，也挺高兴的。

记　者：那你的业余时间是怎么过的？

赖奕佑：我的业余时间通常用在学业上，有时也去北京市区逛，从中了解这座古城的历史，也去植物园参观。印象最深的是，不管在节假日还是平时，我只要出门到地铁、商场或者长城、故宫等旅游景点，走到哪里都会发现来京的中外观光客很多，有时也会遇到台湾的同乡，听到乡音就会觉得蛮亲切的。

记　者：台湾的同学有没有向你打听在北京学习的情况？

赖奕佑：有的，我以前在中学和硕士班的同学，很好奇我来北京学习的动机，对我在这边的一些见闻也感到好奇！我也很乐意跟他们分享这边的看法，毕竟他们对这边有一些误会，我会把大陆真实的情况讲给他们听，他们也会觉得我说的和他们以前了解的有差别。

记　者：如果你的台湾同学也能来大陆走一走看一看，就会消除过去对大陆的那种看法了，是吗？

赖奕佑：对对对…

2005 年参访上海时合影

胡介中

清华大学建筑历史与文物建筑保护研究所
2007 级博士生

把握時間
做好本分

胡介中
八·六·一

秀丽手记

建筑学中追寻古风遗韵的美

　　第一次与胡介中联系时，她说正在湖北武当山跟随老师考察，等她一回北京立刻跟我联系，从她的语气中可以断定她是位个性直爽、乐观的人。果然，半个月后，我接到她的电话，她说刚从湖北回到北京。第二天上午，按约定的时间来到清华大学紫荆园门口等候，很快一位清爽利落的女生快步向我走来，她一身运动衣装束，不像学究气浓的女博士形象，反而像运动员。面前这位风尘仆仆的女生就是胡介中，她歉意地笑着说："实在不好意思，今年比较忙，过几天还要外出做测绘。"原来如此，她的形象与专业有关。

　　坐在咖啡屋内，她看上去显得有些倦意，但从话语中却能感受得到她对建筑专业的那份热爱，面对每一句问话，她都能直接表达出自己的意思，让我感到有一种亲切感，我们的采访就是在散发着浓郁的咖啡醇香味道中开始。

　　胡介中的祖籍是福建泉州，父亲是学社会学的，业余时间喜爱看文史方面的书。也许是受父亲的影响，她上小学六年级的时候就能读一些简体书，对中国历史产生了浓厚的兴趣。由于她爱好画画，尤其是对一些漂亮的房子特别感兴趣，逐渐萌生了对建筑大师的崇拜之情，每看到那一栋栋风格各异的建筑物，她就觉得浑身热血沸腾，从此，她树立当一名建筑师的理想。上大学时，她毫不犹豫地选择了与那些水木砖土瓦打交道的建筑专业，这让其她女生很是惊讶。面对同学们的不理解，用胡介中的话说：自己喜欢的并不代表别人也喜欢，别人喜欢的也不能代表自己喜欢。她真是一位我行我素有个性的台湾女生！

胡介中大学毕业时，感到要学的知识还很多，因为中国古代建筑史犹如浩瀚的历史长河，那里还有很多可挖掘的东西，作为中华儿女应该为老祖宗留下的这份遗产感到自豪，应该为她做些事，想到清华大学深造的愿望也在她心中不断升腾着。

当谈到她在北京生活的情况时，她说初来北京时，就有一种亲切感，她外公外婆的亲人都在大陆，尤其是两岸刚刚开放，父母第一次带她到上海探亲时，江南秀美的风光、大陆的风土人情深深印在她的脑海中。之后，她随旅行团或是随台湾的学校到北大、清华交流时，这里浓厚的学习氛围也深深打动她的心。她希望不仅在书上或图片中能看到众多的大陆名胜古迹，而是要亲身领略它的风采，尤其是能让一些面临损毁的古建筑尽快进行保护工作是她最大的心愿。

当我问她，为何没朝小时候当建筑师的理想去努力，反而对中国的古建筑感兴趣时，她感慨地说："那时候，常看父亲书柜里关于中国古建筑的图片，我感到中国有着悠久的历史，很敬佩能工巧匠的先民们给我们留下那么美的建筑，只因时代的变迁，日月沧桑的销蚀，一些古建筑物已面临着损毁的状况，我就感到很可惜，应该让它得以恢复旧貌，让更多的后人看到实物，而不是看到仅存的照片和图片。"

她朴实无华的语言震撼着我的心，是啊，闲暇时间游览名胜古迹成为当今人们的首选。然而，有些人为了让自己留个特殊的纪念，往往会选择在某个醒目的建筑物上留下"到此一游"的大名；还有些部门为了自己的利益，宁肯不惜一切代价也要毁掉面前珍贵的建筑物，真不知他们听了这位台生的话会做何感想？

胡介中正是带着这种责任感，在清华抓紧时间弥补过去未学到的知识，她去文学院、去历史系的大课堂聆听；跟随导师去外地做测绘，完全忘却了自己是一个女生的身份，克服自己有恐高的毛病，毅然攀上古建筑物，站在高高的屋顶认真完成每一次导师交给的测绘任务。

提起对未来的期望时，胡介中的眼里流露出一抹柔情，她动情地说："我真不希望自己所学的知识荒废了，希望能留在大陆从事与古建筑有关的工作。"

　　听罢此言，我真诚祝愿这位一心追逐梦想的台湾女博士生早日梦想成真！

从小迷恋中国古建筑

记　者：建筑专业一般是男生比较偏爱的，你是女生为何也对这个专业感兴趣呢？

胡介中：可能小时候爱画画吧，我上中学时看了一些名人传记，非常喜欢美国建筑大师莱特，觉得他非常有才华，很崇拜他。我也比较爱梦想，认为建筑师手拿一支笔，就可以盖一栋很漂亮的房子，我感到那样很浪漫。高考时，觉得建筑是理科和文科相结合的一种学科，我很向往理性和感性兼备的东西，所以我在大学念的是建筑系。

记　者：学建筑专业后，你感受到了那种浪漫吗？

胡介中：没有，上大学后才觉得念建筑专业是件很苦的事，要常常熬夜，尤其那时候做模型、画图，我们整个系几乎都是通宵赶图，老师要求比较严格，为了很好完成作业，在赶图的前三天晚上不怎么睡觉。

记　者：这跟你过去想象的有很大差别，你没有为这个选择感到后悔吗？

胡介中：没有后悔，我还是很喜欢！

记　者：你选择到清华读书，是因为它的名声在外吗？

胡介中：我对中国的古建筑很感兴趣，认为那些古建筑都很美，很有特点，也觉得清华的建筑学院在大陆也很有影响，我还很崇拜中国建筑史上非常重要的人物。在台湾的大学毕业后，2004 年我考上了清华大学读硕士，毕业后，我觉得还有许多知识要学，所以现在跟清华大学的导师继续念博士。

记　者：你来清华大学建筑学院后，对学习环境满意吗？

2004 年胡介中在河北正定调研

胡介中：我觉得校园很有读书的感觉，学习风气非常好，我常看到他们在树丛中或草坪上看书、背英文单词，学生们都很优秀。尽管父母担心我不太适应这里的气候，离家比较遥远，但他们还是支持我的选择。

登塔顶测量克服"恐高症"

记　者：除了学习理论知识外，老师带你们实地考察吗？

胡介中：念建筑学就是要常常去触摸一些古建筑，以前在台湾学建筑专业的时候，学校比较重视建筑设计，而古建筑的结构及搭建的方式都不太了解，只知道宏观的说法，很少真正接触一些古建筑。我来到清华后，就觉得亲自接触建筑的机会非常多，跟老师去外地考察，就可以看到书中的那些建筑物真实地呈现在眼前，觉得很棒，很开阔眼界。

记　者：你跟老师勘察过哪些古建筑？

胡介中：2005 年，我第一次随导师出外测绘，先后去过山西五台山、湖北武当山这两个佛教胜地，在武汉参加过研讨会。

记　者：你第一次实地勘察时是什么样的心情？

胡介中：我和同学们蛮兴奋的，去之前，我们就找前辈们当年曾去五台山时留下的数据图片等资料，让自己准备得充分一些，心里就会很踏实，到五台山后就不会忙乱。

记　者：你们在五台山搞测量难度大吗？

胡介中：我负责到台怀镇的塔院寺测量，要爬到寺庙最高处，对其他同学来说可能无所谓，但对我来讲挺害怕的，因为我有恐高症，从来不去爬高，站在高处心里就发慌，但是跟着老师去，就必须克服这些，后来我觉得这是在挑战自我。

记　者：你一直坚持下来了吗？

胡介中：对，我们每个人分配测量的地方不一样，但工作量都不轻，都必须爬上寺庙的屋顶察看屋瓦或吻兽等构件，要留下古建筑的记录，现在有一些比较先进的仪器可以用 3D 扫描的方法，不过我们还是要爬上去亲自摸一下，再钻到屋架，了解它的结构，然后为它做个详细的记录，最后把测绘的数据留在所里。

记　者：在实地勘察中，你有何体验呢？

胡介中：那次我们去了一周，都是建筑学院的学生，大概有40多个吧。我作为研究生，应该在现场指导一些本科学生做测绘，但我在台湾学习时从来没有接触过这边测绘时使用的一些特殊工具或是方法，我就问有经验的同学，然后我跟那些本科生一起测量，等于我跟他们一起学习吧，那次测绘对我来讲是一种全新的体验。

记　者：你在湖北武当山也是这样测量吗？

胡介中：我去武当山是调研最大建筑群——玉虚宫的大殿，因为历史原因已经被毁不存在了，只有残留的

参观莫斯科新艺术馆

一部分和比较完整的很有特点的基座，当地政府希望为它复原，我们要依据过去的一些资料为它做复原的方案计划。其实，老师每年都跟一些文物保护单位联系测绘的事，当地政府部门也很愿意把这些传统的文化发扬下去，我们等于帮他们做一个很详细的测量工作。

记　者：在测量之余，你是否也借机会游览这些景点？

胡介中：对，我们在测绘工作快要结束的时候，以旅游者的身份去游玩，住景点区的居民也会主动招呼我们进去看，我们进去主要看这些古建筑里面的结构，了解一下它建造的年代，同时也对当地的民风民俗做一个了解，也是件很有趣的事。

记　者：你在外地勘察一定也很累吧。

胡介中：也就是这个学期比较累一点，但是我感觉还好啊，挺有意思的。

学建筑让我有一种责任感

记　者：你学这个专业是否感到有一种责任感？

胡介中：对啊，就是有一种责任感，我读大四时，台湾遭遇了"9·21"大地震，一些有建筑师执照的老师对我们说，每当遇到地震时，他就会从梦中惊醒，很害怕自己设计的房子有什么不好的地方，给人们或单位带来经济损失。所以他的压力很大，这对我们念建筑专业的学生来讲受到的震撼也是蛮大的，我觉得无论做什么事都应该持认真负责的态度。

记　者：在这种责任的驱使下，你是否感到学习古建筑专业的重要性？

胡介中：是的！我学了这个专业后就会感到有一种责任要去研究它，保护它，我们希望用自己所学的知识为保护好中国数千年留下的古建筑多做些事，因为保护工作也是一件很复杂的事情，我觉得尽快把资料搞准确，即使我们做不完，也会给后人留下可借鉴的资料，给我们的后代留下一笔宝贵的文化遗产，让他们知道过去的建筑是什么样，不给他们留下什么遗憾。

记　者：你在测量时，会考量这个建筑的价值吗？

胡介中：我们在测绘的过程中，像测量斗拱外观，测量柱子粗细，观察建筑的构造，看上面有什么彩画或者是别的什么东西，都要做出详细的记录，因为要保护它，一些寺庙的雕塑比较多，要记录壁画现存的情况，在什么位置，用什么材料等等，对它做方方面面的了解，研究它的历史背景与价值，所以建筑学包含的内容很广泛。

记　者：2008 年汶川大地震导致一些古建筑受损，如果之前做过这方面的研究，是否有办法让它复原？

胡介中：这是肯定的，我看新闻介绍汶川震区有一些元代的古建筑好像受到了损毁，都是些比较有价值的早期建筑，所以我想如果那些建筑在损毁前有资料保存下来，我们就能想办法让它修复，要是没有那些资料，再做这些事就很困

胡介中（右一）硕士毕业与导师合影

难了。

记　者： 如今中国一些城市面临着新的规划与改造，这对于恢复古建筑的原貌是否也带来了难度？

胡介中： 中国有许多古建筑的造型及其结构非常美，有的还是国家重点保护文物，这就需要在旧城改造中尽可能地给予保留，还要避免地震、洪涝等自然灾害及人为的破坏，只要合理规划这座城市，我想有些建筑是可以避免被毁的。如果每个城市都规划得一样，没有一点遗留的古建筑物，这个城市将是蛮可悲的。

记　者： 我国古代建筑很有特点，你在勘察时是否把它拍摄下来作资料或是从历史建筑美学的角度考虑出本这方面的书？

胡介中： 还没有想过，其实这个建议挺好的，能让更多的人了解古代的建筑，确实是一件很有意义的事情，以前我只是把它拍下来留个纪念，像你刚才讲的以后要出这方面的书，我以后会考虑做这方面的记录。

感受中国古建筑的美

记　者： 建筑学包含的内容很丰富，你是否有意识地去学习与之相关课本以外的知识？

胡介中： 我们在读研时所学的公共课目还蛮多，建筑学院也要修一些中国历史方面的课，像与建筑设计有关的近代建筑演变、流变都是要学的，也可以选修城市规划等方面的课，我们学得比较全面。有时候我也旁听文学院历史系的课，因为他们学的内容比我们更加专业，他们的史料学或历史学掌握很多，那是我应该加强的部分。

记　者： 你学古建筑专业的同时是否对中国历史也有比较深的了解？

胡介中： 因为在学习或研究中国古建筑的时候，不可能避开中国历史，这些都是基础的知识，中国的建筑也是随着历史的演变而有所变化，就会发现中国不愧是多民族的国家。在我们传统的认识上以为中国建筑只能是大屋顶，其实各个民族的建筑形式各具特色，现在一些少数民族还保留了很多传统的建筑风格，比较多样化。

记　者： 你的导师给你留下了怎样的印象？

胡介中： 建筑历史所所长王贵祥先生是我的导师，他去爱丁堡大学、美国的宾州大学等国家当过访问学者，他的阅历很丰富，个性非常谦和，对学生都很好，他是一位非常得体的学者，我们只要有问题找他，他都会给予帮助。我做事情爱追求完美，因此我做课件或者遇到其他难题时动作会慢一点，或者我写论文、答辩的时候，心里不踏实，老师就很关心我、耐心指导我，同学们对他的评价蛮好的，不管在知识上还是在做人上，我在老师身边学到了很多的知识。

与同学们在研究室留影

记　者：他是否把国外的一些教学经验运用到清华的教学中？

胡介中：有啊，他在外国当访问学者时，觉得外国的导师出题让学生聚在一起开讨论会，相互辩论这种方式很能活跃学习氛围，因此老师也希望我们有固定的时间，让同学们围绕一个主题做讨论，如果哪个同学最近看到了什么或是研究了什么，就会做个报告提出来让大家一起来讨论。

记　者：在中国漫长的古建筑史上，你对哪个朝代的建筑比较感兴趣？

胡介中：我觉得唐宋时期的建筑非常漂亮，对它很感兴趣，它的斗拱、它的气势看起来很宏大，好比门前的狮子，看起来也相当雄伟大气，而明清以后的建筑可能规模有所缩小，装饰比较多，清朝晚期大门的狮子也小了，相比之下就有不一样的感觉。

记　者：你主要是研究哪个朝代的建筑？

胡介中：尽管很喜欢唐宋时期的建筑，却没机会做深入的研究，因为我是研究清朝的建筑，像北京城里的清朝建筑保留比较完整，我会对照清朝遗存的一些北京旧地图，自己主动去观察，深入其中，感觉北京旧城里大部分街巷的路线与图中画的一样，没有大的改变。

记　者：你是根据旧城的地图到现实中做一些对照吗？

胡介中：对，当时乾隆皇帝命手下大臣把当时北京城的情况做了详细记录，乾隆皇帝想知道京城是个什么样，"乾隆京城全图"画得非常细致，细到哪个院落有几间房，有多大多小，房子是什么样画得都很细，如今按照全图去胡同里找，一些保存比较好的房子果然就跟画中看到的一模一样。

记　者：你去北京城中一些有特点的胡同察看时，居民让你进院子里做研究吗？

胡介中：有的民居不让进去，毕竟涉及到人家的隐私，打扰到人家的正常生活，不过若是和居民好好讲，说我是学生对这个很有兴趣，可不可以让我进去拍一下照片，居民很友好，让我进去看的，不过大部分时间我和同学一起去，因为大家对这都有兴趣嘛。

举重冠军给我的启示

记　者：你是什么时候对大陆有兴趣的？

胡介中：海峡两岸刚刚开放时，我外公已经80多岁了，他在1949年随国民党到台湾，退休后又到美国居住，没有机会回大陆。他很想念留在大陆的哥哥，那时候父母带着我和外公外婆到大陆探亲就是去看望大伯公。我曾见过上海的大伯伯和我外公

胡介中2008年随导师在柬埔寨吴哥窟参观调研

年轻时的合影照，等于他们兄弟相隔50年才见面，他们见面时都哭了，那场面蛮感人的。

记　者：你随父母探亲是否也让你对大陆也产生了一种亲情？

胡介中：可能是吧，那次在上海待了半个月，爸爸还带我去江南游玩，因为我外公的身体蛮好，很喜欢旅行，当年他离开大陆最大的心愿就是旧地重游。他在美国去世后，父母在整理他的书房时才发现他有很多北京旅游方面的书，因为当时政治的原因，外公没有实现到北京旅游的愿望，还

是蛮遗憾的。后来我跟着旅行团或是以海峡两岸交流的名义多次来大陆，也跟清华和北大的学生做交流，感觉这里很亲切。

　　记　者：那时候是否就想过要来清华大学读书？

　　胡介中：那时还没想过，不过自从第一次随爸爸到大陆探亲后，我经常

胡介中（前左四）与同学们出外调研

看大陆的新闻，收看中央电视台四频道，但后来就收不到了，不过在网络上还能查到很多关于大陆方面的资料。爸爸去大陆探亲时经常买一些录音带，像当时大陆的流行歌曲《歌唱二郎山》、《年轻的朋友来相会》等，我蛮喜欢的，清华大学的一些同学知道我对这些歌曲感兴趣，他们蛮惊讶的。

　　记　者：你远离父母独自在北京读书，是否有想家的感觉？

　　胡介中：我刚来清华念书的时候，大部分和学建筑学专业的大陆同学在一起，他们没把我当外人，对我很热情。学校还会顾及到港澳台学生的身份，尽量把港澳台学生分在一个宿舍，当时我的室友是澳门和香港的同学，我们都能聊到一块。

　　记　者：学建筑的人应该比较理性，你觉得和同学们容易相处吗？

　　胡介中：在饮食上，我没什么忌口的，吃得很好，人也比以前胖了；在学习上，有的同学读本科时基础好，每次我向他们请教，师兄师姐都给过我很多的帮助；因为我在台湾读书离家近没有集体住宿的经验，刚开始在这里洗大澡堂有点不适应，担心大家看到彼此的身体很不自在，时间长就习惯了；有时候外出到偏远郊区考察要换衣服，会遇到有的没有门，她

们就帮我挡一下；我们还经常聊各自家乡的情况，和她们在一起的日子里有许多事很让我感动。

记　者：在北京举办的奥运会上，你最喜欢看哪个项目的比赛？

胡介中：我蛮喜欢举重比赛的，周围的同学听说我买到举重票后，都很奇怪，认为举重不是特别热门的项目，更何况是女生。但是我觉得举重很让人感动，运动员要有坚强的意志力抓举，经过一轮一轮的试举，一次次的竞争，才能夺得冠军，才能打破世界纪录。其实这项看似简单的比赛背后，能感觉到运动员们所付出的艰辛和汗水，他们平时都要在很枯燥的环境里一遍遍认真练习抓举，然而，在那一瞬间冠军只有一个，有的人10多年天天做同一个动作，最终一枚奖牌也得不到，还有的人因训练过度腰部受伤，像这部分人还要调整好心态面对未来，我觉得人生就像一个竞技场，需要有坚强的毅力，去面对成功与失败。

记　者：你是否觉得所学专业与举重运动员有相同的感受？

胡介中：是啊，我觉得学建筑这一行看上去很辛苦，如果真正热爱它，就会感到它包含的内容很丰富，很美，为追求美去付出努力，付出青春，我不会因此而后悔！

记　者：愿你在追逐梦想中，享受生活！

胡介中：谢谢！

2008年胡介中（中排左四）与莫斯科建筑学会交流合影

林琦俊

清华大学经济管理学院工商管理 2007 级
硕士生

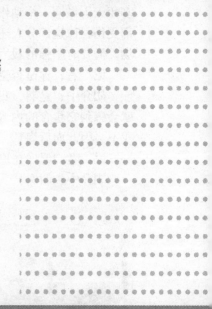

生命因为热爱而丰富多彩
为你的选择全力以赴，
不会后悔！

08年5月
林琦俊
于北京清华

秀丽手记

爱上清华来学商

5月22日，按约定时间，在清华大学"清清"快餐店门口，这位身材修长举止干练的戴眼镜台湾男生林琦俊见到记者后，主动递来一张名片，上面三行字立刻映入眼帘：清华大学经济管理学院2007级工商管理硕士、清华大学MBA教育培训俱乐部副主席、清华大学MBA金融俱乐部，从他那灿烂的笑容中不难看出，他一定是学校活动的主动参与者，更是热爱生活健谈开朗的大男生。

谈到他因何选择来清华读书时，他说可能因为与大陆有着难以割舍的渊源吧。他说在清朝的时候，他的祖先从福建来到台湾，很小的时候就对隔海相望的大陆有一种向往。大学毕业后，他服兵役后再找工作，但是来大陆读书的念头一直在他脑海中萦绕着，为了亲身感受大陆的真实情况，林琦俊成为众多亲戚中第一个到大陆的人。2006年他为了了解真实的北京，自己上网买机票、上网订酒店独自旅行。他第一次来到北京，被眼前的情景深感震撼了，北京马路宽，楼房多，房子大，商场的繁荣，与当地居民无拘束的交谈，尤其是乘坐地铁与台北大不相同，因为从台北到台南约有40分钟就可到达，但是在北京用40分钟可能还没出三环呢，这一切让他大开眼界，也使他对大陆的认识产生很大冲击。在街头他快乐地喝啤酒吃烧串,他很喜欢这样的生活方式。面对北大与清华的二难选择,正是这次旅游,让他找到了答案,他发现清华是他多年来想要的理想学校。

林琦俊打开话闸子,跟记者滔滔不绝谈起了他在清华的学习生活感受,他把清华读书时难忘的片段记录下来,发在自己的博客里,许多台湾朋友看到他生活中的点点滴滴后,非常感兴趣,并鼓励他要坚持写下去,如今,林琦俊博客的点击量已达5000多人。记者好奇地问他,博客的内容反映哪些方面时,他立刻来了精神,向记者一一道来。他坦言清华的校园很漂亮,一年四季都有不同的感受,他很喜欢骑自行车在清华的校园里游逛,或是带一本书在草地上品读,这种感觉,让他体味到了新鲜空气,心情也格外愉快,于是手机和用奖学金买来的数码相机成为他时刻捕捉发生在周围一切有趣事的武器。

初入清华的林琦俊睁大了探究的眼睛,这里的一切都是那样新鲜与好奇,入学仅用一个月的时间,他就吃遍了清华的大小餐馆不同的风味小吃,可以说对校园的各个餐馆了如指掌,他风趣地说可以当大家的饮食向导。

林琦俊对"入乡随俗"的话深有感触。他跟我谈起中国酒文化时津津乐道地说,他在台湾与朋友吃饭都是AA制,而在大陆都是由一个人买单,其他人留待以后再回请。当第一次他跟清华的男生外出聚餐时,班长让服务生给每人面前摆一瓶啤酒,那种豪爽把他吓了一跳,因为在台湾只摆两瓶啤酒,是要慢慢饮的。如今,林琦俊也跟大陆男生们一样举起酒杯"咕咚咕咚"大口喝酒,他的这一举动很快让大陆男生不敢刮目相看,感到他与其他台湾人有所不同。那次,林琦俊喝高了,但心里还是非常开心的,也拉近了与大陆学生的距离。冬季的一天,他跟同学们外出吃烧烤,回学校的时候,已是华灯初上,天空还飘着雪花,他们有说有笑往宿舍走,雪地上留下了一串串的脚印,那一刻让他感觉是有生以来的浪漫。

他年过五旬的父母,从小到大没见过雪,他在寒假春节回台湾时,刚好赶上一场雪,走的时候特意用两个保温瓶盛满了雪,当他经韩国转机飞回台湾时,发现保温瓶里居然还有一部分雪没有融化,父母终于摸到了雪,他实现了父母多年想看雪的愿望。

林琦俊的热情与开朗也赢得了好人缘,让他最为感动的是一位同学知道他有收集贺年卡的爱好,每逢新年,特意买一整套明信片让邮局工作人员盖好邮戳给他寄来。他也从台湾带来许多糕点和长寿烟与同学们分享,喜欢买许多贺卡送给大陆的同学,这种互动让他结识了许多大陆的朋友。

采访即将结束时,林琦俊风趣地对我说:"我们家可能与清华大学有缘吧。明年我和台湾清华读书的弟弟在同一时间从清华大学毕业，所不同的是我弟弟在台湾的清华大学博士毕业，而我是大陆的清华大学硕士毕业，这将是我们家值得庆贺的特殊日子。"

听君一席话，记者颇有感言，回家即兴作诗一首，用作本文的结尾：

两岸遥遥隔相望，不同清华铸梦想。兄弟同为读书郎，毕业同校却各方。待到来日喜相逢，燕园双飞比翼翔。

听校园讲座大饱耳福

记　者： 你在台湾大学毕业后有一份不错的工作，为何又产生了到大陆读书的念头？

林琦俊： 其实我在台湾政治大学读金融科技专业时，就有来大陆高校深造的想法。我毕业后跟台湾大部分的男孩一样先服两年兵役，又在社会上工作了几年，但想赴大陆高校读书的念头一直没中断。一次偶然的机会得知，台湾学生可以通过考试到大陆高校就读，我很幸运地通过了考试，当时我觉得大陆经济发展速度很快，我很好奇，就是想来看一看。

记　者： 大陆有许多名牌大学，为何对清华情有独钟？

林琦俊： 2006 年 9 月，我曾来到北京，把清华和北大两所学校进行了比较，感觉都很漂亮，都有各自的特点，我喜欢在面积大一些的学校就读，相比之下清华的面积比北大要大，看上去比较整齐，还可以在校园里骑脚踏车，有种很悠闲的感觉。从商业的角度考虑，清华的经管学院首任院长曾是朱镕基总理，从心里讲感觉很自豪，所以我感觉清华更适合我。

记　者： 在入学考试前一直忙于工作，你有时间做准备吗？

林琦俊： 2006 年我在北京买了一些考试的参考书，当时在台湾复习时间较少，每天清晨 4 点多钟就起床学习，到时间再去上班。我选择了香港考场，初试通过后还要到学校面试，我在考试前还特意学习了简体字，担心题目看不懂，答题会有障碍，不过，我都顺利过关了，成为班里 67 位同学中唯一一名台籍学生。

记　者： 在清华经管学院学习，最担心的是什么？

林琦俊： 我来之前担心会遇到语言障碍，可能有听不懂的方言，不过清华大学的老师讲得都很清楚，课堂上学习没什么太大的问题，当然在电脑

北京雍和宫前留影

上打字拼音输入不快，有些简体字会认就是不太会写，这是一个非常大的障碍。另外我上大学时，老师大多讲台湾企业的案例，而清华老师经常以大陆知名企业为例子，大陆的同学们很熟悉，但对我来讲都是相当陌生的，我在课堂上听不懂，就在课下找一些相关的资料加深印象。

记　者：除了课堂上老师讲的以外，你从什么渠道还可以了解大陆企业的发展状况？

林琦俊：清华有一个很大的特点就是每年都举办相当多的讲座，这是很庞大的学习资源，知名度也很高，这些讲座能请到很多知名的成功人士来讲，比如说一些国家的领导人或者像美国微软巨才比尔·盖茨等国际知名企业的总裁先后来清华演讲，虽然我没能亲自现场看到几位总统演讲，但作为一名清华学生也觉得很光荣。

记　者：通过听这些讲座，你是否受到一些启发？

林琦俊：我花蛮多的时间跟同学们一起去听讲座，从入学到现在为止已听了30多场了，我觉得通过听这些讲座，可以更进一步了解这些知名人士成功的经历，能从他们身上学到很多的东西。觉得能很好了解这些企业家成功的秘诀在哪里，了解了许多大陆知名企业的成长过程，也接触到很多成功的人士吧。

记　者：在学习方式上，老师是否以讲案例为主？

林琦俊：MBA 的学习方式很大一个部分是通过案例学习，我们在这里了解了很多国外的案例和国内企业成功的案例，也知道了中国企业是如何发展的，也让我们感受到了大陆从改革开放以来，尤其是近几年经济发展的脚步是非常快的。

参加"薪火相传 AMP"

记　者：你是怎么看中国企业走向世界的？

林琦俊：中国的企业走向世界，首先要有一个很大很远的眼光。2008年2月份学院举办的"NBA 中华万里行"活动，我们在沈阳当地参观了一些企业，其中有一家生产玻璃墙的远大公司，目前它在世界上算是首屈一指的企业。公司老总是一个很有想法的领导，他把自己比喻为一个哲学家，让我印象蛮深的就是，他创业前就想让他的企业成为世界第一，如今，他也确实做得很强，所以我觉得如果想成为世界上的第一企业，这个企业领导人的眼光一定要远，要敢于梦想。

记　者：你们经常到大陆的一些知名企业参观学习吗？

林琦俊：大部分是老师请企业的高级干部来讲，至于到企业参观学习，也要看课程安排，这种机会还不是很多，也许以后这种机会多吧。

记　者：在课堂上，同学们也经常讨论一些企业是如何成功的吗？

林琦俊：我们有一门管理讨论课，老师要求学生们做一个讨论，最后做出一个简报总结，大家都急于表达自己的想法，刚开始许多学生都会坚持自己的想法，努力去说服对方，不愿意听别人的思维模式，常常你一言我一语的讨论，我感觉大家各抒已见，气氛还是很热烈的。

记　者：你参加了清华发起的"薪火相传AMP"项目吗？

林琦俊：这是学校的安排，就是请清华经管学院以前的学生给我们当导师，这是一个配对的过程，把个人简历上传到网上，如果想成为哪位导师的弟子，导师就会通过简历选择学员为自己的弟子。当时有85位导师供选择，我选择了台湾一家大型企业担任财务经理的一位师兄，希望想多了解台资企业在大陆的一些情况，所以选择了这位导师。

记　者：你对这种学习方式感觉如何？

林琦俊：学习快有半年多了，导师在大连工作，是不能经常与你交流的，有时他到北京开会，我们见面谈或是用E－mail联系，遇有急于解决的问题，就直接通过网络、电话等形式，以便能更多了解到台湾企业在大陆的情况。

记　者：你毕业后，是否希望到大陆或台资企业里工作？

林琦俊：对，我的目标是到大陆从事金融业工作，我也希望能在有台资背景的银行里工作，当然也不排除在台资中做财务工作。选择在台资企业工作的原因，主要是有一些返台假期的安排，可以常回台湾看望父母，如果我

春回大地，和同学们一块逛校园

选择在大陆的企业就职，也许待遇会好一些，但是难安排回台湾的假期。

记　者：你在两岸最好的学校学习商管，将来希望自己是一个什么样的角色？

林琦俊：近年来，大陆为台商出台了很多好的政策，如果我有创业的机会，就希望有间自己的公司，但从目前情况看，我还不具备这个条件，不过，能来清华经管学院读书的台生还不多，这对于我就业也算是一个优势吧，因为我对两岸企业了解得比较多一些，我希望今后能为两岸的企业交流或是合作起一个沟通作用。

校园中的活跃分子

记　者：你来北京学习前有着什么样的期待？

林琦俊：没来之前与现在有些想法不一样，过去我得到有关大陆方面的资讯不完全是正面的宣传，给我的感觉就是大陆的环境没有台湾的好，这里的人可能会心里做事，目的性比较强。但是来到北京后，发现这里的人做事情比较认真，很积极很主动，我喜欢和这里的同学交流，在一些想法上，能找到很多的契合点，这是我过去没想到的，同时我希望能更多地了解大陆，扩大自己的交往圈，有一些大陆的人脉关系。

记　者：你和大陆的同学在课余喜欢聊哪些话题呢？

林琦俊：以前我觉得大陆青年的家庭观念和台湾青年不一样，但是和他们交往中，我觉得两岸青年的想法很相像，我们在聊家庭、人生观时，觉得没太大的障碍，可能大家都是在社会上工作过，然后重新回到学校的缘故吧，很多同学和我同龄，我们同样面临成家立业的烦恼、面临着买房压力，都希望能给家人提供一个好的环境，给家人带来幸福，我跟他们分享这些想法时，觉得蛮有意思。

记　者：你与其他同学之间的年龄差距较大，对一些事物的认识一样吗？

林琦俊：我们这个专业的同学年龄差距比较大，我们班年龄最大的是41岁，年纪最小的是25岁，年龄相差有15岁左右。我与同龄的同学交往中发现，有些同学的经历也是我父辈经历的事情，但是我们谈论的内容竟然是一样的东西，这几年我们所关注的事情，所看到的东西都是一样的，我们的烦恼也是一样的，可以看出这个社会的发展是非常快速的。

记　者：你在清华是否能主动展现自己最好的一面？

林琦俊：到清华后，室友了解我在待人接物上比较热情主动，所以推荐我为委员。在这个团队里，我负责财务工作，每个星期我和其他委员开会讨论一些班里的活动或一些问题，能为同学们服务，能交到许多朋友是我一个很大的收获。去年11月初的一天，学院有一场奖学金答辩，这是每年评判台生融入这个环境的一场答辩会，他们鼓励我去参加，我就把入学以来的感受，如何与大陆学生交往的过程，原原本本真情地流露出来，没想到我获得了奖学金的殊荣。

记　者：你是否常常参加学校组织的一些文娱活动？

林琦俊：我的性格比较活泼，入学以来，由我负责组织的"中秋晚会"，我自告奋勇第一个演出，用两把口琴吹奏《明月几时有》。在互换礼物时，我为同学们准备了长城和台湾的圆山饭店明信片，代表长长圆圆，还有一次晚会由我领唱的闽南歌曲《爱拼才会赢》，更是博得大家的掌声。后来上下学路上，许多人主动向我打招呼，能认出我就是唱那首歌的台湾学生。在MBA跨年度迎新晚会上，我作为策划人领唱了歌曲《明天会更好》，在组织这些活动中，看到他们很开心，我打心眼里也很高兴。

参观纪念馆带来的思索

记　者：你来大陆之前，对大陆对北京是一个什么样的印象？

林琦俊：因为从小生活在台湾的关系吧，对大陆心里没有直观的认识，一直以为大陆脚踏车很多，生活不太方便，觉得大陆人生活的条件挺落后，很难把北京城和那种发达国家的城市联想系一起。

记　者：那时你没有从多种渠道了解大陆的现状吗？

林琦俊：在台湾上学时，大部分高校生都非常流行上BBS，一个偶然的机会，我在BBS站交了几个大陆的网友，有北京的、广州、济南的学生，在和他们交流的过程中，对大陆有一些了解。我上大四的时候，修了中国大陆研究这门课程，这门课是台湾非常有权威的朱新民教授讲授，他在台湾研究大陆的一些问题和现象比较深入，让我对大陆的认识又有了一定程度的了解。

记　者：你的家人对大陆的认识片面吗？

林琦俊：家人和周围的人对大陆理解的范围毕竟有限，如果没有亲身经历感受这个氛围的话，就不会对这个地方有真实的看法。不过，我很感谢母亲，她在我生命中的每一个阶段，始终支持我的决定，我说服父亲大概花了半年的时间。那时，我边准备考试边和他沟通，后来我考上了，他也接受了我来北京念书的现实，家人还是比较理解我的。

记　者：除了学习之外，你用其他方式对大陆作过进一步了解吗？

林琦俊：上学的时间还蛮紧的，我大部分是学习，每逢假期我也到大陆各地旅游，也拉近了与这些城市的距离。

记　者：你在旅游过程中，是否去当地一些纪念馆参观？

林琦俊：我去过南京中山陵、雨花台纪念馆，还有南京大屠杀纪念馆等关于抗日战争的纪念馆，我也有意识地和大陆同学交流对日本人的一些看法。每当提到抗日战争那段历史时，尤其针对日本政府至今否认那段历史，我才知道大陆人对有些日本人歪曲历史的反应这么强烈。我有一位最好的朋友，他姥姥就是被日本人杀死的，所以他对日寇仇恨的情绪是可以理解的，但是对于我们在台湾长大的青年人来说，台湾被日本人侵占也好，被"改革"也好，但对日本的文化或历史不是很排斥，因为日本人侵占台湾之前，台湾人的文化风俗及生活习惯和大陆一样，所以说在情感上台湾老一辈人对日本的情感是很复杂的，甚至有些台湾人对日本文化的喜爱被称为"哈日族"，我们从小讲话中也经常有日本元素存在。

记　者：那你对那段历史是怎样看待的？

林琦俊：这段历史在纪念馆已经完整还原出来了！我在南京大屠杀纪念馆看到日本人对同胞如此残忍，心里很不舒服，让我对这段历史也有一个全新的认识，对我的人生也是很大的改变。我想不管是中

参观景德镇，与制陶老师傅合影

国人还是日本人，对人应该持尊重的态度，我记得纪念馆一个老妇女说过的话：可以忘记仇恨，但不可以忘记历史。虽然她也是一个受害者，但她不希望大家过于强调仇恨，但历史是不能被更改的，是一定要记住的，她也代表了中华民族宽容的心态吧。

记　者：如果台湾的学生到大陆高校念书，你会给他们什么样的建议？

林琦俊：要多和大陆的同学交流，每个人都有自己的优点，要从他们身上学到不同的优点，同时，我觉得许多台生不愿和大陆学生谈论政治话题，尤其是关于两岸方面的，总把自己封闭起来，这样就很难融入大陆生活。因此，在这里既要好好读书，也要敞开心胸和大陆同学多交流，多沟通，不要用过去在台湾的那种教育模式和对事物的看法来看待大陆的一切，在这里有很多想法是过去没想过的，很多话是过去没有听过的，要用自己的切身体会来感受一个真实的大陆。

记　者：好的，谢谢你！

赖钰匀

清华大学人文社科院历史所 2007 级博士生

在努力的過程中，發現自我的價值。

赖钰匀 二〇〇八·五·十五

北京紫荊園

秀丽手记

缘聚清华的台湾新娘

　　赖钰匀与记者采访的其他台生最大不同之处，就在于她是台湾所谓的"本省人"。明末之际，从福建省泉漳地区移居台湾的早期移民，同时，她是记者多年采访中见到的第一名台湾新娘，而且是位多才多艺的博士。

　　记者与她约会的时间地点恰好赶上清华学生聚集在紫荆园的道路两旁搞活动，为了让她在这么多的人中尽快找到我，记者选择了一个大橱窗下等候，看着眼前充满朝气的清华学生，暗想马上见到的清华女博士会是什么样呢？不一会儿，一位推着自行车年轻漂亮身材匀称的女孩向记者走来，她摘掉咖啡色的太阳镜笑着说："你是来采访的记者吧？"记者感到很诧异，她居然能在人群中一眼认出，她看到我的表情笑着说："大概是凭感觉吧！"

　　也许是天热也许是走得急，她的脸红扑扑的像个红苹果，她略有歉意地对我说："不好意思，刚才办事，来晚了，这里人多嘈杂，不如去我宿舍吧，那里会安静。"从心里讲，记者也很想看看清华女博士的居室是什么样。我们一边聊一边向紫荆园16号楼走去，她笑着向记者介绍说："在清华的女博士很幸福，每人一个单间，待遇非常好，不像男博士两人一间，去年当我第一次踏进这栋楼房时，心里还是很高兴的。"

记者带着一种敬仰的心情走近这栋号称女博士楼16号楼，仰头观望，从外观讲与其他楼没有特殊之处，然而从那栋楼里走出的人却不寻常，这是荟萃一大批杰出女性的楼房，她们是同年龄人中的佼佼者。她们在中学、大学时代所付出的努力在这里得到最好的诠释。可以想象得出，在10年或是20年以后，她们将成为这个时代的主宰者。正是带着种种遐想，记者好奇地观察赖钰匀的寝室，里面摆放着一张单人床，整洁的被褥，一张书桌，一把椅子，一个书柜，显得简洁明了。她的眼睛很亮很大，说话的声音也跟台湾偶像剧中的女主角一样，感觉很温柔。

还没等记者问她什么，她给我打开一瓶饮料，笑着说："夏天一定要多喝水，否则太干燥了，我们家祖辈是所谓的'本省人'，也就是明清的早期移民。而其他来内地念书的台生，祖辈大多是后来才到台湾，还有的父母是1949年随国民党军队到台湾的。还有，我的干妈是山东日照人，所以我从小就习惯了北方的饮食习惯，就连性格也带有北方人的个性，再加上从小就受中华传统文化的教育，所以在内地生活没感到有太大的陌生与隔阂。"

她还真有点山东人耿直的个性，也许记者也是山东人的缘故吧，我们的话题自然从她为何选择大陆男子为伴侣和选择清华读博开始的。

赖钰匀18岁时，资优保送上台湾大学中文系，之后又在台湾大学中文所完成硕士学位。她在台湾研究晚清思想史，2005年为完善硕士论文的资料，走访北京首都图书馆、中科院图书馆，还有社科院的图书馆，接着又到北大、清华的图书馆找资料。因缘际会，她与她先生认识，并展开两年多的交往，最后步入结婚殿堂，完成了终身大事。她笑称清华毕业的男生也许不会什么甜言蜜语，却有着朴实友善的个性。她的先生是清华山野协会的会员，平常必须进行各种耐力和体力的锻炼，他曾与清华大学登山队的队友们爬上几千公尺的雪山，正是这种顽强毅力让赖钰匀佩服。

婚后的日子里，她也时常考虑自己应如何迎接未来，她说尽管先生很爱她，但她不能做全职太太，女人还是要自尊自立。她打算是学习之余，希望能为研究水处理的先生做些事，发挥自己擅长写作的特长，用通俗易懂的文字把所见所闻写出来，让更多人去关注环保问题，做有意义的事，心里也会很高兴。

当谈到她现在的家庭时，赖钰匀说："我非常感谢我的父母，他们很尊重我的选择。如今他们的年龄大了，我总想抽时间多陪陪父母……从她的话语中不难听出，她希望两岸的人民应该多多加强交流，多一分沟通就多一分理解，更增加一分亲情。"

时至初春季节，当记者修改这篇手记时，两岸已实现"大三通"快一年了，终于可以听到她以及更多台胞们发出的欣慰笑声了。

缘聚清华，选择北京

记　者：你作为台湾本省人，为什么没像其他学生一样选择去国外读博，而是来北京呢？

赖钰匀：我是所谓的台湾本省人，但我出生在 80 年代初期，在这个年代出生的人，从小接受的仍是中华文化的传统教育。我在台大念中文系，后又念中文所，在台大近 8 年时间里读完本科又读研究生，

颐和园佛香阁留影

毕竟对中国的历史和文化感兴趣，因此北京一直是我读博的一个选择。

记　者：说起学文史类，一般大家会选择去北大或者专业性强的学校，是什么样的魅力，让你选择到清华念书？

赖钰匀：其实清华的文科，也是很有传统的，虽然一度中断，但也恢复了十几年，很多人以为文科在清华来说算是比较新的学科，其实，清华历史系曾聘请了很多海内外知名的学者。此外也有一些个人因素，我以后会长时间在北京定居发展。

记　者：也就是说，你今后将在北京生活？

赖钰匀：现在是一个移动的时代，至少在未来 20 年内，会留在北京。我在北京成家了，我先生是北京清华大学毕业的，目前在北京工作，所以我在北京会有一个比较长期的规划。

记　者：你先生是大陆的还是台湾的？

赖钰匀：是内地的。

记　者：你来清华读书的原因很大程度是源自与你先生的缘分吗？

赖钰匀：不尽然是这样，主要还是学术上的考虑。我在台湾是研究晚清思想史的，因此北京有我需要的大量史料。2005 年，我为了完成硕士毕业论文，来到北京首都图书馆、中科院图书馆还有社科院的图书馆，然后又到北大、清华的图书馆找资料。就在那年，跟我先生认识了，两年多的恋爱，我同时完成了硕士学位，才计划结婚的事情。

记　者： 你觉得他身上具有的哪些魅力吸引了你？

赖钰匀： 主要是他的毅力。他以前是清华大学山野协会的会员。我因为认识一些山野协会的会员，在一次山野协会的聚会上，认识了我先生，他给我的第一印象就是奇怪这么瘦弱的人居然能爬上几千公尺的雪山。

记　者： 毕竟你是台湾本土人，你父母没有反对你们的婚事吗？

赖钰匀： 我父母对我们的教育没有那么多条条框框的限制，非常人性化。其实现在台湾许多的父母都是这样，很开放、很人性化。我父母最在意的是一个人的品格，能否真正让我感到幸福。

记　者： 在你认识的台湾女生中是否也有一些台湾新娘？

赖钰匀： 这种情形并不罕见。我有一些同学选择了内地的男朋友结婚，还有一些同学到国外念书，因为在海外的内地留学生也相当多，他们认识后，经过交往也结婚了。最近我有个学妹还在问我怎么办这个手续，因为她在学习时认识了内地的男朋友，这种联姻状况越来越普遍。

记　者： 你觉得这种现象是不是因为大陆近年来经济快速发展进程中，涌现出一批优秀的男生吸引了台湾女孩子？

赖钰匀： 我想经济发展只是原因之一。还有一个比较重要的是，内地男孩的家庭责任感比较强，他们在读大学或研究生的时候，就为自己做好了人生规划，以后要认真工作，要买房买车，要给老婆一个安定的家，考虑的问题比较接近实际。像台湾女孩子是受传统教育长大的，年轻的时候不会想太多，但是到了 25 岁左右的时候，她们就希望有一个比较稳定的家庭，但是与她们同龄的台湾男孩大多不会过早结婚，尤其 80 后的男孩属于比较自由派的，承担责任和义务的意识还不强，当然这还要看缘分的。

记　者： 结婚毕竟是每个人的终身大事，你们举行婚礼的仪式是用台湾的风俗还是大陆的风俗？

赖钰匀： 我们是在北京王府井的天主教堂东堂举行仪式，有许多同学朋友前来做见证，然后再去摆酒席以示庆贺。在北京已经举行过仪式了，所以回台湾后我们只摆女儿回门的那种酒，用古书的说法是"归宁"。这种方式，我们双方的父母都能接受。

改革开放是中国历史上最成功的一次改革

记　者： 你在台湾读中文，现在在历史人文社科院读博士，你最关注的是中国哪段历史？

赖钰匀： 我比较关注晚清的那段历史，因为晚清离我们现代史最近，影响我们现在的生活也最深。现在关于晚清研究的成果也越来越丰富了，不只是政治军事思想史，还包括生活史社会史等方方面面都有所涉及，要了解晚清生活是什么样的状况，包括他们整个社会氛围甚至非常琐碎的事情，对于研究中国的近代史、现代史都会有很大帮助。

记　者： 近年来，两岸的专家学者都在致力于研究晚清这段历史，你是否也参与过这样的交流活动？

赖钰匀： 我知道这方面的交流活动很多，以前我在台大东亚文明研究中心的时候，协助导师组织过几次大型的晚清研讨会，对晚清经典语言的诠释做过一次比较大的交流，那一次的影响挺大，因为现在台大和北大、清华、北师大经常做交流，语言和经典诠释的议题也一直保留下来了。

记　者： 你结合自己的专业特点，从中国历史发展的现状和历史的角度来讲，你是怎么看待中国近 30 年改革开放发生的巨大变化？

赖钰匀： 从过去的中国历史来看，很多朝代的改革或变法，乃至近代的戊戌变法，其实都是一个很短促的流产状态，但是中国这一次的改革持续了 30 年，不仅是因为中央的政策好，而且也有地方各级政府全力配合，才让百姓的生活水平得到很大的提高，它产生的意义是深远的。中国的改革开放可以说是中国历史上最成功的一次改革，是让世界刮目相看的改革。

记　者： 你们导师是否带你们去各地做考察？

赖钰匀： 我们研究思想史，主要的研究材料是以经典文献为主，实地考察要看个人的兴趣和能力，对研究有一定帮助。我还是蛮喜欢东奔西跑的，上清华前，我就到北京、上海、江南地区、云南等地旅游。前不久，我从江苏无锡回来感触蛮深的，无锡是个历史悠久闻名遐迩的城市，当地读书的风气非常浓厚，会发现这是中国历史进程中的一个具体体现。当地的读书人不仅只是追求个人精神上或审美上的趣味，也注重回馈乡里，展现了士大夫文化里重要的传统。这就能与我们作思想史所接触的史料互相印证。

记　者：当你到大陆亲身感受改革开放以来发生的巨大变化时，是否感到受外国侵略的中国早已成为历史？你对今后是否也有一个美好的期待？

赖钰勾：历史已经发生了，尽管那段历史让现在的人们想起来仍觉得不舒服，但我觉得世界在改变，中国也逐渐走向强盛，国人只有牢记历史，从历史的教训中吸取经验，才能不断发展壮大自己。

在清华读书的日子

记　者：清华大学历史悠久，你对学校历史也有比较深的了解吧？

赖钰勾：我想清华大学的建立与世变的因缘，大家应该都很了解，清华文科的历史，在民初的时候，就是国学院四大导师王国维、梁启超、陈寅恪、赵元任的时代，清华文科历史是很辉煌的。但因为清华的文科曾经中断过一段时间，近年来锐意发展文科，除了提升大学总体竞争力的现实目地外，也能遥接国学院时代的传统。可惜清华目前文科的藏书在质量与数量上，还不能跟咫尺相望的北大相比，也造成基础研究上的一些困难。

记　者：你觉得在这里上课与你没来时想象的一样吗？

赖钰勾：我觉得这里荟萃了一流的学者，当他们的学问做到了一定层次后，他的眼界胸襟及谈吐就很开阔，即使在教室里上课也能让学生感觉到眼界是国际级的，都有一种超前思维，尤其这边上课讨论风气非常兴盛。

记　者：你适应这样的讨论课吗？

赖钰勾：我在台湾上学时，给我的感觉是台湾学生比较矜持小心，在网

北京大学未名湖畔留影

络上或私低下很多话敢讲，但是上课讨论就会比较含蓄，比较温和，不太主动举手发言，很激烈的辩论状况比较少。我到清华后，讨论的风气是非常兴盛的，大家勇于表达学术上的意见和看法，讨论气氛很热烈，最后老师做总结时，就能看到他高人一筹的地方，所以，在这里上课还蛮锻炼人的。

记　者：在清华大学有哪些不同的心境？

赖钰匀：台湾学生属于自由快乐的学习状态，很多同学考上大学后，就觉得再也不用像高中那样让父母操心自己的考试成绩了，念书的积极性也不太高，但是清华的学生经常上晚自习，读书的风气很浓。我在清华学到了一种非常务实的态度，既使你在一个很有发展的国际环境里，也要有踏实工作的态度，才能为自己将来的发展打下坚实基础。

记　者：你常跟同学们一起交流在清华的体会吗？

赖钰匀：除了学习之外，我们也会聊一些家乡的话题，尤其是女孩子喜欢吃些小吃。我的同学中有河南、四川等其他省的，每次寒暑假返校时，就会带一些家乡的土特产给我，像樱桃、豆瓣酱、辣椒酱。我从台湾也带一些特色的茶叶、咸菜与她们分享。我觉得与内地的同学能以平和的心态相处，这也蛮好的。

夫妇之间和而不同，工作贵在适情适性

记　者：那你所学的专业对你今后的发展有没有定位？

赖钰匀：我在清华念的是历史系，主攻方向是中国思想史，跟经典文献有密切的关系，但是我一直没放弃对文学的爱好，每天晚上我都把中国经典文献或者唐诗宋词与古文拿出来温习。以后除了在高校教书外，也可以从事自由撰稿人专门写博客出书，也可以当个旅游作家或是从事文化产业。

记　者：你先生是否也为你的将来做过考虑？

赖钰匀：我先生在做水处理研究，而环保问题其实是全球的重要议题。现在全球面临着很重要的环境问题，人与自然应该和谐相处，如果有机会，我希望可以跟他一起到处看看，切实了解我们所遭遇的环境问题。也许，我可以用散文的形式传达出来，用环保文学引起更多人关注环境，我觉得

这样也蛮意义的。

　　记　者：你是否想做你先生的贤内助？用你自己的努力成为他成功背后的女人？

　　赖钰匀：我认为夫妻相处之道，应该是"和而不同"。彼此互相帮助、扶持但不会有谁在谁"背后"的问题。不过回归到现实面，作为妻子必须有经济实力才能使男女达到平等，这种平等不是要去压倒对方，而是让自己有能力去伸展自己的理想与实力。我身边有一些女生在家里当全职太太，伸手跟丈夫要钱时，好像自己矮他一截，我觉得这种感觉不好。

　　记　者：你在大陆的就业可能面临着难题，你有这方面的考虑吗？

　　赖钰匀：现实层面的困难应该存在。不过，我认识的一些朋友都能想办法为自己谋出路，有的人运用自己的人脉关系到台资企业工作，还有的人开工艺品店或者其他什么店。我还认识一名北大的法学硕士在校外开小店，卖自己喜欢的饰品，她的货品也很有格调，感觉也挺开心的，所以我以后也可能去开个店把喜欢的东西摆出来卖。

　　记　者：如果真是那样，对于受过高等学府培养的人来讲是不是太屈才了？

　　赖钰匀：其实学府没有高等低等之分，人才却有一流二流之别。就像工作没有高贵低贱，却存在适情适性的问题。我觉得不管从事什么样的工作，最主要的是自己是否感兴趣，心情才会感到很轻松，才会产生一种深层的爆发力，与学历没有必然关系。

两岸大哉问，小民轻松答

　　记　者：你是台湾本土人，从小就受中华传统文化的教育，如今又成为大陆的台湾新娘，你是否希望两岸关系越来越融洽？

　　赖钰匀：我确实非常期待两岸关系能够越来越融洽，可以说现在两岸的民间交流相当频繁，当然这其中也会有一些小小的摩擦。特别体现在网络上，我觉得网络是需要非常慎重对待的环境，每个人都以虚拟的身份讲话，这时候就可能把某一种情绪扩张到极至。我每次看到网民在两岸问题进行一些争吵，就觉得只要大家能多一点相互之间的了解，很多无谓的争吵是可以避免的，以后还是要多交流多沟通。

记　者：今后你回娘家的次数多吗？

赖钰匀：我很感谢我的父母，在我的婚姻大事上没说过一句话反对的话。如今他们的年龄大了，每次寒暑假我都会回去多陪陪父母，尽管平时我在北京通过视频网络电话或MSN跟父母经常聊，但是见面聊与视频聊的那种感觉大不相同。

记　者：你与大陆青年组建家庭，是否也希望两岸能早日统一？

赖钰匀：我觉得婚姻并没有这么紧张严肃。对于我这样一个普通民众而言，是希望两岸要尽早去谈，让两岸人民有越来越频繁的交流活动，很多

清华园雪影留影

东西是水到渠成的。现在我们尽量增加彼此的了解，许多问题都是可以解决的。很多问题你现在看起来很严重，但用历史的眼光去看，拉长时间看，什么事情都不会太严重的。

记　者：好的，谢谢你接受我们的采访。

戴雄赐

清华大学建筑学院城市规划专业 2006 级

博士生

水末清华

永远长存

愿二岸和平发展

戴雄赐

赴京求学喜圆博士梦

常言说：人过三十不学艺，一般人们到了这个年龄是很少再去学习的，更不会到学校里上学，而是在成家立业后把一切精力用在事业上。然而在记者采访的这些台生中，却有一位年近5旬的博士生，怀揣着对北京清华大学求学的心愿，怀揣着急于了解大陆新变化的好奇，怀揣着在建筑领域有一番作为的梦想，告别远在台湾的太太和孩子，只身北上赴京念书。他求学的这种精神，这份热情，着实让记者心生一份感动，对这位台湾博士生增添了的一份好奇心！

在清华桃李园餐厅，记者与这位来自台湾攻读建筑专业的博士戴雄赐开始了访谈。他那张四方脸庞带着成熟男人的一种自信，他是台湾新竹人，采访之前，我曾听其他台生介绍过戴雄赐是年近5旬的博士生，是台生眼中的老大哥。在与记者的对话中，也愈发感受到他的实际年龄与心理年龄有着大的反差，谈起学习，他像位年轻的学生一样滔滔不绝，也许正是有着这种年轻心态的人，才能做出让人们不可思议的事吧。

当记者问戴雄赐在这个年龄段事业有成家庭稳定的情况下，为何还要来大陆求学时，他坦然地笑着说：这个话题已经有许多人问过我了，不过我只要认准的事，是不在乎别人是怎么看的，况且我来清华大学，就是为了弥补自己曾经做过的梦。他以朴实的话语向记者谈起了他的学习、工作和家庭在上世纪70年代末，还在学校读书的戴雄赐敏锐看到台湾房地产业的兴起将给台湾的经济带来很大影响，读大学时，建筑设计专业成为他的首选。1982年大学毕业后，他又到美国的哈佛大学读硕士，在美国又有着8年工作的经历。当他积累了一定的经验后，又回到台湾考取建筑师执照，开始了自己的创业之路，办公司，成家生子。他像其他人一样按部就班地生活着，但他内心深处想到清华读书的愿望，像颗种子一样在心里生根发芽，每当他看到海峡两岸在经济、文化及各方面交流越来越频繁时，也更加坚定了他的梦想。

是什么原因让他对大陆有着强烈的向往？面对提问，戴雄赐说："我出生在台湾本省人的家庭，父母也没有给我灌输祖国大陆的事情，但是我们的成长背景一直在蒋介石时代过逝之前，接受的整个教育是以中国大陆的方式为主，在台湾国民党的想法还是认为'中华民国'的领土是涵盖中国大陆。如果我们撇开政治上的分歧外，海峡两岸的人都是接受着中华传统文化的教育。直到1990年以后，受这种教育的人才，逐渐有所变化，这与台湾的教育部门颁发的教科书有关。"

随着大陆城市竞争力的增强，经济快速发展，房地产业的发展也逐渐成为人们生活中不可缺少的一部分。谈到他下决心赴京求学的话题时，戴雄赐动情地对记者说，这些年来大陆倡导创建和谐社会，作为城市建筑来讲，设计是否合理与人的生存环境同样也很重要。它包括政府机关、企业、学校、住宅小区以及街道、地下通道等等方方面面都要考虑进去，我觉得过去这方面有丰富的经验，也希望能在大陆寻求发展。

戴雄赐有一个幸福的家庭，孩子已经上大学了，他的太太也很支持他来京求学。当他带着太太来北京旅游观光，对清华大学的每个角落都留下了深刻的印象，大陆的一切让他更加坚定了自己读书的信心，与他相差20多岁的同学在一起学习时，也从未让自己有过什么难堪的想法。

结束访谈时，戴雄赐真诚地对记者说："我希望国家的经济更加繁荣，人们的生活越来越好，让每一个家庭都能够觉得生活在和谐中。"

从他那平静温和的话语中，我可以深深感受到，这位年近5旬台湾博士向往大陆，爱上北京的那份感动与激情。

赴京完成读博心愿

记　者：台湾在哪一年注重房地产开发？

戴雄赐：台湾进入上世纪70年代后，房地产业发展很快，很多人希望能进入到建筑这个行业。我在台湾上大学时，比较喜欢建筑专业，念了5年的建筑设计后，感觉那时的台湾与美国在建筑设计上还有很大差距，我想提高自己的能力。1983年我赴美国哈佛大学念硕士，对他们的生活水平，对他们的学术水准有很深的认识，也开了眼界，之后在美国一家建筑事务所工作了8年。1993年我又回到台湾，取得台湾建筑师的执照，先是在台湾的一家房地产公司工作了6年后，我自己也开了一个建筑师事务所，至今仍在开业中。

记　者：你一直学习建筑设计专业吗？

戴雄赐：在大学的时候，基本上都是建筑设计，到了美国后发现路子比较宽广，除了建筑设计外，还有城市设计、城市规划以及建筑技术，可供选择的范围比较大一点，所以在美国选择学习城市规划专业。

记　者：你有着丰富的学习和工作经历，为何年近5旬了还要选择读博士呢？

戴雄赐：是啊，我到清华后，周围的同学也常常问这个问题。因为在美国念博士的人并不太多，大家硕士毕业后急着找工作，既要养家糊口，又要在实际中锻炼建筑师的职业技能，念博士不一定有很高的报酬，只有真正钻研学术研究的人才去念，但是对我个人来说，我希望完成当年继续念博士的心愿。

记　者：你为何没选择到国外学

习而是到大陆的清华大学呢？

戴雄赐：可能缘自与台湾同属一个文化的原因吧。在台湾不太认同中国文化的只占少数，大多数台湾人还是接受中华文化的，也认同自己是中华民族的一分子。我认为中华文化是海峡两岸共同的传统文化，我更希望能到影响自己很深的文化氛围中学习。

记　者：在建筑方面你是否也能感受到祖国的进步？

戴雄赐：当然，大陆近30年来的改革开放，所展现出来的经济成就举世瞩目，我觉得到祖国大陆学习的念头越来越强烈，希望能更深地了解祖国大陆在规划建筑设计方面的进展情况，可以说，这个愿望是由来已久的。

以平常心来学习

记　者：建筑设计、城市规划所包含的内容方方面面，你认为台湾、美国与大陆在这方面有哪些不同点？

戴雄赐：城市规划受到的影响因素很多，比建筑单体更复杂，因为它牵扯到一个国家的政治制度，是一个规划的法律，展示了社会经济发展的水平，还有它的基础建设，还有房地产的事情，很难把不同的国家或城市放在一起比较，不过我发现大陆许多城市在这方面已经取得很好的成果。

记　者：你与周围的同学年龄差距大吗？

戴雄赐：因为我们博士班分为直博和普博，直博生基本上是大陆的学生，他们的年龄基本都在25岁到30岁之间，人数很少，每年港澳台有一两个名额，这些学生都有工作经验，但他们的年龄在35岁上下，我跟他们相比年龄还算是偏大。

记　者：你觉得年龄的差距是否给你带来一定的心理障碍呢？你又是用什么样的方式去克服呢？

戴雄赐：这种障碍还是有的，毕竟清华是一个很好的大学，不过，既然自己是来学习的，就要想办法融入这个环境里。我不能因为年龄的原因妨碍学习，还必须克服自己的这种心理障碍，毕竟我在台湾的一所大学里做兼职教师，反过来就要学会调整自己的心态。跟其他的本科生、硕士生只在学术上有过探讨，生活中没有太多的往来，见面时，大家都会很友好地打招呼。

记　者：你觉得清华大学给你一种有别于其他大学的什么感受？

戴雄赐：首先清华是咱们国内顶尖的高等学府，师资力量以及教学设备还有校园的环境都非常好，来这里读书的学生都是经过严格考试进来的，我看到的本科生就相当优秀！

记　者：作为直博生，你在时间上是如何安排的？

戴雄赐：学校规定普博四年毕业，直博五年毕业，我一年只有 4 个月时间在清华学习，其他时间我在台湾处理自己公司的事情，时间是由学生掌握的，并不表明很宽松。我们有必修的课程，要在一年内修完，其他时间都用在写论文上，写论文需要跟导师经常保持联络，要让结论得到学术界的认同，才能进入答辩阶段，但是不一定非要在学校写。

大陆的城市建筑今非昔比

记　者：你第一次到大陆先到哪个城市？与现在相比有何不同感受？

戴雄赐：1996 年，有一个上海的台商需要在清浦县建造自己的一座工厂，还有自己的招待所，那时我在台湾一家房地产公司工作，是为这个项目而来的。但那时的上海与现在相比在城市规划、建筑、交通等方面已有很大进步，可以真正称得上是与世界接轨的发达城市。

记　者：你是否为了项目常来大陆看看？

戴雄赐：我从 1996 年到 2003 年先后来大陆约五六次，每次都是为不同的项目来的。最远的是乌鲁木齐，我也到过北方城市哈尔滨，也去过一些偏远的地方，当然北京和上海是常来的，因为我学习的是建筑规划，所以在这方面有比较多的观察与体验。

记　者：在观察的时候，以你的目光怎样看待大陆的城市规划？

戴雄赐：我觉得很多城市看起来很像，现在城市流动人口较多，就要把住房、道路、学校、医院的建设规划等因素考虑进去，城乡大的差距还容易造成城乡结合部规划上的混乱，不同级别的城市在基本设施里还存在比较大的差距，应该在全局意识上下工夫。

记　者：你有着丰富的经验，你今后是否有在大陆发展的打算？

戴雄赐：我在清华读直博 3 年多了，如今我已修完全部课程，现在已经进入写论文阶段。这些年来，我看到祖国大陆在各方面有很大进展，至于今后的打算，我从心里讲很希望能在大陆拥有自己的公司，这还要弄清楚大陆对台商在这方面有什么政策规定，才能做决定。

记　者：这几年，你了解台商来大陆投资创业的情况吗？

戴雄赐：是的，我一直在这方面摸索，也带着项目跟一些朋友谈，但是我目前还是以念书为主，等念完后这些事必须要去考量的，毕竟我在台湾的公司比较有基础，也有很广的客户基础。如果在大陆办公司就等于又要重新起步，我必须要看客观情况。不过，若是在大陆没办法开公司，我和我太太也希望以后在这边住一段时间，因为她来北京时蛮喜欢这里的。

记　者：你在清华的课余时间是怎样安排的？

戴雄赐：我的感觉是不像其他理科专业的学生，他们有实验室，经常照面的机会比较多，像我学建筑业，除了上课，很少与其他学生有往来，生活上比较简单。有时会去听学校举办的一些讲座，主要以自己的专业为主，因为我还要写论文，可能与年龄大有关吧，课余时间，只跑跑步之类的。

记　者：你是否把大陆城市建筑做过今昔对比呢？

戴雄赐：我从 1996 年到现在曾经去过不同的地方，像哈尔滨、乌鲁木齐等城市的建筑设施还是比较落后的，2001 年我第一次见到的北京与现在相比，明显能感受到发生的重大变化。其实，我觉得城市建设落不落后并不太重要，主要是看国家前进的方向，现在中国的发展方向就很让人兴奋，我觉得这样发展下去能更多地与国外的先进技术进行广泛交流。

乐于奔波北京与台北之间

记　者：我想冒昧地问一下，你太太或父母对你这个年龄来清华深造有看法吗？

戴雄赐：当时我太太基本上不同意我来的，她认为我没必要在这个年龄再去完成一个心愿，就是想让我好好待在自己的公司里干就行了。后来，我请她来清华陪了我一段时间，带她游览北京的各大景点，几乎转遍了清华的每一个角落，也给她留下了很好的印象，她立刻喜欢上这里了。

记　者：你当初萌生这个念头时，就没有征求一下家人的意见吗？

戴雄赐：从 2002 年开始，我就想去北京读博士，我太太知道这个想法就反对，因为那时候我的女儿还上初一，我的公司正在经营中，我没有办法抛下公司，抛开家庭来念书，毕竟那是家庭的主要收入来源。

记　者：当你有机会时，你的太太还反对你来清华读书吗？

戴雄赐：公司发展近10年来也比较稳定了，我的小孩继续念书的条件也基本具备了，况且清华的名气有相当大的号召力。然而，我太太还是有些顾虑，正是因为我的执著也就不再反对了，尤其是2007年我带她来北京清华，看到这里的生活和学习环境非常好，她也蛮支持我的。

记　者：你觉得怎么处理工作、学习和家庭的关系，才使生活保持平衡？

戴雄赐：有些事情不可能那么完美。工作、学习和家庭在时间上确实有些冲突，毕竟我留在公司的时间多一点就可以多赚点钱，家人在生活上就会宽裕，然而面临冲突就必须做出选择。我太太在美国念会计专业，曾经考过会计师，结婚后，她大部分时间是照顾女儿的学习和生活，其余时间就在我的公司帮忙，因为这些原因，我时常奔跑于北京与台北之间。

记　者：你女儿赞成你来这里读书吗？

戴雄赐：说实话，我女儿挺爱念书的，她考的是台湾大学法律系，她的成绩很好，也很有个性，她不太在意她的父亲去读书，她觉得每个人都有自己的生活学习方式。

记　者：每次回到台湾的家里，你女儿是否向你打听大陆的一些情况？

戴雄赐：像我这个年纪的人，对祖国文化的认同会强于她们。这些年一些台湾的学生希望到英国、美国一流大学念书，当然台湾是否承认大陆学历，也会影响一部分台湾学生到大陆读书，毕竟他们将面临找工作的问题，当然我女儿也会关心大陆方面的一些事，也希望能过来看看。

追求美好的快乐生活方式

记　者：你在台湾的公司发展状况如何？

戴雄赐：我们的公司规模有10多个人，我们成功地做过一些医院和住宅的项目，不过在规模上还是小了点。台湾从上世纪90年代到如今的10年间，建筑不太景气，这时候我们的业主对质量的要求会高，所以我们必须花很大的精力在环境改造、外观及室内上，还有这几年很重视的绿建筑问题、节省能源生态环境等方面都要配合。还有一个比较大的原因就是经济走入一个低迷期，尤其私人业主，他们对经营的成本很在意，所以我们设计的建筑物在节约与效益上较明显。

记　者：具体到一个项目上，你觉得容易做吗？

戴雄赐：这几年在台湾很看重对社区的参与性，我们做一些项目的时候，需要及时跟社区报告，如果社区认为哪方面不合适，社区有权利要求我们修改，所以我们必须配合社区居民的意见来做具体修改。

记　者：你对生活有着很深的感悟，对成功又是如何定义的？

戴雄赐：如果讲成功的定义，我不能说得很具体，因为我是一名基督徒，我心中的成功可能跟别人理解的成功不一样，我评判一个人的成功不是以他有多少财富来定义，而是把拥有多少快乐当作衡量成功的重要标准，我只要给家人能带来快乐同样也有成功的自信，当然我不否认其他男人把拥有财富的多少以及地位看作是成功。

记　者：那你对待生活的态度以及快乐的心态，都是缘自神吗？

戴雄赐：对基督徒来讲，应该如此，但并不是说神每天都对基督徒的生活做好安排，神是对人类有整个的拯救计划，不是说每天我敬拜神，神就保佑我能得到一切，而是说神让我们远离罪恶，不要在追求物质、名利、肉体的私欲上迷失自我，要让自己有一种积极的心态对待生活。

记　者：那你对于人们追求财富的意识怎么看？

戴雄赐：如今，随着祖国改革开放步伐的加快，人们的生活水平有了很大的提高，现在人们很强调个人的幸福指数，尽管现在还存在着贫富差距，但是这属于改革开放阶段不可避免的问题。许多人都希望能达到中产阶级或更高层次的财富，希望跻身于5%或10%的顶尖富人圈内，然而在追求的过程中必定会付出代价，往往需要自己的家庭做出牺牲，就会得不偿失。我希望能有一定的经济基础和自己喜欢的专业加上一个和谐的家庭，能给社会做贡献，这是带给家庭带给朋友快乐的基础，我想这样给成功下定义比较妥当。

记　者：你对"活到老，学到老"这句话是怎样理解的？

戴雄赐：谈到学习，每一个人采用的学习方式不同，在学校里上课是种学习方式，在工作中实践也是一种学习。具体说到我，不一定非要跑到学校念博士才叫学习，等读完博士，我还会多看点书，不断充实自己，对我来讲，这是件很快乐的事情。每个人所追求的快乐不同，我觉得每天快乐地生活，认真地工作，这才是人生中美好的生活方式。

记　者：嗯，谢谢你，愿你把这种美好也传递给周围的人。

黄展春

清华大学建筑学院建筑设计 2006 级博士生

生命总是充满着惊奇
希望在不断的学习中成长

清华园
黄展春

秀丽手记

举家迁京的台湾博士

在清华大学的紫荆园内，坐在我面前的台湾博士黄展春温文儒雅，看上去比他的实际年龄要年轻许多，他是特意从东四环赶回清华校园的，我发现他白净的脸庞洋溢着一种掩饰不住的喜悦与幸福，看上去他应该是个性格开朗之人，于是，我好奇地问他："你这么高兴！最近是不是有什么喜事？"他掩饰不住内心的喜悦笑着说："我过几天要回台湾，因为我太太要生第二个小宝宝了。"原来他又要做爸爸了，可喜可贺啊！我连忙向他表示祝贺，他说话很温和，始终微笑着回答我的问题，就在这种心情极佳的状况下，我们进行了愉快的访谈。

今年38岁的黄展春，祖籍福建泉州。据他讲，他的祖先早在500年前从泉州迁到台湾，对于他以及他的前辈来讲，应该都算是台湾土生土长的本土人。他和许多有着同样背景的同龄人一样，从小学、中学直到大学，所受的教育和影响是多元化的，在成长的过程中，他们都有着自己独立的思维方式。在上世纪80年代末和90年代初，台湾的房地产热影响着许多台湾人的生活，黄展春对建筑产生了浓厚的兴趣，读大学时，他选择了建筑专业，毕业后又考入了台湾科技大学研究所念硕士，之后的这些年里，他就是在学习与工作中不断提高自己的工作能力。

　　稳定的生活并没有让黄展春产生安逸的想法,他看到大陆正以惊人的速度发展时,经过一番考察和思索,他把目光瞄向了大陆的高等学府,希望能在大陆继续深造。他的决定很快得到他太太的同意,也让他更加坚定来大陆读书发展的信心,他到清华大学报到之日,也是携太太来北京定居的日子。当他们并肩漫步于清华校园宁静的林阴小道时,当他们徜徉在北京宽阔的街道上时,当他们坐在北京的剧院聆听中西方音乐在这里交融时,当他们感受北京都市散发着深厚的文化气息时,他们对未来的生活充满了美好的憧憬与向往。

　　读书之余,黄展春凭着在北京的好人缘,到一些单位揽项目,做设计,学习上的努力,工作的辛勤劳作,生活上的压力,没有让他感到困惑与不安,而是让他感到生活的多彩多姿。无论他有多么忙,他都会尽可能地抽时间多陪陪太太和孩子。他的太太曾在英国留学多年,原本可以任英文教师一职,但她为了给黄展春一个安宁的学习环境,宁愿选择在家操持家务。他们每一次的情感交流都能找到共鸣点。一次偶然的聊天,触发了他太太的灵感,她不甘寂寞,决心发挥自己的特长,在照看孩子的同时开一间三明治店。不久,由黄展春精心设计的糕点屋让顾客耳目一新,有一种温馨怡人的感觉,就连他太太也没想到,在英国无意中学到的手艺,竟然在北京派上了用场,凭着诚信与精湛的手艺,生意越做越好。

　　访谈中,我突发奇想问黄展春:"你太太是否有强烈的事业心?是否想把这个店开很大?"他听后笑着说:"我太太开这个店不只是为了家庭的收入,而是出于她的兴趣,她在家也喜欢做一些吃的,而且非常好吃,她没想过做什么大事,只想做些自己喜欢做的事,追求那种轻松快乐的生活,如果我不让她去做,她就会很失落,她支持我的选择,我同样也赞许她的想法。"

　　真是一对相互理解和睦恩爱的夫妻!

　　两个小时的访谈在不知不觉中度过了,走出桃李园餐厅,他高兴地指了指停靠在街道边上那辆白色干净的小轿车说:"要想在北京生活,没有车出门还是不方便的,我前年考取了北京的驾照,然后买了一辆二手车,价格还算便宜,懂行的朋友说这辆车买的比较值。"

　　看着这辆崭新的白色轿车和眼前这位自信的车主人,我心里顿时涌起一种感动。是啊,他是台湾人,大陆所具有的魅力时刻吸引着他,他认为自己是华夏儿女,是中国人,他愿意在北京在大陆这种和谐稳定的环境中生活下去，他希望自己的子女也能喜欢这里的一切，以国际的眼光看待世界。

我想，爱上北京，爱上大陆也是众多台湾学子共同的心愿吧！

那年，读博结婚喜事连连

记　者：你在台湾念书时为何喜欢建筑专业？

黄展春：我在台湾从小比较喜欢画画，上大学时，我学的是建筑专业，后来又在台湾科技大学研究所念硕士，毕业后我在台湾工作了8年多，可以说一直在建筑领域里学习工作。

记　者：那时候学建筑专业在台湾是否很热门？

黄展春：我们填报志愿跟大陆的高考方式有点像，就是在报考的时候，喜欢哪个专业就去填哪个专业。当初我没有想太多，总觉得对建筑还有些了解，另外还从实际的考量讲，那时候台湾的房地产业正在快速发展，有点像后来的大陆房地产发展一样，这样我才决定选择建筑专业，念硕士时就更加对建筑专业感兴趣了。

记　者：在工作的8年时间里，你从事房地产业还是做建筑设计？

黄展春：台湾建筑系的学生一般都到建筑师事务所，它有点像大陆的建筑设计院。我专门做跟设计有关的项目，比如为一些有会议、表演建筑类的单位搞设计，在设计上要求独特有新意，还要有艺术的美感。

记　者：你选择到大陆读书是出于什么样的考虑？

黄展春：很偶然的机会，我从朋友那里得知大陆招收港澳台学生的情况，我也很希望在大陆读博，一是想再学一些新知识，二是大陆正处于房地产热的阶段，就是想过来看看，希望自己有机会再深造。

记　者：清华大学在你心中是否有一定的分量？

黄展春：我刚开始准备报考上海的大学，毕竟上海的生活习惯和台湾比较相似，应该能很快适应，后来因为工作关系那年就没考。2005年报考的时候，

黄展春一家（摄于台湾云林）

有朋友说清华大学建筑学院师资力量及各方面很有实力，我就改为报考清华大学，很幸运地考上了。上海和北京这两个城市各方面都很发达，我们也比较适应北京的生活。

记　者：考上清华的博士也是你人生中的一大喜事。

黄展春：说起来，那年喜事不断，我是在接到清华大学的录取通知之前的 7 月份与我太太结婚的；8 月底，她就跟我一起来到北京生活，陪我读书。

记　者：你太太这么支持你，你好幸福啊！

黄展春：嗯，我觉得台湾许多女孩子从小学读到大学，甚至读到硕士，到年龄后就选择结婚，在家照看孩子，基本上是男主外，女主内，大概还保留着中国"三从四德"的传统思想吧，我太太也很喜欢在北京的生活。

夫唱妇随感受京城氛围

记　者：谈一下你和你太太初到清华时是什么样的心情？

黄展春：清华大学毕竟是大陆的高等学府，有着"工程师摇篮"的美誉。我们走进校门后，觉得清华校园很漂亮，很大，尤其是骑自行车的青年学生也很多，有一种清新的感觉，我们的心情也是很激动的。

记　者：针对你这种情况，清华大学在住房上是否有照顾呢？

黄展春：在清华念书的男博士是两人一间，女博士待遇好一人一间，事实上校园有着严格的规定，校外的人不能在学生宿舍过夜，即使是夫妻也不行。所以我们必须在校外租房子。

记　者：你们夫妻俩彼此很恩爱，这 3 年你一定能很安心读书吧？

黄展春：我是一个男生，是射手座，O 型血的人，在台湾我们比较相信血型和星座的搭配，我在生活上不拘小节。我太太是一个比较细心的人，无论是收拾家务及我们的饮食起居，她帮我把家庭整理得很好，她还很会做菜，尤其她把西式餐点做得也很好，她是我非常称职的太太。

记　者：在北京生活、读书一定要有物质基础的，你是否感到生活上有压力？

黄展春：我来这边除了完成课业以外，还要照顾好家庭。在这 3 年里我学业还没有完成，已经快有第二个孩子了，另外我还要揽项目挣钱，要做的事情也很多，对我来讲压力还是比较大的。

记　者：你又要照顾家，还要学习，在时间分配上会不会有一些矛盾呢？

黄展春：肯定会有一些冲突，要是能有效分配好时间，就会做更多的事情，我可以独立接一些项目，为了解决家庭的经济问题，我太太有一手做糕点的手艺，在北京开了一家三明治店。所以在时间上比较有弹性，比较辛苦一点，但我从没有停止过学习，只要有时间就用书来充实自己。

靠朋友在大陆打拼

记　者：你在清华学习期间做一些项目是否感到得心应手？

黄展春：我在台湾的时候已经有过这方面的实践经验了，到北京上学这3年里，除了完成规定的课业外，我还找一些项目做的，不光是从自己职业上考虑，同时也为了这个家庭的生活开支。

记　者：你是单独设计还是和其他人一起设计？

黄展春：常言说"在家靠父母，出门靠朋友"，就是靠朋友靠自己努力去争取一些项目吧。这些年确实也交了一些好朋友，有大陆的也有台湾的，大家彼此都理解对方，我们相处得很好。

记　者：这几年，你为哪些单位做过设计方案？

黄展春：在北京为学校的一些礼堂，还有音乐练习室做设计，这包含室内外设计，还为一个大学的演播室做设计，也为北京郊外附近的一个户外剧场做过设计，前段时间正在为厦门一所音乐学院附属钢琴学校的一个音乐厅做设计，每完成一个设计方案都需要经过一段时间的精心准备，目前仍在建造阶段。

记　者：在施工期间，你到施工点去看自己的设计作品是否完美吗？

黄展春：自己的作品就像自己养的孩子一样，总想力争完美，所以还是要去现场看看，为了很好地去完成一个项目，我会投入很多的精力。

记　者：听说你参与了国家大剧院的设计，你做了哪些工作？

黄展春：国家大剧院基本上是以法国风格为主，我们刚好有机会在声学实验室学习，主要做现场的一个测量，然后针对设计后可能产生的一些缺陷再进行改造。比如说通风系统容易产生很大的噪音，我们要研究如何解决这个噪音。等于做声学顾问的作用，我大概用了半年时间跟着做，能参与声学设计，我感到还是挺荣幸的。

记　者： 你为这些单位做设计方案时，这对你的学业有影响吗？

黄展春： 基本上我还是以学业为主的，因为我的状况是把整个家庭都搬过来了，我又要学习又要接项目，要想支撑起这个家庭，就要在经济上有一定的收入，必须要承担家庭上的压力，我想还是有一定影响的。

记　者： 你选择在清华读书，是否表明了你对知识更新的重视？

黄展春： 其实我自己的观点就是活到老学到老，对我来讲工作一段时间再读博士，这是一种更高的学习过程，知识总是不断更新的，即使我博士毕业后也会在社会上继续学习，尤其我在清华大学接受的这种训练，对我以后的发展是有很大帮助的。

夫妻携手乐办糕点屋

记　者： 当初你太太在北京开蛋糕店，她是从生活的需要上考虑，还是从她不愿当家庭主妇的情况上考虑？

黄展春： 因为我太太在英国留学的时候就喜欢做西式餐点，她们班上的同学都挺喜欢她的手艺。她在台湾曾是英文老师，基本上我们跟三明治店没有什么关系，一次我们偶尔聊天时聊到这个话题，也就萌生了开店的想法。

记　者： 你太太能在生活上照顾你，还能开店让自己的生活更加充实，这是否也让你定居北京更加有信心？

黄展春： 我把店里布置的温馨怡人，让顾客可以在我们店里感受到家的温暖。她做的糕点很好吃，常常吸引许多新老顾客，她有事可做，也觉得生活很充实，基本上我们把制度和产品设定好了，它就像火车上了轨道，一直往前跑。

记　者： 你们店的面积有多大？

黄展春： 大概有 15 平方米吧，都是选择租金比较便宜的，离我现在住的房子比较近，她吃完饭就能很快来这边打理店里的事，我们对未来还是有信心的，目前就是在稳定中成长。

记　者： 你这个店的营业时间是怎样规定的？

黄展春：营业时间是早上10点半到晚上9点半，这样还好一些，时间太长了就会受不了的，平常我可能一天去一次，或者是三天去一次，我们俩在没有时间到店里的情况下，店员就会帮我们分担一些事情。

与安德鲁先生合照于大剧院戏剧厅

记　者：这种观念可能和大陆的一些女性还不太一样。你是否想过，等生活有了很大改变时，让她放弃这个店？

黄展春：我也考虑过，她毕竟是跟我过来的，我也不希望她跟着我受累，但她真的不喜欢一个人在家里面过着单调的日子。我不会反对她做自己感兴趣的事情，如果她感到累的时候，我也不会同意她出去做事的。

记　者：你们夫妇俩在处理家庭事务上配合挺默契的，而且还非常体谅对方，时刻为对方着想。

黄展春：只要她高兴做的事我就赞成，而我喜欢做的事，她也会为我高兴。

大陆的魅力吸引着我全家

记　者：你和你太太生活中从没有发生过争执吗？

黄展春：以前我跟我太太有时会争执，很大原因是来自政治立场的不同。因为像我们学生基本上都是希望不管哪个政党执政，只要把经济搞上去就行，而台湾在国民党治理的50年状况下能够轮流执政，也是正常的。

记　者：你们为什么会有这样的想法呢？

黄展春：我们也希望台湾能够更开放些，无论从政治上还是经济上都希望有好转，让老百姓的生活过得更好。如果轮流执政的话，我觉得能起到互相监督的作用，当时我对政治的想法就是这样子，但是民进党经过这几年的执政后经济下滑，我们对"绿营"执政感到挺失望的。

记　者：这种失望是否让你对"泛蓝"阵营又有了信心？

黄展春：在 2008 年 3 月的大选中，民众用他们手中的选票，选举国民党重新执政，我觉得这次的选举是成功的，确实赢得了大众人心。

记　者：马英九先生上台执政是否让大家看到了希望？

黄展春：我觉得马英九先生上台后，从内心来讲，他给了台湾人希望，虽然我们还不能尽快摆脱过去 8 年留下来的经济窘境，但是我们已经看到未来的希望，今年下半年，我回台湾的时候，跟一些朋友聊天，我都能感受到他们也有这种认识。

记　者：你从小接受的都是中国传统的文化教育，你对两岸统一怎么看呢？

参加葡萄牙学术会议与巴西友人合影

黄展春：我觉得这个问题没必要回避，我是台湾人，也是中国人，这个不需要去解释，也不需要去多讲，重点是台湾人到目前为止对大陆还不是很了解，要想统一还需要时间，什么事情都是有过程的。

记　者："一国两制"在香港、澳门的成功实践，是人们有目共睹的，台湾也不会例外的。

黄展春：对，香港和澳门是一个很好的榜样，我们对此也持一个乐观的态度。我觉得华人所处的地方不同，政体也不同，香港回归祖国以来，祖国大陆在很多方面给予香港支持；如果台湾与大陆统一，对台湾的发展肯定有很大帮助的，但是台湾跟香港的历史背景不相同，情况也不太一样，我觉得还是需要有一个过程的。

记　者：等你读完博士是选择回台湾还是希望留在大陆发展？

黄展春：我的祖籍是福建泉州，祖先大概是在 500 年前从泉州来到台湾的，虽然代代相传，对我们来讲应该算是台湾本土人了。但从血缘上文化上讲，还有一份亲情在里面，尤其我来北京后觉得这里的国际氛围很好，它是集政治文化经济等于一体的都市，它的资讯非常的快，接触的面也很广，所以我蛮喜欢这样的氛围。如果我的孩子在这种氛围里长大，也会具有国际化的眼光，所以我跟我太太讲，目前的想法就是我毕业后留在北京，做自己的事业，在这边生活。

记　者：你把眼光放得还挺远的，连孩子的前途也很早考虑进去了，这是否说明了北京乃至大陆具有的魅力在吸引着你？

黄展春：对，应该是吧！

黄展春与清华声学顾问团队及安德鲁先生摄于国家大剧院前

张筱京

清华大学新闻系 2004 级本科生

行胜于言

自强不息

张筱京

秀丽手记

用新闻眼看待真实的大陆

　　2008 年初夏的一天，记者与即将毕业的新闻本科生张筱京约好在清华紫荆园见面，也许是天气格外晴朗，也许是记者出门较早的缘故，一路上竟然很少遇有红灯，上午 9 点就来到约定的地点，按约定的时间提前了半个多小时。记者给她发了条短信，就在桃李园的餐厅附近等待，只见一些学生步履匆匆从餐厅里走出来，他们背着斜肩的书包，手里还拿着书，快步向教室楼走去，还有的学生骑着自行车匆匆远去，他们年轻的脸庞显示着青春与活力。

　　看着眼前走过的莘莘学子，记者的思绪也飞得很远。在这所著名的清华大学里可以说以理工科男生为主的世界里，读文的非常少，能来这里读本科的台湾学生更是少，而来清华大学读本科的台湾女生更是少之又少，张筱京就是其中的一位。

　　20 分钟后，记者和张筱京在餐厅一角落座，只见她戴着一顶时尚的小帽，两缕微曲的头发顺帽檐垂下，面容清秀，语调平缓，她歉意地对记者说："昨晚和同室的女生聊得太晚了，还有些倦意。"记者好奇地问："你们经常这样聊吗？喜欢谈论哪方面的话题？"她不好意思地笑笑说："我们快毕业了，大概相处 4 年比较依依不舍吧。天南海北的什么都聊，就没有时间观念。有的室友爆的料，让人听了笑得半死，况且第二天上午没课，就可以睡个懒觉了。"说完，她打了个哈欠，使劲眨了眨眼睛，显得比刚见面时精神多了。在这个多彩的世界里，同龄女孩在一起肯定有很多的话题。当然，面对记者的话题她也很感兴趣，聊起来也比较轻松。

祖籍江苏的张筱京，是在台北出生长大的，对那里的一切太熟悉了，每当看到地图显示的隔海相望的大陆，就有一种神秘感。上初二的暑假，她随妈妈参加了旅行团，第一次踏上了大陆的这片土地，在北京她所看到的一切都很新奇，宽敞的马路、诸多的名胜古迹、繁华的大商场都给她留下了深刻的记忆。当她面临高考时，父母希望她能考上北京的清华大学，张筱京也曾听一些人谈过在北京读书的情况还不错，况且自己一直想换个大点的校园念书，于是，她带着对清华美好的向往来到了北京。

张筱京对记者说，尽管自己在台北生活了18年，台湾的面积也不算大，但自己从没有去看看新竹的清华大学，而是选择离家这么远的路途来到北京上清华，用她自己的话讲："这大概是北京的清华太有魅力吧！"说到这里，她脸上露出了可爱的笑容。

访谈中，张筱京深刻感悟到白马过隙、时光如流水这些词的含义，4年时间转瞬即逝，刚来清华时的那份紧张已被眼前的离愁别绪所替代，一想到大学生涯已接近尾声，她内心总有说不出的情感在心底翻涌着。在清华的4年里，她喜欢参加一些文艺演出，用她的那把吉它尽情流淌着台湾的歌曲；在台湾媒体实习的日子里，每天奔波于一些场合锻炼自己捕捉新闻的能力；在北京采访河南人，那些纯朴勤劳的形象也深深留在记忆里；当南方城市遭遇雪灾、汶川突遇大地震时，同学们慷慨解囊拿出自己省吃俭用的积蓄支援灾区……这一幕幕感人的情景，让她也觉得国家有难之时方显国人团结的力量，从她那轻柔的女音中娓娓道来，倍感情真意切。

由于两岸青年过去相互了解还不太深，以致于在一些认识上还存有偏差，不过历史会证明一切的，就像张筱京所说的：大家还需要彼此加深了解，只有在互信的基础上才能谈统一。

不知不觉间，与张筱京的对话已有两小时了，临别时，她的脸上有一抹柔情，对记者说，她小时候的理想是长大当一名画家，但事过境迁，真正长大了，反而对新闻专业产生了兴趣，能真实客观地去认识社会、了解社会，用自己的手中笔，展现社会真实的一面。她希望今后做一名对生活充满乐观，对工作认真负责的好记者。

记者真心祝愿筱京：好梦成真！

在成就理想的路上

记　者： 你来清华读书之前来过大陆吗？

张筱京： 我上初二年级的暑假，跟我妈妈参加旅游团来北京，我们去了长城、十三陵、天坛、故宫等很多名胜古迹，感觉还不错！

记　者： 那时候的北京给你留下了什么印象？

张筱京： 毕竟是第一次来，觉得这边的道路都

张筱京（右二）毕业之际在清华留影

很宽，什么东西都很宏伟的，不像在台湾，总是看到小巷子、小马路，人也比较拥挤，可是在这边就觉得很宽敞！名胜古迹也特别壮观，嗯，就是有一点不好，那次遇到了沙尘暴。

记　者： 那次遇到沙尘暴你觉得失望吗？

张筱京： 还好，因为我觉得这样更能真实看到北京的各个方面，不是想像中的那么厉害。那次，我们好多人是第一次来北京，感觉看到什么都很兴奋！

记　者： 那次来北京你是否产生了到北京清华读书的念头？

张筱京： 我当时还没想这么多，是高中快毕业的时候才决定的。

记　者： 是你自己决定的还是你父母为你决定的？

张筱京： 我父母觉得到大陆读书还不错，让我自己决定，应该是一半一半吧，我也很希望到这里读书。

记　者： 你对北京还不完全了解，你是否也受了别人的影响？

张筱京： 对，尽管我的祖籍是江苏，但从小到大一直生活在台湾，这么多年我去过台湾的大部分地方，离大陆很近却没有来过，所以高中毕业后很想换个大点的学校学习。当时，我见一些到大陆学习的人都说感觉还

不错，当然我也很向往大陆的高等学府，所以我毫不犹豫地报考了清华大学。

记　者：你当时有没有想过台湾当局不承认大陆的学历，将来回台湾影响你的就业？

张筱京：我当时想过在清华念完再去国外念研究所，因为台湾当局承认最高的学历，不过，我后来发现暑假回台湾还可以到媒体实习，在台湾基本上私人公司都会承认的，只要不去公家的机关部门任职就行。

记　者：你小时候的理想是什么？到清华为什么选择新闻专业？

张筱京：小时候，大家的理想都是想当总统、太空人之类的，想得比较离奇！而我想当一名画家，可是始终没有往这条路走，2004年我决定来清华念的时候才选择了新闻系。

记　者：也就是说你希望自己将来从事新闻工作。

张筱京：嗯，因为我觉得对新闻还是蛮有兴趣的。

记　者：你大学的毕业论文是关于哪方面呢？

张筱京：关注台湾大选方面的新闻，我写的是台湾政党分成两派，所以电视台及一些媒体也是分成两派的，有的偏蓝有偏绿，我是写这些媒体在同一场选举中的一些报道有什么不同的地方，他们的角度或者他们的偏颇会把一些真相掩盖掉，媒体应该客观公正地评价一件事。

记　者：你觉得在清华4年里收获多吗？

张筱京：过去我对大陆了解得不太多，这些年通过与同学交往，到社会上搞调查，上实践课，我可以用新闻的眼光来客观公正地看待大陆。

真正认识河南人

记　者：是啊，要想学好新闻学，不仅学理论知识，还要把理论上的知识运用到实际中，你们做过这方面的尝试吗？

张筱京：对，我们系在大二的暑假就开始有实习经历，我曾在台湾的报社实习，上大四时有半年时间在大陆一家公关公司实习。

记　者：你在实习期间，能很快进入角色吗？

张筱京：开始感觉不太轻松，我在台湾《联合报》实习的时候，每次采访的内容跟报社正式记者抓的点不太一样，大概有一半的稿子都没抓到点子上。我很纳闷，就分析他们写的稿子，为什么能采用，好在哪里。我不断地总结，等实习快结束时，我写的文章基本上也能用了，跟记者抓的点几乎一样，这对我来说是蛮大的鼓励。

记　者：你作为台湾人是否常关注两岸新闻？

张筱京：我不一定只局限在两岸的新闻上，也可以立足于大陆的其他新闻。我觉得在学习阶段就不能给自己定位一定要关注什么，不关注什么样的新闻，像我第一次去报社实习，主要负责社会文教类的新闻。

和同班同学去大连玩（左二）

记　者：你在学院也经常采写稿件吗？

张筱京：我们学院有一个《清新时报》，主要采访校园内一些大大小小的事情，除了写稿还有漫画专栏，我画一些讽刺漫画，也挺有意思的。

记　者：清华大学的老师很优秀，你喜欢他们哪种讲课的方式？

张筱京：让我敬佩或者仰慕的老师挺多啦，并不一定只有资深的老师讲课好，我觉得很多年轻老师教得也挺好。比如像负责电视方面的雷建军，教我们影视编辑，我觉得他身上没有那种傲气，学生们都说跟着他学习就

清华大学港澳台生江南考察合照（后排左三）

像与朋友交谈一样，我还蛮欣赏他的，还有周庆刚、李锡光、崔宝国等老师都非常好，尤其是尹红老师讲电影分析的时候，教的都是容纳两三百学生的大课，听他讲课还蛮有意思的，常常能吸引住许多同学。老师给我们分析片子的一些背景，还有一些拍摄过程。

　　记　者：学校是否组织你们到社会上搞调查或采访？

　　张筱京：我们在学新闻写作课时，老师组织我们去采访一些在京工作的河南人，后来编入一本书，书名好像是《在京创业的河南人》。我们采访了一些很成功的来京工作的河南人，给我留下了深刻的回忆。

　　记　者：你是否知道有些人对河南人有种偏见呢？

　　张筱京：嗯，知道。

　　记　者：在采访中，你认识的河南人是什么样？

　　张筱京：我觉得一些人对河南人的认识比较片面吧。不管是从事售房的还是做其他工作的，他们都很努力，性格挺爽朗的，人都非常好，我当时特别热血沸腾，就是想还河南人一个清白的感觉。

　　记　者：你采访的河南人是哪方面打动了你？

　　张筱京：我当时采访了一个送奶公司的老板，他喜欢军用物品，出门比较喜欢穿不戴军衔的军装，开着一辆还不错的吉普车，他是那种喜欢大口吃肉喝酒的人，看起来非常豪迈直爽热情。他跟别人打交道时喜欢放开一点，不要那么拘谨；另一个是保安大队队长，他特别热心，在他们背后有许多感人的故事。我认识的河南人与社会上盛传的河南人给人们的印象有很大差别，通过采访，我不觉得河南人跟其他省的人有什么不一样的地方。

　　记　者：那本书出版后，有什么反响吗？

　　张筱京：读者的反映蛮不错的，好像还获得国家一个新闻二等奖，我们每个参与写作的学生都保留着一本精装版的书。

　　记　者：看来在采访过程中，对社会也有一个客观的认识。

　　张筱京：对，应该是这样的。

在清华的点点滴滴

　　记　者：你来清华报到的时候，是你父母陪你来的还是你自己来的？

　　张筱京：是我自己来的。

　　记　者：毕竟北京这个城市对你来讲还比较陌生，你不觉得孤单吗？

　　张筱京：刚来的前两个礼拜感觉比较孤单，后来一想到我的室友都是从湖南、安徽等省市来的，大部分都是自己来的，也没有父母陪送吧，我们彼此熟悉了，也就没啥了。

记　者：清华大学占地面积较大，教室多，人也多，你如何适应的？

张筱京：我一踏进清华校园大门，觉得以后的4年就在这里度过啦，清华毕竟很大，我先买了一辆新的自行车，然后又买了一本地图册，开始边骑车边找各个教室、图书馆、体育场等地，大概花了一个礼拜才完全了解学校各主要教室、图书馆等必去的场所，后来去哪里我都能很快找到。

记　者：在这4年期间，你经常参加学校组织的一些活动吗？

张筱京：参加的活动还挺多的，像我们学院的院庆，还有前两天刚办的港澳台学生晚会，之前我也参加过一些歌手大赛之类的活动，最后由决赛变成了表演，我当时用吉它自弹自唱了一首台湾歌曲。我觉得上大学经历的事比较难忘，那时就喜欢参加一些演出，把它当成一种美好的回忆。

记　者：你在参加这些活动的时候，是否会影响学习？

张筱京：不会受多少影响，就是上大一时，我知道数学还要学微积分后，当时就挺傻眼的，因为在台湾上高中文理组分得很早，高一结束我就修文组的。上大一时，看着那厚厚一本数学书就发愁，我在数学上花挺多时间去学，每次上课我都很仔细听，有时听不太懂就觉得老师在讲天书，后来我在外面找家教帮我补数学，最后好不容易才算考过。

记　者：在学其他课时，还觉得难学的吗？

张筱京：除了数学比较难一些，我觉得新闻系的课像媒介批评、媒介经济学、新闻写作、新媒体导论等等基本上没有多么难，只要照着老师的要求按时交作业，认真写稿就可以了。

记　者：你到北京读书以来想家想父母吗？

张筱京：刚来的前两个礼拜偷偷在床上哭，不过还没有后悔过。我也常提醒自己没有退路了，只能在这里坚持下去。

记　者：你就要结束清华大学生活了，你有什么感受？

张筱京：我觉得4年过得很快。2008年中国发生的事比较多，像南方遭雪灾、汶川大

和班上仅有的三个男生中的两个合照

地震、北京召开举世瞩目的奥运会和残运会。尤其是汶川地震中，我看到隔壁宿舍同学的家乡遭灾难过的很，我们许多学生都会聚集在桃李园的食堂前捐款，大概到中午为止，就捐了17万吧，大家情愿拿出自己省吃俭用的钱，还有的同学主动去献血，我觉得对待这个事情上同学们都很有爱心的。

记　者：在清华读本科的台湾学生比较少，尤其你又在新闻学院，大家对新闻一定挺敏感的，周围的同学与你交往时，是否会问一些关于两岸方面的事？

张筱京：那是大一的事，大家都比较好奇，他们最常问的是：陈水扁这个人这么不好，为什么还有台湾人支持他？有时会问台湾有多少人想"台独"啊？有多少人想统一这些话题。

记　者：你是怎么回答的？

张筱京：我就说一半一半吧。其实台湾到底独不独立，那是政治家关心的事；对老百姓来讲，只关心公司有没有给自己加薪，自己的生活水平是否提高啊，执政的党派能否让大家过上好生活。

记　者：他们除了问政治上的事以外，还向你了解台湾其他方面的事吗？

张筱京：方方面面的都会问到，比如台湾的风光旅游，尤其是女同学会问一些台湾有什么风味小吃，好多同学都希望有机会一定要到台湾旅游，我会把我知道的都告诉他们，有时和宿舍同学聊得挺开心。

记　者：你适应北方的饮食习惯吗？

张筱京：北京的口味会比台湾重一点。我刚来的时候觉得吃什么都比较咸，我在台湾是不敢吃辣的，在这里慢慢适应了。我回到台湾的家就会觉得吃什么东西都没味道，我吃的东西都特别辣，家人根本受不了，而我就会觉得这才够味啊！

记　者：你的适应能力还比较强的。

张筱京：也不都是这样子，比如说我们宿舍没有个人洗澡的地方，在台湾大家很注重隐私的，就算女孩子的宿舍也不会当众换衣服，在清华忽然让我去大澡堂跟那么多女生一起洗澡，我感到特别害羞，可是又不能不洗，不然4年洗不了澡，还不难受死。我第一次去的时候，看到女生旁若无人地裸身洗澡，一进门就吓得我心乱跳，然后赶快低着头匆匆洗完，大概持续了一个礼拜吧，我发现大家都很自然，我也就慢慢习惯了。

记　者：要想消除南北的这种差异，只有自己入乡随俗了。

张筱京：我现在就能融入这里的生活了。

记　者：你能否用一句精炼的话概括一下你在清华读书的感悟。

张筱京：最精炼的话，就是我们的校训"行胜于言"吧。对，因为我觉得有的人擅长说，但是在做的方面却不行，所以做人要注重行动而不是只停在嘴上。

记　者：你希望今后做一个什么样的记者？

张筱京：我希望能够做一名比较内敛认真的记者，一定要客观公正地看待问题，还要对生活充满乐观。

张筱京手持西瓜的开心毕业照

张致皓

清华大学软件学院计算机软件专业 2007 级
本科生

不经历风雨
怎能见彩虹

张致皓

〇八·六·十五

从玩游戏高手到清华学士

　　坐在面前的男生名叫张致皓，戴着一付普通的眼镜，给人的第一印象是身材单薄脸庞白净的大男孩模样，他看上去很腼腆，说起话来总是先笑一笑，一副少年不识愁滋味的神情，他是我采访的年龄较小的台生。尽管他是土生土长的台湾人，但是他从上初一至今在大陆度过了中学时代，从他的话语中，能感受到他的阳光与率真，他很认真地笑着对我说："走进清华园，等于大学生活又向我翻开新的一页，我只想做好眼前的事。"

　　我们的谈话是从他如何报考清华软件学院开始的，他不好意思地说，上中学时特别沉迷打游戏，每天回到家上网玩各种游戏成了他必修的功课，许多同学不会玩的，只要他一上手准能赢，得分也一路飙升，成为同伴们心中的游戏高手。当他的父亲因工作关系到江苏昆山一家台资公司任职时，张致皓也随父亲来到江苏一所学校读书，如果不是贪玩游戏，就不会以台生的身份加10分而直接升入重点高中了。不过有着聪明头脑的他，没有让父母失望，在参加港澳台招生考试中，他以理科较强的优势考入了清华大学。在选择专业时，大概出于喜好电脑的本能吧，他一眼就看中了软件学院，孰不知，这个专业与玩游戏无缘，当时也不清楚跟计算机有什么区别，也打碎了他想学设计游戏软件的初衷，看着一大堆编程编软件以及研究那些主机板等与计算机有关的书，他很快理清头绪，开弓没有回头箭，既然选择了这个专业就要把它学好，就要把玩游戏的兴趣转到学习计算机上。

当我问他，学习上是否有难度时，他笑了，确实感到学习上有难度，周围的同学大多数是各省市选拔出来的尖子生，学习上会有一定的难度，尤其令他不解的是，见到有些同学上课打瞌睡，晚上照常玩，但每次考试都能得90多分，而自己居然有一门功课被挂红灯了，尽管自己不是最后一名，但是感觉很惭愧，他说以后还是要把玩的劲头转到学习上来。当我问他如果把这个内容也写进来是否介意时，他笑着说没关系的，好就是好，差就是差，知道自己有差距才能有决心赶上来。

他的坦诚，让我对这位外表文弱的大男孩刮目相看。

张致皓原本是位内向的男生，是清华丰富多彩的校园生活让他的性格有了许多改变，学校组织的一些活动，他积极主动参与；在与计算机有关的讲座场所里，少不了他的身影；在军训中，他作为一名台生也毅然加入训练的队伍中。正是他随和的个性，在同学中人赢得了好人缘。当他在学习上遇有难题时，同学们总会毫无保留地给他耐心讲解，每天的生活过得充实而快乐。

访谈中，我感到他与一些大陆学生有着明显的区别，也许是大陆80、90后的学生大多是独生子女的原因，因此受到家庭的呵护比较多，除了让孩子好好学习外，其余的事情几乎大包大揽，也致使一些学生依赖的心理比较重。而记者面前的这个小男生，自父亲领他到清华报到后，在学校的一切事情都由他自己去处理。

想到这些，我还是忍不住问他："难道你不想父母经常来看你吗？你不想家吗？一个人在外是否感到孤独与寂寞？有没有遇到伤心事就掉眼泪的情况？"谁知他却毫不在意地说："人总是要长大的，在父母身边受呵护永远锻炼不出来，有时遇到什么不顺心的事，想想也没啥大不了的，很快就不去想了。"

没事的时候，张致皓还是挺想念家乡台北那个城市，他小时候，每逢清明节就跟长辈们去祖坟扫墓，据说他的祖先很早就从福建到台湾了，隐约记着墓碑上面刻着一五几几年吧，自从来到大陆学习生活后，因着一些原因再也没回过台北那个生他养他的城市了，他的妈妈工作比较忙，只有等公司放长假时才能到北京来看望他，平时只有靠打电话沟通了。张致皓说，他已经熟悉了大陆的生活了。

临别时，张致皓露出孩子般天真的微笑，一直在记者脑海中闪现，每个人的成长经历都不同，就看他如何面对了。

身在清华，做好眼前的事

记　者：你上中学至今一直在大陆学习、生活，高考时，是否也受同学们的影响，把考入大陆高等学府当成你追求的目标？

张致皓：我在台中读初一的时候，爸爸到江苏昆山工作，就把我也转到江苏的一所国际学校读书，升高中时，因为对台生升学有优惠政策能加10分，我考上了当地的重点高中。高考填报志愿时，许多同学把北大和清华当成了最神圣的学府，因此，我报考了理工科很强的清华大学。

记　者：你一直在大陆读中学，是否仍按台生的待遇参加高考呢？

张致皓：对，我是参加港澳台招生考试的，面向港澳台考生共有5个考点，像香港、上海、厦门、福州、北京，我是在上海考的，我的文科较差，主要是靠理科提成绩，终于考上了清华。

记　者：你在大陆上大学，是否想过以后也要选择在大陆工作？

张致皓：考的时候就知道台湾当局不承认大陆学历，但是清华大学毕竟是公认的名牌大学，国外都承认，如果台湾当局一直不承认大陆的学历，我还可以去国外发展，况且父母也比较放心我在北京读书。爸爸在大陆一家台资公司里任职，也经常通电话，感觉比较适合在大陆生活吧。

记　者：你选择软件学院是否与你过去喜欢玩游戏有关？

张致皓：在很大程度上讲是我从小就喜欢玩电脑上的各种游戏，而且水平还不错，考入清华后，以为这个专业主要是学游戏软件开发等方面的知识，等我拿到那些课本时，才发现与我想象的没有多大关系，不过与其他专业相比，我还是对软件比较感兴趣。

参加香港文化节的活动

记　者：你会不会把

玩游戏的兴趣转换为一种学习动力，让你在软件方面有所发展？

张致皓：这些还没有想好，把兴趣变成动力也会感到有一种压力，其实学软件专业也是吃青春饭吧，因为人上了年纪后学习新技术的思维各方面跟不上年轻人，而且新技术更新比较快，也许一两个月之后，本来很牛的技术就已经过时了。

记　者：看来选择这个学院并不像你想象的那样轻松，在技术不断更新的同时，你是否觉得还要不断加强学习？

张致皓：对，即使我毕业了也要学习新技术，不管从事什么样的职业，人总是要不断学习的。现在我要把精力用在学习上，把最基础的知识掌握牢固，现在就是要做好眼前的事。

寻差距，不断充实自己

记　者：你与大陆的同学在学习上感觉有差距吗？

张致皓：在清华学习时间比较紧，尤其进入大一阶段，我在学习上感到与大陆学生的成绩有一定差距，我也真正认识到能考入清华的大陆学生都是众里挑一的好学生，我只有特别用功学习，才能与大陆的同学缩短一点点差距，我不愿意跟他们差得太远。

记　者：清华大学关于软件研发的讲座多吗？你常去听吗？

张致皓：那些讲座都很好，大部分都是结合本专业较先进的一些技术，我不了解其他学校这方面的情况，应该比其他学校多吧！经常听大师们来讲课，能了解更多的信息，可以让自己的思维更开阔一些。不过刚开始，我听国外专家讲课时，才发现自己的英语水平实在太差了，他讲的十几句话里就有好几句我听不懂，如果是国内的学者来讲，我就感到很轻松。

记　者：在课余时间，你是否常去图书馆不断充实自己？在图书馆你会有什么样的感受？

张致皓：清华的图书馆比较多比较大，我平时只去那个新图书馆，需要的资料基本都有，每次我都能看到大家静静地坐在那里，每人的书桌上都放着一摞书，边看书边记笔记，旁边的书柜里摆着许多整齐的书，还有一部分是外文书籍。走进这里，感到学习的氛围还是蛮好的，在这种环境里，能静下心来学习真是一种享受。

记　者：大学毕业后，你父母对你有什么样的期望？

张致皓：父母希望我继续读研究生，但是我还没有考虑好，现在只是希望能平安读完大学。经上学期我有一门"微积分"差了五分没及格，已经被挂上了，可能我看到别人也被挂了吧，觉得自己还不是最后一个，就会比较安心。不过自己今后一定要努力学习，不能得过且过，对我自己也是一种负责。

多彩的校园生活不感寂寞

记　者：你在清华感觉学习紧张吗？

张致皓：还算可以吧，我们一个星期大概有十几节大课，不算很多，如果老师布置的作业有难度，我就会花很多时间，上大一应该是蛮轻松的，周末也有时间可以玩。我听大三大四的学长说，他们周末基本上都在赶作业，相比之下，我们现在还算比较轻松的。

记　者：你要是有听不懂的内容会不会在休息时间想办法把课补上来？

张致皓：因为清华熄灯后就让学生睡觉，但我同宿舍的人都买那种应急灯，能学到凌晨 1 点左右才睡觉，我很佩服他们每天的精力那么旺盛，但我不能熬夜，如果让我熬夜，隔天上课就会感到精神不好，反而会耽误学习。

记　者：你和大陆的同学一起学习有什么感触吗？

张致皓：比较深的感触就是我对他们的学习方式感到意外，一般我睡觉比他们早，他们放学后花时间去娱乐，有时玩得较晚，还要熬夜做作业。我只在周末学习之余就是上网视频娱乐一下，最奇怪的是他们上课打瞌睡还能考出 90 多分的好成绩，最后总成绩都在 90 多分以上。同样都在学习，但他们的成绩要比我好许多，这让我的自信心很受挫。

记　者：那你有没有问过他们在课堂上打瞌睡为什么还能考好，他们的这种状况是否对你的学习方式也有改变？

张致皓：这个问题没问过，听说有的同学在参加全国物理数学这样的竞赛中都是名列前茅，有一个同学几乎一个学期没怎么上课，但成绩都在 90 多分。大学老师会更加系统地给我们重讲一遍，学习好的同学感觉很轻松，我只有与他们缩短差距的愿望。

记　者：平时你和同学们最喜欢谈哪方面的话题？

张致皓：大家都喜欢谈计算机软件吧，他们特别喜欢电脑，对计算机知识了解得挺多，都蛮厉害的，有些内容是我在课堂上没听到的，有时我也会去问，实在听不懂的内容，只好等老师讲了。

记　者：你们听课都在大教室吗？是否能适应这种教室？

残奥会闭幕式之后

张致皓：比如数学或者电路原理之类的大课，都到能容纳 500 人的大教室上课，空间非常大，学生非常多，只有英语课是在 40 人左右的小教室里，感觉还不错，我上高中的时候也见过这样的大教室，尽管没在里面上过课，但是有这样的心理准备。

记　者：你是否经常参加学校组织的一些活动呢？

张致皓：平时很少，就是在这个学期有个海峡两岸交流协会组织的台湾文化节，我也去帮忙。刚开始没有想到能吸引这么多人来参加，后来才发现对台湾感兴趣的人还蛮多，里面有一个关于台湾知识猜灯迷的内容，我负责为大家兑答案发奖品，活动是从下午 3 点多一直持续到晚上 7 点才结束，那天大约有 600 多人参加，我都快忙不过来了。

记　者：活动能吸引这么多人参与，你认为这说明了什么？

张致皓：可能大家对台湾感到好奇吧。许多大陆的学生参与活动的积极性特别高，那天的气氛非常活跃，主持人通过玩游戏的方式，在台上说出迷面再让台下的观众猜迷底，大家玩得蛮开心，我觉得这个活动就是希望大家能更多地了解台湾，认识台湾。

记　者：你在紧张的学习之余外出旅游吗？

张致皓：我个人很少外出，每个学期老师组织我们出去玩，3 月份的时候去怀柔玩，五一节去龙庆峡看瀑布、划船，前不久还去了欢乐谷，大家还会玩一些小孩子的游戏，感觉很放松，玩得蛮开心，这些景色还是蛮漂亮的，我还拍了一些照片留作纪念。

日常生活靠自己

记　者：我看你很小，今年有多大了？

张致皓：快 21 岁了吧。

记　者：从上初中开始，你离开父母的过程是否也锻炼了自己？

张致皓：应该算是吧。我在台湾也有一个人住的时候，上初中转过来后是住校，差不多也是一个人住或是寄宿，一日三餐都在学校解决，洗衣服用洗衣机，有时也在电话里跟父母讲讲学校的情况，没感到有什么困难。

记　者：你父母是否也教你如何跟同学们交往的话？

张致皓：我觉得父母帮我挑的学校蛮好的，尤其是在重点高中，大家都蛮努力的，相处也蛮融洽，他们只告我说不要交坏同学就行了。但是在重点高中，大家都把心思用在学习上，人也都很友善，这些都用不着他们担心。

记　者：你爸爸带你来清华大学报到后就走了，这么长时间没来看你，你是否有想家的感觉呢？

张致皓：大概自己习惯了吧，也没有掉过眼泪什么的，大部分时间可以在宿舍玩网络游戏，跟线上的朋友交流，没感到有什么寂寞。

记　者：能考进清华大学的学生毕竟是少数，你当时是一种什么样的心情？

张致皓：感觉很自豪呀，毕竟清华大学是许多学生心目中的高等学府，尤其是走进清华大学，校园挂着欢迎新生的横幅，还有很多学长热情跟我们打招呼介绍一些清华的事情，还带着新生逛清华，去报到注册，还领我们找宿舍，这里的学长很照顾学弟，感觉心里非常踏实。

记　者：清华大学离中关村很近，你是否也去中关村了解软件方面的情况？

张致皓：我去过中关村的海龙大厦，那边的高科技电子产品蛮多的。不过，刚开始去感到挺恐怖的，一些商家对顾客太热情了，一走近他的柜台，他们就主动询问你要不要买笔记本，而且不厌其烦地介绍各种产品，我对他们这种推销的方式有点不适应；有时也和同学去，去得多了就知道如何应付了。

军训，让我的意志得到了锻炼

记　者： 听你的谈话感觉你与大陆的同学接触不太多，是否因为自己是台湾人才会有这种距离感？

张致皓： 可能是我的性格有点偏内向吧，有人曾说我太腼腆了，但我从小就这样，已经养成习惯了。我有什么事都会想办法自己解决，不好意思找别人帮忙，更不爱在大庭广众之下展现自我，我也知道这样不能锻炼出来，不过我和大家相处得都很好，没有发生过什么不愉快的事。

记　者： 你是软件学院唯一一名台生，再加上你的性格较内向，是否会引起大陆学生对你的好奇？

张致皓： 刚开学那阵子，他们感到很好奇，常让我介绍一些台湾的情况，问我会不会说台语之类的事。不过，我从初中就在大陆读书，在生活习惯和语言表达上与大陆的同学没有多大区别，相处时间久了，大家反而把我当大陆人一样看待了。我比较怕大家问我台湾的情况，毕竟来大陆这么多年了，很多事情还停留在小时候的记忆里。

记　者： 每年开学时，学校要组织大学生军训，你作为一名台湾学生参加了吗？

张致皓： 参加了。我当时想，如果不参加的话，到正式上课的时候大家相互熟悉了，只有我跟大家不熟悉，对以后的学习和生活存在一些障碍。虽然军训期间比较辛苦比较累，但还是蛮有意义的，况且军训结束时，教官给了我94分，到目前为止，这是我的科目中得的最高分数。

记　者： 看你的身材比较偏瘦，军训一定很苦，你产生过退缩的念头吗？

张致皓： 是挺苦的，但是我看到其他同学都能坚持下来，我也要坚持下来。有时候，我们站在太阳下练军姿长达1个小时左右，被太阳晒得浑身冒汗，腿发软，有几位女生早上可能没吃东西，空腹训练，比较虚弱就会倒下。我不希望倒下，如果倒下来就会被送到医院去，那样感觉很没面子。

记　者： 军训时间是否安排很紧凑？

张致皓：那时候，我们都是 6 点多起床，穿上迷彩服在操场集合、训练，吃完饭再训练，教官让我们集合时要迅速到位，如果迟到就会被教官惩罚，具体怎么罚，我们没有尝试过，反正大家的行动都很快。我们没有人敢迟到，当然个别人要是有事跟教官请假，他也会同意的。

记　者：你上高中参加过军训吗？

张致皓：上高中时也参加过军训，但时间仅有一周，因为过去有这方面的经验，所以上大学再军训就不觉得害怕了。高中与大学的军训还是有区别的，大学的军训需要晚上拉练，有一天晚上我们打包负重行军，好像是沿着城铁走，又绕着圆明园一片走回来，大概走了 20 多公里吧，还蛮累的，中间只休息一次。

记　者：你性格比较腼腆，军训的时候，能适应这种快节奏的生活吗？

张致皓：应该没问题吧。我外表看上去比较好静，但具体做起事来也不慢，比如我吃饭的速度在同学中应该算是快的，在练军体拳、站军姿、匍匐前进、射击这些方面，我都能跟得上，从不落后。尤其在实弹射击时，我打了 48 环，但也有的同学比较夸张，共打 5 发子弹，但他的靶上却出现了 8 个孔，当时我们好奇怪啊，原来他旁边的同学不小心射到他的靶上了，大家都笑了，这件事，让我们感到在紧张的军训中也挺开心的。

记　者：你在大陆先后两次参加过军训，作为一名台湾男青年，大陆军人给你留下了什么样的印象？

张致皓：我所认识的教官都蛮不错，别看他们在训练的时候挺严厉，但是他们培养我们要有吃苦耐劳的精神、顽强拚搏的意志，让我们今后无论做什么事都要多努力，不轻言放弃，他们那种阳刚之气，挺令我敬佩。

记　者：在训练之余，你们和教官是否也聊一些军训之外的话题？

张致皓：会的，大学军训的教官给我们留的印象蛮深的。他跟我们讲他

在八达岭滑雪场滑雪

在参军前比较淘气，到部队后对他来讲是人生的一大转变，在部队得到锻炼，增强了克服困难的决心，培养了坚强的毅力，还特别孝敬父母。他说以后还要努力工作，他还给我们讲一些如何拚搏奋斗的事，挺感人的。

记　者：通过教官给你们讲的这些经历，对你来讲是否也有一种触动？

张致皓：应该是吧，也许我们读的书比他们多，但是我们不一定能讲出他这种真情实感的话来，因为他们有着比我丰富的人生经历，尤其是在今年南方遭遇雪灾和汶川大地震中，大陆军人冒着生命危险始终冲在前，救出那么多受灾群众，让我看到了大陆军人的风采。在现实生活中，大陆军人所具有的那种不怕牺牲、一心为民的精神，给我留下了很深刻的记忆。

蔡昆玉

清华大学生物医学工程 2005 级本科生

找自己最好的定位，
尽量多的与人交流、获取信息
比一般人更多的努力！

蔡昆玉
2008.1.1

秀丽手记

不做白衣天使人生同样精彩

在"六一"这个特殊的日子里，在"清清咖啡厅"门口，一位长发披肩身材匀称面容清秀的女生映入我的眼帘，她正认真看着来来往往的行人，我敢断定，她就是蔡昆玉。我暗想，在这个充满童真阳光灿烂的节日里相识，她又是哪一种性格的人呢？坐在餐厅的一隅，我从她那率真的目光和笑容里，心里顿时释然了，她应该是位健谈开朗的女孩。

果然，蔡昆玉打开话闸子犹如行云流水般介绍起自己。她在读初一的时候，父母到福建漳州工作，她和两个弟弟也一同转到漳州读书，两年后，她的父母因工作需要又回到了台湾，她和弟弟也跟着转回台湾读书。但蔡昆玉非常喜欢漳州的生活，因为这里有能和她说到一块的好同学好朋友好老师，而且在漳州读了两年的书，对大陆初中的教学内容和教学模式也比较熟悉，因此她又回到了漳州，并从此展开了她在大陆学习与生活的生涯。

在跟蔡昆玉交谈的时候，我发现她的口音已改变了许多，偶尔能听出一点台湾人的口音。她作为台湾的考生参加了港澳台侨招生考试，凭着她在大陆学习打下的扎实基础，很顺利地走进了清华。

当蔡昆玉谈到选择了生物医学工程专业时，这位已在清华度过了三个春秋的女生略显失意地说，她说很喜欢设计，第一志愿原本想学建筑设计，但却被录取到第二志愿，她是一种随遇而安的人，很乐观地接受了。她笑着说，上高中生物课学得还不错，上大学也应该没问题，但她话锋一转，说："我们学的专业并不是原先想象的那种研究生物基因的内容，而是研发医用仪器，所以阴差阳错就这样学下来了，感觉这个专业也挺好的，尽管自己不能当医生，但是研制出先进的医疗器械，为人们能尽快解除病痛尽份力，同样也会感到高兴。"听她的一番话，让我愈发感到她真是位开朗的女孩子！

忙和累是蔡昆玉3年来的最大感受，她几乎每天都在忙忙碌碌的日子中度过，上课、做实验、听讲座或组织学生搞联欢活动排练节目，尽职尽责担当学院学生会副主席的责任，每天忙得不亦乐乎。

当我问她对这种生活节奏是否感到快乐时，她笑着说："我很喜欢我的专业，然后喜欢与同学们在一起唱啊、跳啊，尽管时间排的很满，也感觉很累，但很充实很开心啊！我从来不会因为自己是台湾人而和同学们刻意保持距离，其实，他们一直以为我是福建人。"

看着她开心的笑靥，我的心情也格外轻松。她说在大陆生活的这些年里，让她最感到惊讶的是漳州发生的巨大变化，她第一次去看到情景与几年后相比，简直是天壤之别。每年放寒暑假期间，必先到漳州来，然后经过金门再回台湾，每当她看到新建的高速公路、快捷便利的大商场、优美的旅游环境时，心情也格外愉快。

无疑，她在漳州培养的这种较强的自理能力，是与周围的朋友分不开的，也让她对漳州的人漳州的城市注入了一份浓厚的感情。如今，她又喜欢上了清华浓厚的学习氛围，等明年大学毕业后，她希望继续在清华读研，还选这个专业，因为喜欢。

好一个快乐多情的台湾女生，从她的脸上看不出一点苦和累，言谈中更多表现出的是那种积极与乐观。在采访将要结束时，她开心地对记者笑着说，如果不是急着赶回实验室，坐一下午还能聊许多话题……

记者陪她走到自行车棚，她熟练地打开车锁，笑着向我挥挥手，骑上车子，很快融入到庞大的自行车队伍中了，向远处的实验楼驶去。

望着她远去的影子，记者暗想，她做实验的时候，一定很认真很专注，热爱是最好的老师，对所学专业充满激情的人，一定能走向成功的。

终于成为清华人

记　者： 听说你在福建漳州待的时间比较长，对吗？

蔡昆玉： 是啊，在我小学毕业的时候，父母到福建来发展，也把我和两个弟弟转到福建漳州读书了，两年后，他们又回到台湾工作，我们也跟着回台湾读书。但我在这边读初中已经习惯了，半年后，我又转到漳州继续读书，直到高中毕业后又考到清华，我弟弟就留台湾读书了。

记　者： 你在大陆学习多年与台湾学生一起考试，觉得自己有优势吗？

蔡昆玉： 升高中的时候跟普通人一同中考，分数到了就可以上高中，也没有牵涉户口问题，但是高考时，我是作为台湾学生报考的，因为大陆和港澳台的教学情况不太一样，所以考题内容对我来讲相对简单些，尤其我在大陆上的学，比较有优势。

记　者： 那时候你为什么要选择清华生物专业？

蔡昆玉： 我喜欢理工科，清华又是最好的工科大学，当初就想着要考大陆最好的清华大学，其实我的第一志愿不是生物，而是喜欢建筑，但没考上，当然我上高中的时候生物学得也挺好，觉得生物挺有意思的。生物微学工程，挺有发展前景的。

记　者： 因为清华、北大在人们的眼里是很神圣的高等学府，当你被录取时，其他同学对你是一种怎样的评价？你又是一种什么样的心情？

蔡昆玉： 其他同学说我好厉害啊！我倒觉得考上了并不等于比别人强多少，也没什么可骄傲的，只是心里挺高兴的，尽管参加的是港澳台招生考试，相对考题比较容易，但我在高中的成绩也不错。清华挺漂亮的，有许多高大的绿树，盛开的鲜花，最强烈

天安门前留影

的感受是学校好大！要是凭走路从宿舍到课堂会走好久，清华随处可见的自行车很多。于是我和一位同学去校外也买自行车，我们从宿舍到西门绕到南门又绕到东门，用了一下午的时间，我们才各买了一辆车，骑着回来。

记　者：你选择上清华有没有想过台湾不承认大陆学历，将来怎么面临找工作呢？

蔡昆玉：我觉得这不是太大的问题，将来有可能会承认的，而且我毕业后会选择到其他国家读书，我并没有刻意规定自己一定要在哪里工作，感觉大陆正在快速发展的阶段，工作上的事随缘了。

阴差阳错选择生物医学工程

记　者：你从小的理想是什么？你喜欢现在所学的专业吗？

蔡昆玉：我的理想一直在变，小时候看电视就想当明星，后来也想过当老师，看星座书上说我适合当科研人员或心理治疗师。我从小到大的每个阶段都是尽力做好份内事，然后慢慢探索适合自己的道路。上学的时候发现自己对经济管理一窍不通，自然当老总的白日梦就破灭了。如今我很喜欢现在的专业，将来应该在这个领域继续发展。

记　者：你现在所学的专业与当初的想象有出入，是否感到很失落？

蔡昆玉：上大一的时候，是感到有点意外，怪自己当初没有对这个专业做很好地了解，因为自己高中时生物和物理学得还不错，也没有太排斥。不过这 3 年已过去了，对这个专业慢慢熟悉也慢慢喜欢，也不会后悔了。

记　者：你觉得从事医学仪器研究难吗？

蔡昆玉：我觉得做什么事没有不难的。我们的专业和其他的专业都是相通的，比如电子、自动化那类，大

在北京清华大学图书馆前

家学的都差不多，各个专业有各自的特点，我们的特点就在于对象是人体，安全方面就要严格得多。

在卢沟桥上献一束花

记　者：老师讲课的方式是偏重理论还是实践？

蔡昆玉：前两年学公共课像数学、物理、化学，学电类学比较多，现在开始接受专业基础课，比如一些电路原理、数字电路、模拟电路理论模型之类的，基本理论的推导。上大三开始接触一些实际操作，让我们做实验，买一些芯片结合学过的理论，形成一个实际的系统，一个实体。

记　者：你到清华读书这3年里，既学理论又做实验，与其他专业相比是否觉得时间很紧张呢？

蔡昆玉：在清华大多数的时间就是学习，不管学理论课还是做实验，而且各个专业的同学也都是一样的忙碌。在上大一的时候，还不太适应，而且我不擅长那些纯理论的知识，因为我高中的基础不太扎实，不像其他高中生基础知识打得比较牢固，上大学后他们做题反应比较快。我需要花很多的时间才补上来。

记　者：看来上大学之前确实需要一股子拚劲，把基础打好了，读大学就比较轻松。

蔡昆玉：对，只有付出努力才能有所收获，要想取得好成绩，就是要好好学习。

在实验中感受快乐

记　者：你们经常做实验么？你做过哪个实验？

蔡昆玉：我们基本上一直做实验课。有一门生物医学电子学的课，实验要求做一个心电信号的采集和放大器，我们就自己买元件设计电路，再接上电极就能看到自己的心电图了。现在做的是单片机实验，相当于一个小电脑，自己可以设计功能，现在要做脉搏的信号采集，然后把采集的信号稍微处理一下，算一下心率值。

记　者：你熟悉现在临床上用的一些仪器吗？

蔡昆玉：我们在上概论课时，老师常介绍这类产品，脑子里至少有那个概念，就像 CTMRI 之类，然后让我们去医院参观调研，在很多课程中也都会涉及到仪器的内容，所以基本概念是有的。

记　者：老师常给你们介绍国外先进医疗仪器的进展情况吗？

蔡昆玉：每种仪器都有一个发展的历程，国外发展得较早，研发体系比较成熟，不过，近年来中国在这方面也很重视。

记　者：你们经常去医院搞调研吗？

蔡昆玉：也不是经常去，我们在大二暑假的时候，老师安排我们去解放军 301 医院参观，了解相关一些仪器临床的使用情况，有时候系里也组织我们去一些企业参观，前不久刚去了北京的 GE 基地，感觉还很不错。

记　者：做实验期间，是否投入很大的精力？

蔡昆玉：我比较擅长动手做一些实际的事情，我觉得做实验是件很愉快的事，我不大喜欢抽象的理论内容，所以说我做实验比上理论课感觉要好，理论还是要与实际结合在一起，领悟得会更快些。

记　者：你觉得研究医用仪器这个专业的发展前景如何？

蔡昆玉：我觉得发展前景很好啊，毕竟这是一个新兴的专业，而且人们的健康一定是首要的课题，研究出更多的医用仪器将对于人类健康起着至关作用。

记　者：你选择了这个专业，是否也把它做为你事业的目标来追求？

蔡昆玉：就现在的情况来说应该是会在这个领域继续下去，首先是喜欢并且熟悉这个专业，而且前景也不错，但是研究医用仪器是件事关人命的行业，一定要持认真的态度去对待，当然转到相关行业的可能性也是有的。

开心的校园文化

记　者：你上高中的时候比较轻松，到清华后还能很快适应吗？

蔡昆玉：我上高中确实挺轻松的，有自己的时间，大家玩得都很好，老师逼的不紧，基本上让我们自觉学习。到清华后我永远记得刚入学时一位山东的同学问我：你快高考的时候多长时间放一次假？当时我傻傻地说，每个礼拜都放假呀！她听后很吃惊，我这才知道他们学校管得特别的紧，半个月或一个月才放一个下午假。在清华读书，我宿舍的同学从没早睡过，学校熄灯后，大家就用那种

盛夏年华舞蹈

应急灯，一般能撑一个小时，还有的同学用笔记本，能撑二三个小时来学习。开始我不适应，但是看到宿舍同学都在认真努力地学习，我也不能太早休息，也跟着一起学习，现在已养成习惯了，从大一到现在一直感觉挺紧张的。

记　者：比如说你遇到一些难题，你周围的同学会不会教你？

蔡昆玉：毕竟他们都是来自各省的精英，令我惊讶的是，他们考进清华后学习的劲头依然很足，也让我感觉了压力，我有不懂的题，他们都会教我的。我在大陆待的时间很长，很熟悉大陆学生的心态，不觉得交流上有什么困难，口音也改变了许多，一些同学都以为我是福建人。

记　者：你的性格比较活泼，你是否经常参加班里组织的文娱活动？

蔡昆玉：我喜欢唱歌，也喜欢跑来跑去的。上大一时，我们班的文艺活动都是由我来组织，希望大家都能上台表演节目，帮助学生会做晚会的一些杂事。我上大三后，担任医学院的学生会副主席，有时候觉得挺累，但和大家一起表演或做游戏之类的，就当是紧张的学习之余让大家放松一下吧。

记　者：你当了学生会副主席后组织过哪些活动？

蔡昆玉：我组织的第一场晚会应该是很充分的，晚会的内容和形式都比较多，近20个唱歌、跳舞、小品之类的节目，我们准备5月19日晚上演出！但是到晚上7点多我接到通知让取消演出，因为汶川大地震，从19日到20日是哀悼日，只好推到期末以后了。

记　者：你在班里组织最成功的一次演出是什么时候？效果如何？

蔡昆玉：清华大学每年每个系都有一次大型的文艺晚会，相当于整个

系的一次聚会，每个班都要出一个节目，我觉得去年组织的整场晚会挺成功的。我们班表演了两个集体节目，女生随着蔡依琳的一首歌跳舞，还有一拨比较木讷的男生，被我们抓去跳类似广播体操的那种舞，台下同学都笑疯了，感觉非常开心。

记　者：看来你们学习之余的生活真是多姿多彩的。

怀念军训那段日子

记　者：你爸爸带你来清华报到后没有再来看望你，这些年你是否常常想家？

蔡昆玉：我爸爸陪我来清华注册后，就没有再来过，我想家的念头不是太强烈，你可能会很奇怪吧！也许，我从小跟父母在一块的时间很短，父母的工作很忙，那时我跟外婆或我爷爷住一起，尤其我上初一的时候，大多是靠自己自理，正是有这样的经历，让我从小就养成一种独立思考的能力吧。因此，我选择做什么事，只要不偏离正轨，父母都会支持我的。

记　者：每年学校都要组织新生军训，你去了吗？

蔡昆玉：其实，港澳台学生可以不参加军训，许多台生都没有去，因为我觉得不要把自己时刻当成台湾人而和大家有距离感，来读书就是要跟大家打成一片，再说我上高中的时候也军训过，感觉挺好的，所以大一的时候我去了。尽管训练的时候挺累，却锻炼了我们的体质，吃饭、洗漱、开始训练，晚上洗澡10点钟就可以睡了，那时整个人精神状态挺好的，我们很怀念军训那段日子。

记　者：军训的时候，你们训练的内容有哪些？教官是否严格？

蔡昆玉：教官就是牛嘛，如果哪个男生总是做不对规定的动作，就会被罚我们训练的内容挺多，像军体拳、匍匐前进、射击都挺有意思的，教官该严肃时就严肃，休息时我们喜欢跟他开开玩笑，他也挺幽默的。我们上午和下午训练，晚上是集体活动，教官带我们去操场跟大家一块玩、聊天、做游戏、教唱军歌之类的，现在回想起来也挺开心的。

记　者：教官教你们唱什么歌？

蔡昆玉：教官教了我们许多歌，比如《团结就是力量》，每天让我们唱，还让我们进行军歌评比，那些歌曲听起来比较有力量，很振奋人心的。

记　者：在参加军训之前你有没有和大陆军人沟通过？

蔡昆玉：我们的教官层次不一样，有军官、军校学员和士官，年龄与我们差不多，训练之余我们都能说到一块，教官们的纪律确实挺严明的，每天训完我们，还要回去听领导讲话，他们集合站队的速度非常快，站在那里一动不动，挺有纪律的。

记　者：在训练的三个星期里毕竟很苦，你们有没有掉眼泪？

蔡昆玉：没有呀！就是体力上比较累，训完后回来洗洗澡休息，第二天又恢复体力了，也不用愁任何事情，挺开心的。人难过的时候才会掉眼泪，军训时大家在一块的时间比较

梦·未央宣个人照传

多，相互之间都比较熟悉，大家相处久了也有了感情，大家跟教官的感情比较好。现在我们上课做实验，没有一个固定的交流机会，所以我们挺怀念军训的日子。

记　者：是啊！人与人之间相处久了，就会有感情的，你从初一到现在都在大陆生活，一定也能感受到这 10 多年来大陆的发展变化吧？

蔡昆玉：我在大陆待了 10 多年了，确实感受到了大陆发展非常快。我第一次去福建漳州的一个农村，只记得从厦门机场下飞机坐车到那个地方，交通特别不方便，需要三四个小时，坐得我快晕掉了，发现我们去的那个农村很不发达，每家都用黄色的小灯泡！平常大家吃饭就是吃青菜，根本没有肉和鱼之类的，大家只骑自行车。

记　者：那时候你见到的农村很落后，一定超乎你的想象吧？

蔡昆玉：我在那儿读完初中又到漳州市读高中就住学校了，等我读高中时再回那里变化就非常大了，家家都盖上了新房子，马路铺得宽阔了，还建了一条高速公路，到厦门机场只要一个多小时。

记　者：福建省对于大陆来讲是距离台湾最近的一个省，漳州离台湾也很近，你能感受到两岸人们的交流交往密切吗？实现大"三通"后，每年你回台湾，一定会更加方便吧。

蔡昆玉：我觉得挺好的啊。福建有我许多的同学和朋友，每次先回漳州，再回台湾的话也不用再到香港转机了，可以直接回到台湾看望父母了，省时省钱，对我来讲非常方便。

记　者：你是否对两岸今后的关系有着美好的期待。

蔡昆玉：对，是这样的。

记　者：等你大学毕业后，希望自己先工作还是继续深造？

蔡昆玉：虽然我所学专业与医学有关，与直接面对病人的医生护士有一定差别，但我们为病人服务的目的是一样的，我们的工作也同样精彩。

记　者：谢谢你。

在解放军 301 医院正门留影

余冠颖

清华大学新闻与传播学院 2007 级研究生

喜歡自己的選擇
人生的下一站一定
會更好!

2008. 5. 23
余冠穎
in 清華園

秀丽手记

清华校训让他静思未来

　　见到余冠颖的时候，他刚从外面的篮球场赶回来，只见他挺拔的身材穿着一身休闲装，白净的脸庞戴着一副眼镜，给人的感觉很斯文腼腆，静静的坐在我对面，说起话来文质彬彬，很有一种研究生特有的儒雅之气。他很直爽地笑着说："可别被我现在的假象所欺骗啊！我在来清华之前可不是这样子的，那时我是很好动很贪玩的。"我仔细又打量着他，还真看不出来他当年的影子，看来清华大学真能改变一个人。

　　2003年，余冠颖高中毕业，他父亲因工作需要从台湾调到上海，他也抱着到外面看看的愿望，报考了上海外国语大学，初来乍到，觉得上海还不如台北，不过他很明显感受到上海人在较短的时间接纳新事物的那种胸怀和上海日新月异的发展。在大学里，余冠颖积极参加各种团体活动，也许是生性活泼的他所显示出张扬的个性，成为大家关注的对象，他曾接受过东方卫视、《环球时报》以及当地电视台的采访。那时的他感到非常自信，甚至有些飘飘然。大学毕业后，他考上了清华大学新闻与传播学院研究生时，依然保持着大学的那种状态。猛然间，当他发现周围的同学不仅功课好，还有一种沉稳谦虚的态度时，他在认识上有了180度的大转弯，在清华园这个浓厚的学习氛围里，他很快静下心来，冷静思考着今后的学习方向，也打消了原来那种混文凭的想法，多学点知识，成为他在清华追求的目标。

余冠颖对生活有着一颗火热的心，他经常参加校内校外各种团体活动，在学院大家推荐他担任志愿队队长，在班里当班长，在课堂上，他认真听讲仔细做着笔记，课余时间仍忘不了与同学们热烈地讨论一些问题。

尽管余冠颖看上去很沉稳，但从他的语言里仍流露活泼的个性，他喜欢参加社会活动，以至于一些同学好奇问他今后有没有兴趣去读社会学，他说至于未来就顺其自然，现在只想做自己喜欢的事。访谈中记者本以为他毕业后，将来会从事新闻工作时，没想到他谦虚地说，自己与新闻人的素质还有一定差距，也不擅长问被采访者一些问题，他只喜欢面对面地与对方交流，需要的是一种真情的自然流露。他说自己需要在学校有那种知识的积累，如果一个人具备了一定的知识及能力，无论从事什么工作都会从容应对。

余冠颖在上海、北京读书的6年间，他熟悉了这两个城市，他喜欢上海喜欢北京，更喜欢到大陆的一些其他城市旅游，他去过的城市如数家珍，像大连、沈阳、哈尔滨、上海、杭州、西宁、厦门、兰州、香港、澳门等城市，都给他留下了难忘的印象。尤其让记者深为感动的是，他喜欢与大陆各阶层的人多交流，了解他们的所思所想所做。他由乘飞机改为坐火车，而且还是硬座。当他第一次乘硬座去厦门时，只想到火车票价的便宜，却品尝到了坐20多个小时的滋味。坐在列车上，听着南下民工聊天，看到素昧平生的人聚在一起相互为老人让座，他看出他们都有一颗善良的心，感到旅游途中所观察的这些社会现象，都是生活中非常真实感人的再现。

在清华读书的日子里，余冠颖学会了用冷静的目光去观察周围的一切；与同学打交道的日子里，锻炼了静下心来独立思考问题的能力；在外出观看展览及旅游的日子里，让他在大陆感受到了中华文化的博大精深，感受到了大陆对西方文化的影响。他高兴对我说："在这里，我最大的收获是结交了许多大陆的朋友，我们在一些想法上都比较相似，感到很开心！"

也许正是这份开心与快乐伴随着他，让他在大陆生活的这几年的人生经历丰富精彩。从他神采奕奕的目光里，看得出，他正期待着为人生中美丽的下一站而准备着。

两次选择在大陆高校就读

记　者：对于每一个人来说做出正确的选择是非常重要的，像你当年是处于怎样的考虑选择来大陆读本科和硕士的？

余冠颖：我在台湾读高中的时候，就觉得应该换个环境试试看，刚好我爸爸被公司派往上海工作，我爸问我是否跟他一起过来，我就选择了报考上海的大学。大学毕业时，我问过父亲和学校老师是考传媒大学还是清华大学，大家都说还是考清华好，而且有一个学长考上了上海外国语学院，他把复习资料都给了我，并教我复习。

记　者：是因为你喜欢才读新闻专业吗？

余冠颖：那个时候是碰巧的，我第一志愿填的是工商管理，但是没上，就到了新闻系。我来大陆快六七年了，先在上海外国语大学修新闻，现在读硕士又选择了新媒体专业，它跟新闻传播仍有关系，都是同一个学科，我只是从新闻系转到传播系。

记　者：有的台生在大陆读完书，为了将来回台湾有个好的职业，都选择到国外再进修，而你一直选择在大陆读书是基于什么样的考虑？

余冠颖：刚考上大学的时候，从没有想过以后的事，每天除了学习就是想玩，就是想出来多看看，尤其到北京念书后，只想着在学习的同时多交一些朋友，毕竟北京是中国的首都，也是政治、文化、经济、旅游等方面集中的城市，仔细发掘可以找到很多新鲜的东西。况且父母也没想着让我尽快工作，所以一直在大陆读书。

记　者：新媒体毕竟是一门新兴的学科，在工作生活上的运用也很广泛，你是怎么看待它的？

2007 年的研究生接力赛

余冠颖：新媒体，指的数字杂志、数字报纸、数字广播、移动电视等等多方面的运用和知识理论。上学期学的是哲学方法论、马克思主义新闻观、英文、媒介发展史、电视新闻评论，还有一个传播学研究方法。这学期选的是一个高级交互媒体实验室、新媒体研究、农村社会学，还有一个广告经济策化，所学的内容比较广。

记　者：你对"赢得新媒体革命将关系到民族的命运"是怎么理解的？

余冠颖：与这句话相关的话题很多，随着科技的飞速发展，新媒体越来越受人们的关注。据专家预测 21 世纪前 10 年，网际网络改造工程将会很快普及，因此，新媒体是未来发展的趋势。我比较关心新闻媒体文化和网络空间，我觉得今后每个企业者或是从事其他行业的人，都应熟悉这个环境或这个技能。

记　者：你一定擅长写作才选择了这个专业吧？

余冠颖：不算擅长，只是喜欢。我以前还坚持写日记，现在会写一点 blog。在读大学之前曾给报社投过搞，我比较喜欢写新闻类的稿件，在上海的媒体发表过好几篇，前段时间在一家杂志社实习又发表过几十篇吧。

记　者：你在上海读书时，曾接受过一些媒体的采访，是否促使你将来也想当一名记者呢？

余冠颖：以前我觉得自己很擅长说话，但与记者的那种问话是不一样的。我在上海读书的时候，曾接受过东方卫视、《环球时报》以及一些电视台的采访，但是我到清华后就是想静下心来多学点知识，我觉得自己与记者的素质还有一定差距，因为我不擅长问被采访者一些问题，只喜欢面对面交流，喜欢那种真情的自然流露。

清华改变了我

记　者：清华的教授都有着渊博的知识，在这里学习是否也满足了你的求知欲呢？

余冠颖：清华有很多很好的教授，我非常珍惜这个机会，遇到我感兴趣的课就很认真地去听。有一个老师以前给国务院的领导讲过课，他还跟国家一些部门有研究课题，授课时间很宝贵，虽然他不是我的导师，但我喜欢与他交流，非常珍惜他的课。大陆的同学都有积极求学的精神，所以我觉得在学习浓厚的氛围里，能不断影响着我，促使我改变过去那种贪玩的心。

记　者：你喜欢老师的哪种讲课方式呢？

余冠颖：每个老师的讲课方式我都挺喜欢的，从中能学到很多东西。教授做到了一定境界讲的每节课都很精辟，都能给我或同学们提出一些有见解性的意见。教新媒体研究的两个教授，他们常常鼓励学生要自由发挥，畅所欲言，下课后，许多同学向老师提问题，老师一下子就能讲到点上。

记　者：你的导师在讲课的时候是怎样的？

余冠颖：当然，我的导师掌握的知识更是方方面面，以前他学艺术，后来又学建筑，他主要教我们新闻媒体视觉效果比较艺术，要求学生无论从事什么职业都要从人性化的角度考虑。听导师上课，我感到很轻松自然，是在一种平等的交流中对话，我把这种上课方式当成生活中最重要的一部分，也是一种学习上的享受，而不是为了学习而学习。

记　者：你的导师除了讲课业的内容，还跟你探讨其他方面的事情吗？

余冠颖：有的，以前的导师翻译过几本书，让大家在上课前讨论，一起了解中国新媒体和国外新媒体的发展状况，老师还鼓励我去做自己感兴趣的事，让我们在北京多看一些艺术展。我觉得在清华学习还是蛮好的，不但能学到一些理论知识，还能从老师身上学到一些做人的道理，如果真的把读书当作生活的主要部分，就不会有很好的状态面对生活。导师也常常告诉我们除了做学问之外，还要照顾好自己的身体等。

记　者：你觉得自己的性格在清华有所改变吗？

余冠颖：这一年改变还是蛮大的，虽然我失去以前那种活力，但我比较喜欢让自己静心学习思考、外出交流。可能年龄大一点考虑的事情就多了，等毕业后也要找工作的，现在看大陆同学找工作竞争挺激烈的，所以我觉得主要靠自己的本事吧。

记　者：你认为一个人的兴趣对自己今后的事业发展是否有影响？

余冠颖：我觉得会有很大的影响，如果真的是自己喜欢的。从现实的角度来说，可以帮助你以后从事相关的工作。以前我参加了许多团体活动，在思想上产生了一些潜移默化的效果，我从冰球那里学到很多团队活动就是 teamwork 的心态，还有如何与不同想法和不同文化背景的人相处。现在学习新媒体专业，也是自己的兴趣爱好。从兴趣里面也可以发现自己的热忱，通过兴趣可以更多了解自己。

校训激励我前行

记　者： 能到清华读书的学生都是来自各地的精英，清华的校训更是成为激励学子们的动力，你在这样的环境里学习是否感触很深？

余冠颖： 我刚来清华的时候，仍保留着在大学时的浮躁，比较个性，比较张扬，跟同学交往总是嘻嘻哈哈的，后来发现在清华学习跟其他学校不一样。我觉得这边的学生看上去很普通，每天跟我一样地生活学习，但他们从不张扬，而是默默地去学去做，但他们都很聪明，都很优秀，这种状况在清华校训"行胜于言"中实践得蛮彻底，这些让我在思想上有了很大改变，让我变得沉稳多了。

记　者： 大家爱学习的劲头是否在课余时间也常常能体现出来？

余冠颖： 对，我喜欢这个系的同学，大家有想法就讲出来。我们学习新闻传播的方法很多，上学期有个马克思主义新闻观，但不是单纯地讲马克思理论，而是围绕很多新闻理论讲，老师起一个引导作用，每节课全班同学都能争先自由发言，然后大家一起思考，互相交流。有时候下了课一起吃饭，同学们也会找个话题来讨论，我喜欢这种浓厚的学习氛围。

记　者： 你是否能主动加入到他们当中一起去讨论？

余冠颖： 我一开始曾想着混4年出来拿到毕业文凭就行了，我对于未来没有什么想法，但是慢慢觉得读书做事应该用这种方法，才能踏踏实实做事。我现在想得蛮多，也能和他们认真探讨一些问题，阐明自己的观点。我们交流的机会比较多，常常从社会文化的角度和他们交流，有的同学研究博客，有的研究网络，大家

2007 年入学清华前去青海藏区旅游

研究的方向都比较明确。

记　者： 你是否也常常从清华的一些讲座中获取最新的信息？

余冠颖： 清华大学里面学习机会蛮多，我们常去听一些知名教授举办的讲座，也包括美国加州的教授、牛津大学的教授、东京大学的教授等都会过来交流访问。信息的流通蛮顺畅的。不过，自己读研的方向比较明确，跟我相关的主题才去参加，只想做自己想要做的事。

记　者： 你一直在校读书，很少与社会接触，你有没有想过将来走上社会怎样面对困难与挫折？

余冠颖： 我觉得自己还是比较独立的，做事也很有自己的主见。第一次来上海是我自己来办理的，第一次来清华也是我自己来大学报到的，没让父母为我操什么心。如今我也逐渐融入了校园生活，我时刻告诉自己要坚强一点。其实困难和挫折是看人们对它的认识程度了，我遇到一些难题的时候，调整心态是最重要的，要正视现实，寻求一些解决方法，这可能与我过去参加的活动和担任过学校干部，大学当过两年班长培养出来的能力有关吧。

记　者： 可以说你这种毅力在清华得到更好的锤炼。

余冠颖： 自己毕竟是男生，就要学会独立处世的能力，就算遇到什么困难，父母离我这么远也帮不了什么，只有靠自己做好，我在清华不仅学到了知识，而且让我明白了校训中所说"天行健，君子以自强不息"的真正含义，我也能从清华走出去的人才中或多或少看出他们身上所具有的这种素质。

课内课外都有收获

记　者： 你乐观的性格是否让你也结交了一些大陆的好朋友？

余冠颖： 我在大陆待得蛮久的，我习惯跟大陆学生的讲话方式，也喜欢跟大陆的同学打交道，在交流上，没有什么隔阂。我结识了几位大陆网友，都能聊到一块，与大陆的同学相处得很融洽。

记　者： 你在大学的时候担任过班长，你到清华后担任过什么职务吗？

余冠颖： 有啊，我刚来清华的时候就对奥运志愿者蛮感兴趣的，因为学校组成了奥运志愿者队，新闻系叫紫荆志愿者服务团队吧。志愿者协会就负责研究生部，它是我们学院的一个分部。当时学校有一届新的干部找我，让我担任新闻传播学院志愿者支队的队长，我怕干不好，免得耽误事情，但是他们觉得我肯定能行，我只有尽量把事情做好。

与艺术学院学姐在天津留影

　　记　者：你的业余生活还挺丰富的，你是否也去校外常看一些展览？

　　余冠颖：老师也让我们自己去看北京的一些文化艺术展览，2008 年是希腊文化年，我去看了爱琴海的展览，像我昨天去中华世纪坛看古典文化 19 世纪的绘画展。我觉得那个绘画展蛮不错的，有很多题材表现文艺复兴等不同时期的浪漫主义和未来主义绘画，在几幅代表作旁都标有大师讲的话，对我的感触比较深。其实这些都算是一种视觉媒体，可以多体会一些不同的表达方式，我觉得经常看展览对自己的学习也是一个提高。

长途旅行中感受真情

　　记　者：你除了学习，外出旅游过吗？

　　余冠颖：有啊，这些年我去过大陆许多地方游览，像今年"五一"长假的时候，我约几名同学去爬长城，我们住在附近乡村的老百姓家里，还见到一些外国游客。我们住的农家里没有电脑，没有电视，完全没有商业化的痕迹。到了晚上，我们围着大圆桌一起吃完农家饭，沿着乡间的小路散步，我们睡不着觉就打牌，或者躺在床上聊天，第二天再爬长城，爬得累了，大家就互相帮助，我跟大家在一起玩觉得很开心。

　　记　者：你在农家小院也和当地的老百姓聊天吗？

　　余冠颖：老百姓喜欢和我们聊，问我从哪个大学来的，他们很朴实，没有什么利益的内容，都是一些比较简单的问题，想聊外面的一些事，那两天蛮开心的。

记　者：他们知道你是台湾人吗？他们会问你一些什么样的问题？

余冠颖：好奇怪，我一说话，他们就能听出来我是台湾人，他说这边也经常有台湾的游客来。他们只问我这里的东西好不好吃，喜不喜欢吃农家小菜啊，不聊那些政治层面的话题，我也会跟他们聊一些生活方面的情况。

记　者：你在旅游时是否也比较关注社会上或者百姓的一些事？

余冠颖：也不是刻意去关注，我就是想利用到其他地方旅游的机会多了解一些大陆的事。我去过东北三省的哈尔滨、沈阳、大连，还有中朝边境，南方城市有广东、上海、江苏、湖南和浙江的绍兴、宁波，福建的厦门，还有甘肃、青海、香港和澳门我也去过。这两年在北京学习的课业比较紧，外出也就少了。

记　者：你每次外出选择什么样的交通工具呢？

余冠颖：刚开始去旅游，都是乘飞机，后来我就选择坐火车，而且还坐过硬座。

记　者：你怎么想起来选择硬座？

余冠颖：我去厦门的时候，因为不知道要坐那么长时间，况且价钱比较便宜，硬是坐了20多个小时。不过，我觉得坐硬座虽然很累，但可以看到很多真实的东西，同车厢的旅客有去杭州的，也有去安徽的和江苏的民工，我一直听他们聊天，发现这些民工也有很多自己很现实的想法。

记　者：你对他们有什么样的认识呢？

余冠颖：我觉得他们学历不高，不等于他们没有素质，只是生活背景不一样。他们也有很多自己的理性想

2008 年 9 月余冠颖（右一）在模拟亚欧会议拉脱维亚代表

法，他们的计划都比较实际，比如说他外出打工挣钱要买房子，照顾老婆小孩，承受的压力也挺大的。让我感动的是，有一对中年外出打工夫妇的小孩哭了，旁边的人及时递给小孩一颗煮熟的鸡蛋，我从这些细节能感到他们都挺善良的。我和别人打交道从不喜欢论层次，其实他们和我们一样都是平等的，只不过生活的方式不一样。

记　者：在旅游的过程中，你是否也能感受到大陆近些年的发展变化？

余冠颖：去年我去青海的时候，根本看不出他们是沿海还是内陆的人，我发现那里的工商业发展蛮发达的，完全不是想象中的那样落后，那里也有高楼大厦，宽敞的马路。虽然他们仍保留着很传统的文化，但他们也用互联网，也用 QQ 跟外面的朋友联系，发展真的很快。

记　者：你在读书的黄金期都选择在大陆最好的大学，在这种环境里学习有什么样的感受？

余冠颖：在清华觉得像世外桃源吧，有种如沐春风的清新感觉，在学校能安静地读书，还能与大陆的同学交为好朋友，我希望继续走下去，也想去其他地方看看，做事要有一种不断探索向前的精神。

记　者：好的，正如你所说，期待美好的下一站到来，谢谢您！

2008 年五一长假和班级同学去长城

陈金结

中央民族大学中国少数民族语言文学系
2007 级研究生台湾南岛语系民族语言与
文化专业阿美语方向

語言學海

高深莫測

美美與共

知行合一

陳金結
Kacaw. Tang
2008.06.17

秀丽手记

语言王国中独树奇葩的南岛语

　　中国是个多民族的大家庭，多民族的语言更是丰富多彩。如果不是因为在中央民族大学采访台生，记者就不会了解到鲜为人知的台湾南岛语了。孰不知，早在5000年前，台湾的南岛语系与大陆的语系就有着密切的联系，而且远播太平洋、印度洋的一些岛国，沿用至今。

　　北京的7月，一个细雨霏霏的下午，按照约定，记者见到了中国研究南岛语系最具权威的曾思奇教授和他的台湾学生——目前中国唯一一位学阿美语的台湾研究生陈金结。

　　要想采访陈金结，就必须了解南岛语系源起的历史，就必须请教曾思奇教授，当然这个学习的过程也让记者明白了研究南岛语系的重要性。

　　亲耳聆听着曾教授的讲解，记者仿佛穿越时空，看到了5000年前台湾同胞与大陆人用这种奇特的语言交流交往，那里缠绵了太多的情太多的缘，那分明是一条难以分割的爱河啊！这条河因着时间的流逝，因着历史的原因，逐渐形成了分隔两岸的海峡。

　　据曾思奇教授介绍，建国初期，国家就很重视少数民族语言的研究工作。1951年成立中央民族学院时，民族学院有个"语文系"（即"少数民族语言文学系"的前身），把大陆的汉藏语和其他少数民族语言集中起来研究。1954

年开始研究台湾的少数民族语言，也就是成立高山语教研室，当时的研究人员大部分是投诚的高山族国民党兵，解放军从他们中间选择了几位母语不错的人集中培养，因为大陆的政策好，后来他们成了学校的骨干。

1959 年，曾思奇成为首批考入这个系的福建学生，1963 年毕业留校任教至今，从此，他与南岛语系结下了不解之缘。近年来，他受台湾"中央研究院"的邀请，先后三次去台湾进行实地考察，足迹几乎踏遍了少数民族地区。也让他深深意识到，重视台湾少数民族的研究，不能仅停留在政策上的研究，而是要更深入地了解台湾现代少数民族社会现状，也这是两岸学者共同关心的课题。

曾教授的学生陈金结是生长在台湾台东的本土人，身为基督徒的他，在高雄从事教师职业 20 多年，并且在教会服务。面对家人与朋友们的不理解，他带着了解自己母语的迫切心情，带着对传承南岛语的强烈责任感，带着神赋予给他的使命，毅然跨越海峡，成为北京的一名台湾学子。这位皮肤黝黑，双眼有神，骨骼健壮的男生，刚开始接受采访，略显拘谨，当谈到南岛语系时，他立刻展现出性格开朗的一面，严谨的语言中又添了份幽默感，从而也看出了他对本民族语言的那份热爱，看出了他做事的那份执著，流露出了他对曾教授以及所有关心他的人的那份感激之情。

学习之余，他说自己最大的喜好就是走路，每当傍晚，他喜欢绕校园走几圈，一步接一步地走，可以静静地品味校园独特的文化氛围，静静地思考今后要发展的方向。路，让记者想到了鲁迅先生曾说的一句话：世上本无路，人走的多了，也便有了路。其实，每个人都渴望成功与辉煌，但是在成功与辉煌的背后，承载更多的是每走一步所付出的艰辛和汗水，是有足够的智慧与勇气，陈金结在自己的人生之路上，就超越了别人的思维，勇敢地走出了这一步。

他作为一名虔诚的基督徒，他知道自己肩负的使命，他把大量的时间用在学习上，他希望两岸在今后能多加强这方面的交流与合作，毕竟高山族文化跟大陆的少数民族有密切的关系。正如曾教授所说，随着两岸经济文化体育等方面交流的不断升温，这项研究成果，也将走向共同研究台湾少数民族文化的格局，尽早将南岛语挖掘出来，这对海峡两岸之间的交流，起着桥梁作用。这是曾老师的心愿，也是陈金结的心愿，更是海峡两岸中国人的共同心愿。

我们期待着这项研究早日结出硕果！

两岸学者齐探南岛语

记　者：曾教授，您长期从事台湾南岛语的文化研究，请您谈谈这种语言的分布情况。

曾思奇：台湾南岛语系是中国五大语系之一，中国56个民族归纳起来有汉藏语系、阿尔泰语系、孟高原语系、很少人用的印度语系和南岛语系五大语系。南岛语系主要分布在台湾，还有太平洋、印度洋一些岛屿和半岛地区，分布很广，使用人口也多，在中国大概只有台湾有。

记　者：南岛语系如此重要，是否也体现了它存在的价值呢？

曾思奇：对，台湾的语种很丰富，如今世界上都承认台湾是世界上使用南岛语系最早的地区，并把台湾称作原乡，也就是祖籍地，应该说是从台湾慢慢向海外发展的，包括印度尼西亚等地。它分布的地区比较广，它的学术价值也就高了，因为其他地区没有，也不如它古老，所以近年来世界上研究这种语言的人慢慢热起来，国外比较重视。

记　者：国外如此重视，那么现在在台湾讲南岛语的人多吗？

曾思奇：台湾使用南岛语言的人口大概有40多万吧，但有一大半已经不使用了，主要是分布在山地的人使用。现在变化比较大，台湾少数民族中很多人都会讲闽南话。

记　者：如果这样下去，这种南岛语会不会失传？

曾思奇：现在台湾少数民族的人既会讲母语也会讲其他民族的语言，基本上能懂闽南话、客家话和国语，我们称他们为双语人。近几年台湾也在推广母语教学，想挽救过来，让下一代能够继续使用下去，但这个经验能不能成功还不好说，效果如何还有待观察吧。

记　者：南岛语是不是与大陆的语系也有一定的联系呢？

曾思奇：它是一种极独特语系的语言，不同于大陆的汉藏语系或其他语系的语言，我们通过南岛语可以了解到台湾少数民族本身的语言发展框架，它是人类很重要的遗产。同时，一些民族学家、历史学家认为高山族就是百叶族的一种，跟大陆一些少数民族，特别是南方一些少数民族语言进行比较，我们会看出来，两岸早期就有一定的亲缘关系。

记　者：这些是否也印证了两岸同根同祖同文化的概念呢？

曾思奇：台湾跟大陆的联系在 5000 年前就已经开始了，这些都要靠言协和古协的证明了，这是我们所期望的。可以说这是世界上比较重要的遗产，对学者来讲，这叫做"国宝级"的文化遗产。

与艺术学院学姐在天津留影

记　者：您多年从事这项研究，是否也想多培养一些台湾学生，加快研究这份宝贵的文化遗产？

曾思奇：应该是。台湾民族与语言文化是我们的研究方向，也希望培养这方面的台湾学生。在这之前，来学这个语言的都是大陆学生，陈金结目前是在大陆唯一一位学南岛语研究的台湾学生。

记　者：有台湾的学生来学习，您们是否感到惊喜呢？

曾思奇：2007 年 4 月，他从理工大来报考时，我们都很惊讶，因为许多台湾人还不了解这里有这个专业，况且来大陆学习这个语言，既搭时间精力和金钱，台湾还不承认学历。

记　者：在教学过程中，您是如何为他安排课程呢？

曾思奇：我们这个学科是主修民族语言，他选择了母语阿美语本体的研究分析，主修台湾南岛语的文化概论；其次是要把台湾整个南岛语的文化作为一个整体来研究，就是语言学基础方面的语言学专业。这些基础知识指普通语言学、现代语言学理论和它的调查方法，以及社会语言学、文化语言学、实验语言学，台湾少数民族历史和文化的理论研究以及他回台湾后，如何做调查等方面的知识。

记　者：这样的安排，时间上一定很紧凑吧？

曾思奇：硕士三年，第一年把主要课程全部学完；第二年就开始对方法论进行研究，接着准备实习，下半年，他要回台湾做一些语言方面的调查研究；第三年要完成论文。因为他信仰基督教，他有一定的语言基础，台湾教会对推广这种语言贡献很大，所以下学期就安排《圣经》语言的分析和研究方面的课程。因为他们写了不少这方面的东西，南岛语的传播都要靠他们自己的语言，他在教学上有一定基础，已参与两本书的出版了。

记　者： 他来这里学习，就是为了弥补如何研究南岛语的不足之处吧？

曾思奇： 对，他读大学的课程跟大陆不太一样，他必须通过夜读才能把这边大学的课程弥补过来，他还要完成硕士的基本课程，还要上语言学调查、语言学理论课等，所以他这一年学习很用功。

记　者： 可以说两岸的学者对这项研究很重视，在今后是否还要加强交流呢？

曾思奇： 以前我们在这里相当于关门研究，接触的对象很少，只是通过书面做表面的了解。如果我们想把他的语言知识和他所了解的东西调查细，就要去台湾实地考察，与台湾学者交流，学术的视野就会开阔多了，对我们整个少数民族语言的发展情况也会有更深的了解。台湾的一个基金会的学者找我谈到这个事，我说恐怕南岛语言文化的交流是两岸很迫切的任务，两岸的学者，包括少数民族的知名人士都谈到这个问题，看来这是两岸学者的共识。

赴京求学南岛语

记　者： 你为什么喜欢研究南岛语呢？你又是在什么情况下报考中央民族大学的？

陈金结： 我是台湾阿美族人。在台湾教学时，对这种语言有许多不懂之处，问了很多老人，他们也答不上来，于是，我希望有一个地方能为我解开谜团。10多年前我就知道曾老师研究阿美族语言非常深，我通过台湾蔡忠涵博士介绍报考中央民族大学，去年4月底我在北京理工大学参加港澳台学生一起联考，考完试我感觉还不错，就给曾老师打电话说了，他听后很高兴，并约好在学校西门见面，那是第一次见曾老师。

记　者： 你考上了自己喜爱的专业，当时是种什么心情呢？

陈金结： 因为中央民族大学是少数民族的研究中心，走进校门，我觉得这里环境很好，心情也格外愉快，这里的许多民族语言是我从来没听过的，也听不懂，好像进入联合国一样。曾老师亲自为我设计的课程让我学到很多知识，我真的很感谢曾老师对我的指导。

记　者： 你本身就是阿美族人，已经对这种语言有所了解，来这里学习，你觉得主要应该获取哪方面的知识？

陈金结：我本身的语言问题不大，重点是语言学的课程，解释语法或词汇量不足，曾老师循序渐进地给我安排很多课程，特别是在语法结构上，到底怎么解释我们阿美语的语法或者跟其他语言的比较。老师的知识非常丰富，特别是在南岛语研究上，可以说曾老师在大陆与台湾都是一个宝贝，因为他研究得很深入，我到这里才感受到这种语言的魅力，原来我们的语言这么美，语法结构或词汇上非常丰富。

长城留影

我要在老师带领之下，一定取得好成绩。

记　者：刚才曾老师也谈到你出过两本书，这两本书的内容也是与南岛语有密切联系吗？

陈金结：对，我在教小学课的时候，跟几位老师合编了一本阿美语的教材，但那只是简单的会话；另外一本书是有一万个单词的书，重点是汉语翻阿美语，对学生们的学习非常有帮助。这本书在台湾引起了许多人的重视，我是跟别人合著的，对学习阿美语的学生来讲应该是做了一定的贡献。

立志传承阿美语

记　者：你在学习过程中，是否也学到了曾老师的一些讲课方法，准备再把这些知识教给台湾的学生？

陈金结：应该是，要想教学生，我首先就应该把知识学扎实。我的专业课上半年学了两门，下半年学三门，我比较薄弱的部分是语言学的层次知识，听了老师的课程以后，我慢慢领会到阿美语的音位非常有规律，在语法上非常有逻辑。

记　者：你在台湾没有体会到这些吗？

陈金结：虽然我知道这个单词，但在语法结构上并没有办法解释它，这是我最薄弱的，包括台湾很多阿美族的长辈，他们也无法解释，我跟曾老师学到这些，可以说给台湾的阿美族，甚至台湾的南岛民族来讲是一种很大的福气，我很希望老师有机会能到台湾多交流，那更是我们的福气了。

记　者： 你是否想过学成之后回到台湾写一些这方面的书呢？

陈金结： 除了《圣经》译本之外，我们过去这方面的文献太少，留下来的资料也不多，我们的口传文学方面研究的比较少，我读的都是大陆的一些书籍，我们自己的书籍比较少。曾老师比我们研究的反而很多，所以我很感谢老师给我开设了《圣经》的研究，喜欢研究《圣经》里面的语法，在老师的带领下我想是能够更清楚去了解。我来到这里不只研究自己的语言，像其他的语言文献，我自己都花一点时间去读，也希望自己能写出关于这方面的作品。

宗教与南岛语的渊源

记　者： 你刚才频繁提到《圣经》，你是基督徒吗？

陈金结： 是啊，我是一名虔诚的基督徒，我上的大学比较特殊，是台湾的基督教大学，我也在教会服务，所以下学期曾老师给我开《圣经》研究的课，我真的非常高兴。

记　者： 提起《圣经》，我想请教曾教授，南岛民族都信仰基督教吗？《圣经》是否与南岛语有着密切的联系呢？

曾思奇： 西方的宗教进入台湾比较早，基督教、天主教在台湾发展了一大批教徒，所以这个教会在台湾的少数民族里有一定的社会基础，他们这个宗教也自成体系，除了礼拜以外，还经常组织一些宗教活动。这些宗教活动跟台湾的"行政"有点交叉，所以在选举当中，宗教往往能发挥很大作用，他们的宗教参与政治生活。

记　者： 在教会里，阿美族人在讲《圣经》时，是用拉丁语还是南岛语呢？

曾思奇： 在早期台湾的神父都用拉丁文记录他们的语言，更重要的是用他们的语言来翻译《圣经》，所以他们有许多成套的《圣经》，阿美的《圣经》也就成为一种教本，在他们的宗教生活中是不可缺少的，已经跟他们的生活联系在一起了。

记　者：整个《圣经》语言的特点与它的体系又是怎样流传至今的呢？

曾思奇：这跟我们的社会调查语言不一样，社会调查语言也是比较贴近生活的，但是它的《圣经》研究是反映宗教思想或宗教精神的，如果我们多记录一些他们的口传文献，这个语言的资料就非常丰富了。而在台湾"中央研究院"收集的长篇资料中大部分都是口传文学，我们过去意识形态教育比较深厚也就忽略了宗教方面。今后还要多做这工作，这个民族的文化遗产就会很丰富。

珍惜北京学习机会

记　者：当初你来大陆读书，你父母和你周围的亲戚朋友理解吗？

陈金结：我母亲觉得我年龄这么大了怎么还来读书，我跟她解释说，虽然台湾很多人会说南岛语，但在语法上没有系统地研究。尽管台湾有很多语言专家，但他们的专业不是南岛语，不是阿美语，只有大陆的中央民族大学才有。我很想搞明白阿美族的语言，所以我必须要进修，母亲也就同意了。

记　者：你学习的决心还挺大！能适应北京的生活吗？

陈金结：我比较自由，现在是单身还没有成家，我会集中精力跟曾老师学的。其实北京跟台湾纬度差不多，台湾四季如春，而北京唯一难适应的就是冬天，刚入学的时候还好，但是到夜里就变凉了，恰逢中秋，老师提醒我要注意多穿衣，我没当回事就感冒了，不过没几天病就好了。曾老师和大学港澳台办公室关主任都非常关心我，时刻提醒我，我在这里生活是没有问题，最主要的是学习。

记　者：学习固然重要，但也要劳逸结合，你的时间是怎样安排的？

陈金结：我生活非常规律，早上不到 6 点半就起床开始读书，上课时间就去上课，如果没有课，我就看书整理资料，因我年龄比其他同学大，所以我不想浪费时间，会把每天的时间规划好。

记　者：你是来自台湾高山族的学生，与大陆学生一起上课时，他们会不会让你讲你们的语言？

陈金结：我和大陆的同学相处得很好，尤其在教室，他们也常问我：这句话用台湾话怎么说？用闽南语怎么说？阿美话怎么说？我会很认真地说一遍，大家听了都很高兴。他们对我也很好奇，喜欢问我一些问题，比如高山族是怎么样啊，尤其让他们好奇的是，阿美族是母系社会，男人都是要入赘的。

记　者：你会认真给他们解释吗？

陈金结：是啊，一个同学问我一些入赘方面很细的问题，我都尽我所知给他解释。我父亲也是入赘的，就是男生要嫁出去，所以我是跟我妈的姓，我爸爸姓吴。

记　者：你和大陆的同学在一起，是否对他们学的其他民族语言也感兴趣？

陈金结：其实我很想学，但是我的重点还是在阿美语上，我的词汇量太少了，很多单词还不会，所以我要多多加强，既然读语言学，肯定要在其他语言知识上多比较，我先把一些资料留着，将来有机会我会研究的。我们宿舍有内蒙、甘肃满族人，还有学哈萨克语共4人，我们都是不同的专业。有时聊天都偏向于语言学。刚好有位同学也是基督徒，所以我们聊《圣经》的事情比较多。

记　者：你周日都要去北京的教堂做礼拜吗？

陈金结：我礼拜天都去教堂。基督徒如果没有特殊情况，都会去的。

记　者：你来民族大学学习，在台湾的同学、朋友是否向你了解一些这里的学习情况呢？

汉语史课全家福（前排右五为罗老师）

陈金结：因为我单身，他们都以为我去北京找老婆，我解释说我是来读书的，他们问我读什么书，我说读阿美语，他们很奇怪，认为北京怎么教阿美语呢！其实，很多人不知道在这里可以学阿美语。而我 10 多年前就知道曾老师的名字了，因为我关注这个！虽然我是第一个来学南岛语的台湾硕士，但是中央民族大学研究我们高山族的语言已经 50 年了，而我们台湾没有。

  记　者：所以你非常珍惜这个机会！

  陈金结：是！我来到这里读书真的是非常高兴，特别感谢曾老师的教导，对于我这位基督徒来讲：还应该感谢神！

  记　者：谢谢你接受我们采访！

陈洛婷

中央音乐学院音乐治疗系 2003 级本科生

用音樂撫慰人們的心靈.

陈洛婷.

秀丽手记

让音乐激发出生命的活力

　　到记者采访为止，陈洛婷是中央音乐学院音乐治疗专业里唯一一名台湾学生，她热爱音乐，喜爱西乐钢琴演奏，但她没有像其他台生一样学西乐必去西方国家，而是在北京亲戚的鼓励下，在初一那年她来到北京，考上了中央音乐学院附中，只因年龄尚小，未能成行；事隔几年，她又一次考入中央音乐学院附中，这一次她为了有把握考上学院的本科，重读高二，翌年终于走进中国音乐最高学府。但峰回路转，她没有按以往的兴趣选择钢琴专业，而是选择了音乐治疗专业，这在全中国的学院里属于第一个，没有足够的勇气，没有超前的眼光，是不会做出这样的决定的。陈洛婷做到了，是什么原因促使她这样做的呢？

　　带着这份好奇，2008 年 7 月 3 日，记者按约定时间来到中央音乐学院正门的"天天艺术"店门前，没想到，她比记者来得早，牛仔短裤、T 恤上衣托衬着她苗条的身材，圆圆的脸上绽放着灿烂的笑容，透露出自信与温柔，善良与天真。

　　一见面，她就笑着对记者说："真巧啊！我前天刚从美国回到北京，昨天参加毕业典礼，今天接受采访，后天我要准备回台湾办理去美国学习的签证了。"确实很巧！认识她也是一种缘分。也许是她那种颇具亲和力的微笑和甜美的嗓音，很快拉近了我们彼此间的距离，似乎相识了好久一样，大概这与她所学的专业有关吧！记者随她来到学院图书馆寻得一个安静的座位，开始了我们愉快的访谈。

陈洛婷在北京读书的日子里，她从未有过一次迟到一次旷课一次请假，听到此，记者心中顿生敬佩之意，而她却说："做学生就应该这样嘛！除非遇上突发事件，再说学生是去学知识的，要尊重老师备课的成果。"也正是带着这种认真学习的态度，陈洛婷无论在做临床还是实习阶段，她都带着一颗爱心，

去对待那些需要音乐治疗的每一位"顾客"，让音乐给他们带去一片快乐，一份温馨。然而，在看似她与"顾客"轻松交流的背后，却付出了她太多的时间和心血，每一次面对"顾客"时，她要详细制定治疗计划，认真分析"顾客"的心理变化，精心设计每一个环节。

在北京这些年，让她感到大开眼界，能亲耳聆听世界级的音乐大师的讲座，还能观看其他系同学们的表演，能涉猎到不同领域的音乐，她在北京各大剧院领略来自国内外艺术家们的高水平演出，这一切都让她陶醉。

2006年9月，陈洛婷作为学院选派的交流生远赴美国学习，这次学习让她对音乐治疗领域有了更深的认知。她给自己又定了一个目标，在未来的3年里，到美国不仅仅是考取音乐治疗师执照，而是把知识学精学深学透，回来后，就可以为更多需要音乐治疗的"顾客"服务了，这也是让她最开心的一件事。

陈洛婷感慨地说："大一时我们还觉得好痛苦，作业那么多呀，现在觉得5年一下子就过去了，时间过得好快呀。昨天学院举办毕业典礼时，早上7点我们就开始领学士服，系里和全校毕业生照相，我们一想到要离开学校了，同学们觉得有点舍不得分开，话也格外多。"

因着所学的专业，在大学的5年里，陈洛婷的性格也有了很大的变化。如今，她在自己租的房子里学会了炒菜做饭；家中电视线、宽带线没开通，她自己去找人安装；门锁坏了，她自己学着修。在北京，她改变了在台湾时候问路常用前后左右的说法，而是学会了辨别东南西北方向，学会了坐公交车与坐地铁，北京大部分的地名也已熟记在心，由原来那个说话就脸红的小姑娘变成了自信成熟不怯场的音乐治疗师。

这一切的变化，让她最感谢的人就是高天老师，这位在美国Tempel大学苦读10年音乐治疗，并在国内创办了首个音乐治疗本科专业的老师，他以自己的爱心和责任感弥补了中国音乐治疗领域的空白，让他的学生们以

悦耳的音乐、温柔的声音、精心的设计为众多"顾客"达到治疗效果。

临别时，陈洛婷再一次对记者说：感谢高老师！感谢学院！感谢北京！

记者想到，常怀一颗感恩心的人，她的生活也一定时常被暖暖的温情和爱心包围着。

爱上西乐，却选择来大陆求学

记　者：你从小就学习西乐钢琴，当初为什么没选择到国外而是来北京深造呢？

陈洛婷：噢，我有亲戚在北京做生意，他们刚好知道我学音乐，就希望我到中央音乐学院学习，这毕竟是中国高等音乐学府。在亲戚的鼓励下，我读初中的时候就考上中央音乐学院附中，因为年龄太小了，就没来读。

记　者：你考大学时，还是选择了来北京读书。

陈洛婷：对！2001 年我再次考入中央音乐学院附中，我本该读高三，但高三学生正准备高考，若插班学，我可能跟不上，只好重读高二。

记　者：你考大学时紧张吗？

陈洛婷：很紧张，在钢琴专业考试中，我准备的是《奏鸣曲》、《月光曲》、《肖邦练习》等五首曲子。进去以后就开始弹，几个教授坐在旁边，如果时间宽裕，他就会让你弹完，如果时间较紧，后面还有很多考生，就让你弹到他想要听的那一段，然后换下一首，还有第二乐器或者是唱歌。我看不出老师的表情，心里没底，所以就觉得很害怕。

记　者：台湾和大陆的考生考试内容一样严格吗？

陈洛婷：当然要严格呀！这是筛选学生的标准，就要有一定的水平，不然进校后根本没办法跟其他人竞争呀，本人也很痛苦，老师也很痛苦。我觉得能进这个学校的学生基本功都很强。台生和大陆的学生在报考条件和考试日期都是一样的。专业课通过以后，大陆学生要参加高考，他们属于文艺特长生分数相对低一些。我是参加港澳台生考试。

记　者：当你知道被学院录取时，是什么样的心情呢？

陈洛婷：考完后，一直在北京等消

与艺术学院学姐在天津留影

息，得知录取了就很高兴，担心的是被录取的大陆同学一定很厉害，怕自己跟不上。

记　者：你是否想过台湾当局的教育部门不承认大陆的文凭，等你毕业回到台湾后，找工作有一定的难度？

陈洛婷：因为我学的是艺术类的钢琴，不需要去"政府机关"当公务员，我可以在家里教学生弹钢琴，所以学历对我来说没有什么大的影响。关键是自己的演奏水平是否提高，自己的目标是什么。

机缘巧合，与音乐治疗结缘

记　者：你原本是学钢琴的，为什么转而选择了音乐治疗这个专业呢？

陈洛婷：我一开始想报考钢琴系，看招生手册时，发现还有音乐治疗专业，这个专业在大陆非常新的，好多人都没听说过，但我在台湾听过。我们是可以报两个主修的专业，一个是钢琴、一个音乐治疗，结果两个我都考上了。但我感到比较累，只选择了音乐治疗专业。如果选择钢琴只能属于演奏类的，但每个学生不一定都能成为音乐家，我觉得对音乐治疗更有兴趣。

记　者：对你来讲由音乐专业转为与医学有联系的专业，你觉得适应吗？你跟高天老师学习，他对学生有什么样的要求呢？

陈洛婷：没感到难适应，我真的对它非常有兴趣。我之前也没见过高天老师。音乐治疗的考试除了笔试，还有面试，主要看看学生的性格怎样，我记得面试时，高天老师问我：你以后再也不能在舞台上表演了，你可以接受吗？

记　者：你怎么回答？

陈洛婷：我也没想那么多，直接说：可以，没问题！老师对我点点头，他可能对我挺满意吧。

记　者：音乐治疗专业与医学有关，这样的转折你感到难度大吗？

陈洛婷：难度当然有，因为是偏向治疗的学科，我们需要学一些心理学方面的东西或是基础的解剖学、变态心理学、音乐心理学。高天老师是第一位从美国学习音乐治疗回来，又在中国第一个开设音乐治疗系的老师。他让我们除了学西医外，还专门请中医药大学的教授教我们中医学概论。

记　者：可以说方方面面的知识都要了解。

陈洛婷：对，他想的很多，不过这样还蛮有道理的。

记　者：那年，你是中国第一个与大陆同学在学院内合照。
音乐治疗系的第一位台湾学生吧？

陈洛婷：我现在应该仍是唯一的一位。

帮"顾客"恢复往日记忆

记　者：在大学里，你们学习音乐治疗的方式是什么？

陈洛婷：我们学的专业是 5 年制，从大一开始就有临床实践课，每星期用一天的时间，老师把我们分成几个人一组，去敬老院、儿童医院、有精神科的医院，还有残联中心开办的特教学校等等比较特殊的机构临床实习。

记　者：学校安排的每个医院你都去过吗？

陈洛婷：我们是轮流去的。我大一去养老院，大二去安定医院，做的是成人精神科的音乐治疗，大三去朝阳区的残联中心，大四的时候我作为交换学生去美国学习，大五的时候我们开始实习，我们实习 6 个月才可以正式毕业。我实习的地方是北京安华特殊教育学校，为学龄前有孤独症的小朋友或是有学习障碍的儿童做治疗。

记　者：你第一次面对这类病人时，是什么样的心情？

陈洛婷：大一时，老师第一次带着我们几个学生去养老院，去之前，我们学会了他们那个年代经常唱的一些歌，像《东方红》、《社会主义好》、《咱们的领袖毛泽东》等等被大陆称为革命的歌曲。因为老人的记忆几乎都是停留在以前，我们用弹唱方式勾起他们对往事的回忆，他们就会慢慢想，讲一些事情。

记　者：同样是演奏，但面对的群体不一样，你怎样去把握这个度呢？

陈洛婷：每次去的时候，他们会以为我们是单纯的表演，有些人还叫我们老师，可是我们时刻提醒自己在做什么。我们会定个目标，了解不同人的问题是什么，让他们达到什么目标，怎么才能达到这个目标。我们去之前要写一份详细的计划，这是我们必须严格做的事。音乐教育是教人家音乐，我们是通过音乐让他们达到生理、心理的健康。

记　者：这样的计划在音乐治疗上一定起很重要的作用吧？

陈洛婷：对，老师一直要求我们认真做。在别人看来我们只是教他们唱歌，是在玩音乐游戏，但我们要明白自己的目标，每次都要有记录和总结，要在 72 小时内完成，否则你的记忆就会淡忘，必须记录整个过程。我们对他们的称呼通常用"顾客"这个词，而不是"病人"，这是对他们最起码的尊重。

记　者：通过一段时期的治疗，顾客们的状况是否有较大改善？

陈洛婷：之前，看护人员跟我们介绍过有些人不愿下床，或者他们根本就不讲话，或者还发脾气什么的。我们跟老人交流多了，他们才愿意讲话，有的人还自己搬着椅子出来，愿意跟我们交流。音乐治疗师不能把自己太凸显出来，治疗的时候尽量引导他们互相谈，达到这样的目的才算一个真正的音乐治疗者。

记　者：你们在为"顾客"治疗时，一定还讲究许多技巧吧？

陈洛婷：技巧有很多，比如接受式音乐治疗，再创造式音乐治疗，聆听式音乐治疗，还有即兴音乐治疗，这是一个技巧方法。比如说我会把歌词给"顾客"，我今天要讨论什么，我通常会准备三四首歌，我弹，然后大家一起唱，唱完以后，我会设计一些问题，让"顾客"讲出感受或者是回忆以前的事。每次的谈话治疗我都能从中得到一点"顾客"的资讯，就可以知道从哪方面帮助他。

敬佩高天老师

记　者：高天老师从美国回来后，在中国的大学院校第一个开办了这个专业，你觉得他的讲课方法有哪些特别之处吗？

陈洛婷：噢，高天老师的上课方法比较美式的，我记得大二的时候有一堂接受式音乐治疗的专业课，在大厅从晚上 7 点到 9 点，其实，那个时间上课大家都比较困，也比较饿，高老师说如果你们想吃东西就带来，我不介意。老师上课的时候也让我们吃饼干类的小吃，那次同学之间放音乐互相练习，有一个同学因为太累就睡着了，高天老师就说，让他睡，这是一种放松，好有趣啊。

记　者：这种教学，能很好地掌握知识吗？

陈洛婷：因为我们那天学习的目的就是放松肌肉训练，按高天老师的话，我们找一个自己最舒服的方式闭着眼睛躺在那里，他如果引导成功的话，一定会进入那个状态。其实，我们上课还是很好玩很轻松的。

洛婷的爸爸妈妈来北京参加毕业典礼

记　者：看来老师讲课的方式很活泼，你在学习中是否感到很轻松？

陈洛婷：那些都是我们要学的技巧，因此上课时感到了快乐。不过我们读的专业课都是原版英文书，在大一、大二学基础理论的时候很累，我们每天都在翻译，还要写大纲，用中文写100页的总结，交给老师看。

记　者：他有没有想过翻译出来，再出版这样的书，让大家容易学。

陈洛婷：我们曾经跟他说：老师你就一本一本开始翻，现在我们有一本，到下一届就会有两本，下下一届就会有三本。高天老师说他也想过，虽然让我们看原文书很累，但是对学生有好处，因为音乐治疗需要写论文或是遇到什么情况，就需要参考许多国外的文献，所以从现在就训练你们读英文的能力。

记　者：当时你作为交流生去美国学习时，在教学方法上与北京有什么不同之处吗？

陈洛婷：我在美国上课感觉很自由，美国的老师希望你多问问题，你把他考倒了也没关系，他会跟学生说我回去查资料再来给你讲。而大陆上课是老师讲我们听，有时候我们会分心，这是很不同的方式。

记　者：在语言交流上，和他们有困难吗？

陈洛婷：一开始我们还害怕自己笨，什么都不懂，跟不上人家，后来上了几堂课才发现，这几年学的音乐治疗、必备的音乐技巧，跟我在北京学的东西差不多。

记　者：这说明高老师在教学过程中和他们都是同步的。

陈洛婷：对，高天老师当初的教课方法是有道理的，我们没有输给他们。

在京 7 年，感受首都大变化

记　者：北京学习生活 7 年了，也和大陆的同学们结下了友谊吧？

陈洛婷：是啊！刚来时我听不懂北京话，我说的是台湾的普通话。可是我们有一些词常会理解错，比如我以前听不懂什么叫座机，就是家里的电话，我们称空调是冷气等等这类生活日用语，他们对我这个台湾学生蛮好的，不计较什么。

2006~2007 在纽约州立大学音乐治疗系的几位同学们

记　者：你们在一起，谈论最多的话题是什么呢？

陈洛婷：他们喜欢问我台湾那边是什么样，我们平常去哪里呀，路上会不会有很多明星呀！可能他们爱看台湾偶像剧，就常对我说，洛婷我好喜欢听你讲话哟，没事就给我们讲两句。我问他们讲什么呢，他们说什么都喜欢听。我很开心，有什么不懂的问题，他们都很耐心地跟我讲。

记　者：你也问关于他们家乡的事吗？

陈洛婷：因为他们来的省份不同，有四川、河北和东北的，交流中，我也可以了解他们所在省份的一些信息。有时候听她们打电话感到很有趣，前一秒还给我讲普通话，接电话后马上就改为家乡话，很好玩。

记　者：你跟她们在一起时，想学她们的家乡话吗？

陈洛婷：他们说我普通话都讲不好，家乡话就更难学了，有个民乐系的北京同学很爱改正我的发音，她上附中时就教我说普通话，没事的时候，她就说，洛婷来跟我念"冷、热……"，跟她学了近 7 年，她说我终于有进步了。

记　者：你觉得这 7 年里你所处的环境及个人变化大吗？

陈洛婷：第一次来大陆 10 岁出头吧，那时候啥也不知道，好像二环还没建好。到了 2001 年来的时候，感觉变化好大，尤其是申奥成功后，北京加快了城市建设，修的路、盖的楼很漂亮很大气，我刚来的时候过马路一定要跑的，马路太宽了，走

2006 交换学生时在纽约街头带著旅游书以及傻傻的冒险精神第一次勇闯纽约市

得慢就过不去了，尤其是长安街，比台湾的路宽多了。

记　者：你是从事音乐治疗的，对音乐又那么热爱，在北京这么多年，你是否也感受得到首都浓厚的文化氛围呢？

陈洛婷：北京这边不错呀！有蛮多剧院的。今年初我去国家大剧院看《图兰朵》，我还从未见过这么大的剧院，非常有国际水准，有好几个厅，里面的设备都是世界级的水准，音效很好，有空调，坐那里欣赏感觉很舒服。像保利剧院、中山音乐厅、北京音乐厅、人民大会堂、二十一世纪也都不错，每一家的设计也不一样。

记　者：你的收获还很多，性格很开朗，过去也这样吗？

陈洛婷：我过去是非常内向的。入学时，高天老师就说我以后会很开朗很活泼，就像这次访谈，以前我是绝对不会答应你的。

记　者：是吗？那你在接受中央电视台采访时，紧张吗？

陈洛婷：那次是 CCTV 记者采访高老师，高老师说今年收了个台湾学生，那天我刚好在学校，高老师叫我过去，面对记者我都不知道在说什么，很紧张。后来电视台给高老师寄过一张 VCD 光盘，高老师叫我有空去拿，我说我不想看，我死都不想看。

记　者：你就不想知道自己当时的形象吗？

陈洛婷：哈！一定很傻耶。现在就不同了，我过去是那种上课回答问题都脸红的人。因此，我在学音乐治疗时，潜意识里提醒自己，我不能不好意思，不能害羞，不能不讲话，因为我是重点，我要把自己挺出来不能退缩，要勇敢地表达自己。

记　者：你从美国学习回来后，会不会选择到大陆来发展呢？

陈洛婷：高老师以前曾经问过我，以后要去哪里？他有时候开玩笑说，你就留北京吧，我说可以呀，没问题。但我想去美国考音乐治疗师执照，有了执照才可以多项选择，在台湾或回大陆执业都行。我觉得在大陆已习惯了，毕竟这个领域能经常与我的同学交流。

记　者：你选择了音乐治疗这个职业，是否给自己确定过一个目标或是一个标准以及想达到的一个层次？

陈洛婷：我不知道，我现在的目标不是很远很大，我只希望

与音乐治疗系的大陆同学合影

用音乐治疗为"顾客"减轻病痛，让他们尽早融入社会，提高他们的生活品质，给他的家庭带来一种温馨和谐，就是一个很平凡的目标。

记　者：衷心祝愿你能为更多的"顾客"带来欢乐！

周明聪

中央美术学院美术史学系 2007 级博士生

认真学习
师踏实地
尊师重道
谦虚受益

感谢中央美院栽培,
导师教诲及书写过程
良师益友,还有贵人相助.

周明聪 2008.6.16

秀丽手记

千万里追寻国画真谛

2008 年 6 月 16 日，记者来到中央美术学院，那天恰好学院内展出2008 届毕业生的作品。记者与史学系博士周明聪漫步于一件件新潮时尚有着独特创意的作品中，他现场为记者对这些作品作了多方位的诠释，不难看出这位沉稳有内涵的中年男子对艺术充满着激情，对生活拥有着浪漫的向往。坐在学院运动场的绿草坪上，我们进行了近 3 个小时的访谈。

周明聪从小喜欢画画，因家庭经济不好，当他看到只需一瓶墨汁、一支毛笔和一张宣纸就可以把那种意境美在画中表现时，他感到很神奇，因此，学习中国画成为他求学的宗旨，但他的求学之路并不顺畅。高考那年，周明聪没考上大学，隔年，他考上了台湾艺术专科学校美术科国画组，服两年兵役后，他到一家私人画廊工作，有着体会艺术品交易买卖的经验。随后，进入高雄市立美术馆筹备处工作，后来担任展场解说员，直接面对观众担任推广教育工作。工作中他感到自己的学识不足，毅然辞掉近 3 年的美术馆工作，经过一番准备，考上了台湾艺术学院美术学系。这期间，周明聪在学习的同时还任职小学美术代理教师，他希望当一名老师，把中国书画艺术传承下去。学业与工作的兼顾，让他的生活更加紧凑、繁忙，也深刻体会到教育的真谛。经过一番拼搏，他如愿以偿又考上台湾师范大学美术研究所，两年后获得中国画创作硕士学位后，他到高中担任美术实习教师。

从此，周明聪的奋斗目标也不断向上攀升，他的愿望是到高等学府担任大学老师。恰在此时，他听从了台湾艺术大学李奇茂教授的建议，也激起了他到北京中央美术学院学习的渴望，在台湾师范大学中国语言文化中心主任罗青教授的推荐下，经过中央美术学院的入学考试，周明聪非常幸运地进入中央美院。

选择到中央美院学习，可以说是周明聪人生的一大转折，也打消了读完博士回台湾当大学老师的想法，希望自己今后为两岸的艺术交流做贡献。当然，周明聪也对记者谈了他心中的苦闷，这些年来，为了求学可以说负债累累。

周明聪常怀一颗感恩的心，他对记者真诚地说，除感谢父母养育之恩外，还要感谢多年来求学过程中的良师益友，以及人生道路的贵人相助，他说今后不管是从事教育还是研究的工作，他愿为两岸文化艺术交流，扮演好一个桥梁角色。

采访后的几天，记者接到周明聪打来的电话，他兴奋地说：他已通过清华博士后的考试，以后在清华大学美术学院将以20世纪的台湾书画史为研究课题，回台湾收集作品、文献史料、著作等方面的材料，再回到学院提炼，这不只做台湾书画方面的研究，也关注台湾的文化、历史、政治和经济等各个层面。

听着他对未来美好的憧憬，记者衷心祝愿这位热情活泼、洋溢着生命活力的大男生实现了人生中的又一个梦想，也祝愿他在曲折的求学路上不断超越自己，在今后的人生道路上谱写一曲动人的乐章。

来大陆追寻国画源头

记　者：你是什么时候喜欢画画的，为何对中国画情有独钟？

周明聪：我从小学就喜欢涂鸦，经常临摹卡通画。小学六年级时看过中西两大画家张大千和毕加索的介绍，让我心生崇敬与仰慕，因此立志长大后当画家。因家境不好，看到中国画只需一罐墨汁、一支笔、一张纸就能把美好的意境在画中表现，觉得适合我追求的艺术道路。我考取台湾艺专时，第一志愿选国画组，在求学的路上一直选择国画方向。

记　者：你先后在哪些学校学习过？

周明聪：1987 年我毕业于高雄市立前镇高中美术实验班第一届，遇到两位良师，一位是教水彩、素描的黄明韶老师，一位是教书法、国文的资成都老师，奠定我水彩与书法基础。第二年我考上了台湾艺术专科学校美术科国画组，接受了李奇茂、陈丹诚、苏峰男、罗振贤、黄光男、胡念祖等教授的教诲；1998 年，从台湾艺术学院美术学系毕业。2001 年，从台湾师范大学美术研究所毕业，获中国画创作组硕士学位。这期间，我又先后受到罗芳教授、孙家勤（张大千入室弟子）、郑善禧、罗青等等教授的精心指导，使我对彩墨画创作更充满信心。

受美国籍姜斐德（FredaMurck）教授邀请前
往北京某画廊观赏摄影展

记　者：你有这么多的经历，为何在本应成家立业的年龄又选择来中央美院继续学习？

周明聪：我很想当大学老师，在台湾只有博士才能当大学教师。台湾艺术大学李奇茂教授鼓励我到北京读博士学位，他认为台湾当局以后会承认大陆学历的。台湾师范大学罗青教授也愿帮我写推荐书，我于2002年很幸运地考入中央美院美术史学系学习。

罗青教授、师母粘碧华女史来访北京，拜会中央美院中国画系书法教授邱振中先生合影

记　者：大陆毕竟是中国画的发源地，你是否在大陆感受秀美风光的同时寻找绘画灵感？

周明聪：1997年我初次来到大陆，曾先后去过长沙、张家界市、昆明、大理、丽江等城市，给人的感觉真是地大物博，山川秀丽，我看到那些雄伟的高山和苍郁的大树、瀑布、湖泊以及山寨风光，内心就激动不已。

记　者：你以什么样的标准去定义中国画的美？

周明聪：这些年来，我接触了许多中国传统古书画，它不需要太多的色彩就能把层林尽染的山水表现得那么生动、那么感人，一直吸引我仔细欣赏感受那种用语言难以表达的美。

从立志当画家转为研究绘画理论

记　者：过去你希望自己能画出好的作品，能成为有名气的画家，但是你到了中央美术学院转为理论研究，那是什么样的心路历程？

周明聪：以前我觉得创作是件很开心很快乐的事，也希望自己能成为一名被人欣赏被人肯定的大艺术家，当我来中央美院深造学习后，我的价值观也不断改变。这几年拜在博士生导师薛永年教授的门下，他让我在理论研究与思想认识上有了很大改变，他对我的要求很严格，让我能够走进理论、走进学术研究圈我感到非常庆幸。

记　者：从事理论研究比起绘画来是否感到枯燥？

周明聪：以前我读硕士的时候，觉得理论研究太枯燥了，当我走进中央美院潜心学习后，反而不觉得枯燥，我研究的还是绘画作品与文字结合起来，再提出一些自己的见解，我有绘画基础，就会感受深刻些。

记　者：你在中央美院的理论研究主攻方向是哪方面？

周明聪：我最初研究方向是明清绘画史，入中央美院不久，我拜访北京故宫书画部余辉主任，他对我说，我对台湾的美术比较了解，应该以研究台湾绘画为重点。导师薛永年教授也很认同，我就把研究台湾书画史作为我研究的方向。我的博士毕业论文《台湾书画史上的板桥林家"三先生"——吕世宜、叶化成、谢琯樵之研究》，清代中叶这三位先生都曾到过台湾，对台湾的书画传承与发展影响很大，很有贡献，这是研究台湾书画发展史很重要的课题之一。

记　者：中国画的发源地毕竟是在大陆，你研究台湾的绘画艺术时必然要了解中国画的历史发展脉络，你是否对两岸各个时期的书画家都有意识地去了解？

周明聪：是的，传统的中国书画是明末郑成功到台湾后才开始大量传入，它的根源当然就在大陆中原，中原的文化一直影响着台湾，所以要研究好台湾书画的发展历程，就不能割断历史，必须把握其前后关系的传承。

记　者：能更深地了解台湾绘画的起源，是否对它将来的发展起一个好的借鉴作用？

周明聪：只有了解中国画的历史，才能认识到台湾的绘画好在哪里，不足之处又在哪里，台湾现在的发展状况又是什么样，尤其是 1949 年国民党政府到台湾后带来许多精英、专家学者，对台湾的艺术也起到一定的促进作用。在两岸隔绝期间，有一些台湾学子到国外深造，较早接触了西方比较自由的创作方式，把西方一些新潮的艺术理念带回台湾，使台湾的绘画风格有所改变，这更应该深层次地了解台湾绘画艺术的源头。

记　者：你是否认为在中央美院的学习是你人生中的一大转折？

周明聪：我的导师薛先生治学严谨，对我的要求也严。让我深刻体悟到，能在中央美院学习很有收获，也丰富了我的人生经历。如果当年我选择留在台湾当高中老师，我肯定早已成家立业，但那样的日子似乎太"一般"了，不是我想要的人生，来大陆学习可以说改变了我的人生轨迹。

定位在研究台湾美术史上

记　者：海峡两岸毕竟分隔这么多年了，你觉得两岸的艺术在绘画技巧及表现手法上是否还有一定差距呢?

周明聪: 是有差距,这些年我了解台湾的绘画艺术确实受到西方现代艺术的影响,会把西方一些观念及绘画技巧带进中国画里,让它更多元化,大陆的画家大多数以水墨为主,重彩比较少,不用过多的各色颜料。就我个人而言,我在台湾艺专学习时受到林风眠的影响很大,他把西画那种丰富的色彩融入中国画里,我很认同那种彩墨画。

记　者: 艺术就是在继承传统的情况下,需要不断创新,你是否赞同艺术多元化?

周明聪: 20世纪杰出的艺术家代表人物就是毕加索,他就是不断地创新、突破自己,他不满足于原来的成就。我个人是赞同艺术多元化,我就读台湾师范大学的时候,非常喜

前往拜见被台湾科技大学聘为驻校艺术家的姜一涵教授,姜老师送对联作为给周明聪取得博士学位的贺礼

欢创作彩墨画,就是说我的画是色彩缤纷的,而我的同学喜欢水墨画,各有各的特点,正如我们生存的世界形形色色,是那么丰富多姿多彩。

记　者: 你曾提到回台湾筹办一个大型的书画展,能否谈谈这方面的情况?

周明聪: 今年3月中旬,台湾的罗师母粘碧华给我打来电话说,台湾很有名气的收藏家张允中先生想举办一个台湾早期美术展览,需要一位既能办展览又能做研究的美术工作者,恩师罗青教授就推荐我担任这个工作。我返台后费尽心思为筹办展览忙碌着,展出地点在台北国父纪念馆,展品包括书法、墨彩画、胶彩画、油画、水彩、版画、铅笔素描等,这些美术家的作品对台湾的艺术发展都产生过很大影响。

记　者: 你是否想通过这个展览以及对这方面的研究,让更多的人了

解台湾书画发展史?

周明聪:是的,台湾的书画原本源自大陆中原文化,20世纪西方的油画、水彩、版画、雕塑等等一些现代艺术相继传到台湾,西洋文化对台湾的影响很大,同时又加入了东洋的日本文化,对台湾而言艺术就更多元化,不再是以汉文化为主了,反而研究西方美术的内容比较多。如今随着中国广泛对外交流,中国文化日益受到各国的普遍喜爱,鉴于此,我觉得作为一名学术研究者更要有使命感,为振兴和发扬中国传统书画艺术尽力,让东西方人都能够理解中国书画艺术的美。

负债求学不言悔

记　者:当初你对大陆是什么样的看法?

周明聪:我上高中的时候,喜欢看台湾凌峰先生主持的电视节目《八千里路云和月》,介绍大陆风光、风土人情的专题片,那时对大陆十分憧憬。1997年台湾艺术学院的罗振贤教授带学生来大陆写生,我欣然报名参加。在湖南张家界,云南昆明、大理、丽江等地方给我留下了难忘的印象,19天的行程中,我几乎没有动笔画画,我被眼前景象深深吸引感动不已,对大陆更是向往。

记　者:你是否认为大陆发生的巨大变化也促进了两岸的文化交流?

周明聪:我来大陆求学6年,发现大陆改革开放30年带来的成果确实是很惊人的,国家经济实力增强,人民生活水平提高。两岸毕竟同属中华民族,如果有一个

台湾艺术大学李奇茂教授八十大寿庆祝晚宴于台北市举办,与李师母(左二)、台湾艺术大学书画系阮常耀副教授(左一)合影。

好的政治环境，就会让两岸的文化交流更加密切，共同为中华文化的发展向前迈进。

记　者：你父母赞同你到大陆读书吗？

周明聪：他们起初不赞同的，因为我读完硕士已经30多岁了，就应该像其他人一样工作赚钱，立业成家，我读硕士时就跟学校办助学贷款，已经是负债了，到大陆读博士依然是负债，如今借20多万人民币了。

记　者：你认为自己负债读书值得吗？思想上是否感觉有压力？

周明聪：当初反对者占大部分，我父母亲不谅解、不支持，大多数亲戚、朋友也不认同我到大陆继续深造，这几年除了求学费用的烦恼、压力外，与我交往几年的台湾女友，因她家人不赞同我来大陆，所以我没能挽回那段可贵的感情。在北京我省吃俭用，有两位喜欢艺术的企业家愿意借给我钱，这些点点滴滴的恩情都在我的博士论文《谢志》中有表述，我非常感谢他们支持鼓励我到今天。

记　者：你在学习之余也关心两岸方面的时事吗？

周明聪：我读大专时就关心两岸的时事，来大陆写生旅游后，逐步认知大陆风土人情，尤其到北京求学生活，才真正深入接触、体验大陆的人和物。我认识了居住在北京的台湾人王富梅女士，这几年她视我如弟弟般关照，她让我认识"大山子"艺术特区的艺术家与画廊经营者，大家对两岸的互动与交流相当关注。

记　者：你是怎么看待两岸关系的？

周明聪：毕竟我从小在台湾生活长大，跟生活在大陆的人想法不一样，这是受不同教育影响造成的差异。

原台北故宫博物院副院长林柏亭先生偕夫人至台北国父纪念馆参观周明聪研究兼执行策展的《画舫千秋蓬莱心——台湾美术源流展（1736－1945）》合影

台湾的教育是让大家有多元化的思想，而大陆的教育很注重从小就培养爱国精神。蒋介石时代的台湾教育也是灌输"光复"大陆国土，"解救"大陆同胞。但民进党执政后，少数激进者想让"台湾独立"，对于相当一部分台湾人来讲籍贯在大陆，还有着千丝万缕的情感在里面，也有一种悲情在里面，这就需要两岸加强交流，才能互相理解。

记　者：台湾有2300万人口，每年能来到大陆的台湾人毕竟不太多，你是否觉得今后两岸人民还应该增进了解加强交流？

周明聪：当然，两岸之间还是需要好好沟通，要让双方互相增加了解，像我们回到台湾会把大陆真实的情况跟朋友说，让他们对大陆有一个正确的认识，而不会觉得这是大陆的"政治统战"。2008年初大陆南方遭遇雪灾、5月发生汶川县大地震，台湾人民也为灾区捐钱捐物献爱心，本是同根生，都在尽一份力。同时，在灾难面前也看出了大陆领导人一心为老百姓利益着想的决心和解决困难的力度。

为两岸艺术交流架桥梁

记　者：你是否经常协助台湾的一些艺术家到大陆办展览？

周明聪：近年来，我在台湾美术圈还比较熟，台湾的美术学校有些老师来大陆的时候会找我，我也常陪他们拜会大陆一些文化官员或者艺术界的老朋友，有的老师打算今后要在大陆举办展览，我也希望能为他们多做点事。

记　者：在京读博期间，你作为艺术理论的研究者，是否也经常参加两岸艺术交流的研讨会？

周明聪：自2002年以来，我以中央美院博士生身份先后参加了近20场全国各地文博单位主办的学术研讨会，旁听学习，如"扬州八怪艺术国际研讨会"、上海博物馆"晋唐宋元国宝展国际学术研讨会"、北京故宫"中国宫廷绘画国际学术研讨会"、北京恭王府"溥心畬先生书画艺术研讨会"等等，大饱眼福之余，让我开阔了眼界，提升了艺术素养，收获颇丰。

记　者：现在你40岁了仍未成家，依然为考清华美术学院博士后而忙碌着，你是怎样看待的？

周明聪：今年3月我萌生继续深造的想法，决定申请清华大学美术学院博士后研究，合作导师陈池瑜教授同意我报名。不管未来怎么样，我觉得人活着就要有意义，如果我再作两年清华博士后，就能为两岸艺术交流再做一些基础性工作。我希望把"日据时期（1895—1945年）台湾书画艺术史研究"作为博士后的课题。关于婚姻要靠缘分了，我希望找到志同道合、懂得珍惜、理解我的好伴侣。

记　者：过去你对台湾的绘画艺术比较了解，如今对大陆的美术史也有一定的研究，将来你是否愿意扮演海峡两岸艺术交流的桥梁角色？

周明聪：前几年，我一直在忙博士论文，今后我希望继续从事学术研究，对台湾美术史方面的研究有所贡献，尽管近年来两岸艺术界的交流比较频繁，但大陆对台湾美术发展的过程了解还有限，所以，我还是乐意将台湾知名的艺术家或后起之秀介绍到大陆做交流，我希望能够扮演沟通两岸艺术交流桥梁的角色。

记　者：好的，谢谢！

为导师薛先生庆生作寿，与同门师弟妹于北京市钱柜 KTV 唱歌欢乐。

陈倩倩

中国艺术研究院研究生院 2007 级博士生

走在人後時要向前看
走在人前時要往後看.

Chien
陈倩倩 08.6.27

秀丽手记

爱讲京腔的台湾女孩

　　2008 年 6 月一个阳光灿烂的日子里，记者按约定来到中国艺术研究院门口，一位身材苗条，气质高雅的年轻女生向记者欢快地走来，四目相对，她微笑着向记者打招呼，她就是从未谋面将要接受采访的台生陈倩倩。与她交谈，令记者惊奇的是，她的口音里竟然带着一些京腔，仔细听还夹有一点南方的口音，这个年轻漂亮的台湾女博士仅来北京 4 年，就会有如此大的变化，这是一个怎样的经历与感受呢？我们的访谈是在教学楼一层大厅进行的，坐在宽大的沙发上，从她爽快的言语中，又让记者产生了一种错觉，她应该是北方女孩。

　　在台湾土生土长的陈倩倩，每到清明时节，常跟父母去祭祖，她从祖谱上得知祖辈是福建人，只因祖谱上写着一个长辈在明朝考中了秀才，被派到台湾来做官，所以，陈家的血脉在台湾代代相传至今。进入上世纪 80 年代初，随着海峡两岸交流不断升温之时，陈倩倩的父亲凭着敏锐的眼光，只身来到广州经营花圃生意，一分耕耘一分收获，生意也越做越红火。

　　陈倩倩的父亲时常教她如何经营园艺生意，从小乖巧的倩倩在爸爸潜移默化的影响下，在自己家的店里也学着做事情，但她骨子里与花草无缘，而艺术细胞却一点点滋长着，也让她选择了走舞蹈艺术的道路，让她过早的成熟，也锻炼了她的自理能力。

2003 年春节前，她作为台湾文化大学舞蹈协会的会长带领的会员来到北京，与中国人民大学学生会合唱团作文化交流活动，共同探讨如何带好大学社团，怎么管理干部之类的主题。活动期间，她们游览了北京的各大风景名胜，品尝了北京的风味小吃，10 天时间，竟让她对北京有一种说不清的情愫。她对记者不好意思地说，那天与人大的学生作别时，竟然哭得一塌糊涂。

2003 年 7 月，陈倩倩大学毕业了，面临着就业还是考研的选择，从小就喜欢舞蹈的她想到了 10 天难忘的北京经历，于是她决心报考北京舞蹈学院研究生。缘分来自于那年在人大的交流，她认识的人大学生得知这一情况后，主动帮她找资料买书，使她顺利考入北京舞蹈学院研究生班。

访谈中，记者不解地问陈倩倩："你的性格看上去比较直爽，很有北方人的个性，你原来的性格就是这样还是到北京后改变了？"她笑着说："可能我的性格从小就比较豪爽一点嘛，在台湾跟一些同学相处，就感到他们说话做事不太直接，让人还去猜话中的意思，而北方人说话比较直接，也很好相处，我喜欢这样，因此现在的朋友几乎都是北方人。"

说起现在的口音，让陈倩倩忍俊不禁的是，每年寒暑假回台湾竟也说起了北京话，让台湾的同学很是惊奇，而回到北京又习惯性地说起了台湾话，连她自己也说不清究竟身居何处。也许经常往返于台北和北京的原因，在时空上需要有一个调整的过程，她感觉两边都是最熟悉的城市，最喜欢居住的环境。

她感慨地说："在北京舞蹈学院和中国艺术研究院学习的日子里，让她感受到了浓厚的中国文化氛围，尤其听一些中外艺术大师的演讲，真是受益匪浅，生活中感觉很充实。"

性格开朗的陈倩倩是个闲不住的人，她在台湾读书之时，就在课余时间教小朋友练舞蹈，来到北京同样寻找这种机会。她说不在乎挣钱多少，关键是不愿荒废自己的学业，希望能得到锻炼的机会，她调皮地对记者说："没准以后我还能找个北京的男友，在这里生活定居，当然要尽早熟悉这里的环境，我现在没毕业，还想到孤儿院教舞蹈，当义工，做一些慈善的事。"

在谈话中，她始终流露出一种天真开心的笑容，看得出，她心中对未来已经描绘了一个美好的蓝图，她正一步步朝着这个方向努力。

用肢体语言传达情感

记　者：你父亲一直从事园艺事业，你怎么选择了舞蹈呢？

陈倩倩：因为我不喜欢花，小时候爸爸妈妈忙着做生意，他们没时间看我，哥哥也要上学，我比较好动，晚上家人就把我送到舞蹈班，我学舞蹈的同时又学了钢琴，但钢琴学了 3 年，连初级也没过，爸爸就火了，让我放弃学钢琴，就专心去学跳舞了。

记　者：你考入大学的舞蹈系是否希望当一名舞蹈家？

陈倩倩：我 11 岁才学舞蹈，与周围同学相比起步有些晚，到了高中才进舞蹈班，下课后大家都去玩，我还要拼命地练舞，心想一定要追上她们，那时候精力挺旺盛的，也不觉得累，后来考入台湾的中国文化大学，它是台湾唯一一所有舞蹈系的综合大学。

记　者：你在大学主修哪种舞蹈？

陈倩倩：我们分民族舞、芭蕾舞和现代舞，我主修民族舞，其他的也喜欢学。我从小练的基础舞是芭蕾，后来经常表演的是现代舞。我比较喜欢中国文化的东西，而大陆的民族舞跟台湾的民间舞不一样，所以我想在北京学习一些中国民族舞蹈，想在舞蹈方面有发展。

记　者：你喜欢中国传统文化是否也成为你来北京读书的原因？

陈倩倩：差不多，我是在 2003 年春节前到北京，参加了台湾的文化大学与中国人民大学举办的艺术交流活动，那次活动内容很丰富，第一次来北京，对一切感到很好奇。10 天时间里，人大的学生带我们游览了北京的许多景点，还去逛街吃当地小吃，感到北京蛮不错的。回台湾后，我产生了报考北京舞蹈学院研究生的想法，人大的学生很热情帮我找资料，我感到很温暖。

记　者：你在考研考博过程中，在心态上有什么样的区别？

陈倩倩：当初在北舞考专业课的时候，在音乐的伴奏下跳了一段舞蹈，但面试比较难，四个老师轮流考我一些问题，心里很紧张，差不多考了半个小时。考博的时候，相对感到容易，笔试结束，研究院院长王文章和另两名老师对我进行面试，我心里不算紧张，还好，也顺利地通过了。

记　者：你来北京学习，你父母赞成吗？

陈倩倩：父母很尊重我的意见，那一年刚好北京舞蹈学院进行校庆，所以提前半个月开学，临走时我爸妈问我说"有钱吗？"我说"没钱"，"那给你钱，买机票会买吗？"我又说"会"，他们又说"自己在北京要小心哟"之类的话。我自己拎着行礼只身来到北舞，成了那年北舞唯一一名来自台湾的学生。

向舞蹈理论艺术延伸

记　者：你来到北京舞蹈学院学习，在理论上是否也有一定的提高？

陈倩倩：上理论课的时候，北舞经常请一些语言学、社会学、心理学或其他方面的老师讲课，那时候感觉他们讲的挺深奥，现在想来，那些知识对我们的思维有一定的启发作用。

记　者：课余时间你是怎么安排的？是否抽一些时间弥补过去未学过的知识？

陈倩倩：来大陆后，才发现自己过去看大陆的著作比较少，因为上文学课的时候，老师要讲例子，如果我对中国文学知之不多，就感受不到教师在讲什么，所以当时花费很多时间去看巴金、鲁迅、曹禺等等一些中国作家的文学著作。老师还讲电影、媒体等方面的知识，大陆一些有品味的电影我也没有看过，在课余时间，我阅读了很多大陆的小说。

记　者：你后来又选择读博，是否有自己的一些想法？

陈倩倩：因为我的愿望是当教授，想再提高一个层次，在大学里教书也很不错的。

记　者：你到了研究院读博，是否还沿续了这种学习的热情？

陈倩倩：我该过的学分都考过了，像中国文化

史、西方文明史、西方美学史、民俗学、中国舞蹈史、现代舞蹈史，而西方文化含有那些比较哲学的东西比较难懂，那一学期学习比较辛苦，后来上专业课后，关于舞蹈方面的知识就比较好掌握了。

记　者：你在研究院读书是否感觉学术氛围比较浓？

陈倩倩：应该说研究院的学术气氛比较浓，主要是做学术研究，而在舞蹈学院那种氛围里，让人感到竞争比较激烈，我们那届的硕士有 30 多人，老师讲授的知识只跟舞蹈有关。而在研究院可以接触到很多各门类艺术大师级的人，见识又多一点吧，感觉很好。

记　者：在这里受到了艺术熏陶，是否与老师的精心栽培有关？

陈倩倩：对啊，我以前想着做好一件事情就行了，没想那么多。是我导师欧建平老师，他让我对自己学的专业有了新的认识，因为欧老师对舞蹈充满了热情、激情，受他的启发，让我知道为什么要学那么多知识，将来还要提高的层次以及面临的问题。不是因为他是我的导师，我才说他好话，欧老师待人和蔼没有架子，跟他学习我们心里感到特别轻松，感觉他就像家人一样，有时也开玩笑，我们都很尊重他。

记　者：欧老师在学术上对你要求严格吗？

陈倩倩：会呀。欧老师教学中还是很严格的，经常出些题目让我们去思考，写出对这个问题的认识，他再给我提意见，将这个问题再扩展讲，让我们的思维也更加开阔。

记　者：你周围的同学是来自各个领域的，在交流的过程中，你是否也会受益？

陈倩倩：还是很受益的，有的同学曾做琉璃设计、画家，还有一些商人以及清华的老师，他们不管从事艺术工作还是非艺术工作，从他们身上学到了一些待人处事的态度和方法，我觉得这对以后的工作或生活都有很大用处。研究院只要有大课我几乎都去听，跟同学们在一起觉得很开心，比如说他们在讲美术的知识，我好奇就问上两句，就算说的不对，他们也不会笑话我，因为我是学舞蹈的，他们都会耐心地给我解释。

我交了很多大陆的朋友

记　者：你的性格比较开朗，在学习的同时是否也结交了许多大陆的朋友？

陈倩倩：可能跟星座有关吧，我是魔羯座，小时候爱组织活动爱热闹的那类，比较爱出风头，现在就低调了，很怕被人注意到。不过我在2003年来北京时，认识了一些人大的同学，我们一直保持着联系，每到周末，他们会叫我一起吃饭喝酒，大家都熟了，感觉非常投缘。

记　者：看来中国的酒文化对于两岸学生的交往也起了桥梁作用。

陈倩倩：那年冬天很冷，他们说喝酒能暖身的，我也不知自己那天竟然很能喝白酒，现在我们都成酒肉朋友了。

记　者：在你认识的朋友中哪位最好？

陈倩倩：从我来北京至今，认识的几位人大学生都很照顾我有位男生一直帮我，比如说我刚来的时候，生活上不适应，我不知道去哪儿吃饭合适，不知道怎么坐公车，他就一直耐心教我，我不愿在学校住，他就帮我在外面找房子，真的对我很好，但别误会啊！我们可不是男女恋爱的那种好，他就是热情，我们之间的感情很纯洁，因为他有女朋友了。

记　者：你会不会认他做哥哥呢？

陈倩倩：平时我都叫他哥哥呀，刚来的时候我不会做饭，一个人不可能总在餐馆吃，他就教我怎么做饭，教我在这边怎么生活。平时我们很少见面，只要我有事找他，他就很帮我。我哥嫂来北京玩，他知道后请了5天假，天天开车带我哥嫂去玩，我觉得好感动，感觉他是我在北京的监护人。

记　者：你在北京选择租房，会不会影响学习呢？

陈倩倩：我无论在北舞还是在研究院学习都选择在离校不远的地方租房，毕竟在市中心，有时碰上堵车，坐公交车是30分钟，走路也要30分钟，都会想办法在上课前赶到的，有时走路就当是锻炼身体吧！

记　者：你常常用这种方式锻炼身体吗？

陈倩倩：不是，放学后我待在家里喜欢收拾家，喜欢做饭，然后洗衣服。现在我很后悔当时来的时候没买房子，原先我住的楼，卖7000块一平米，那时候还觉得贵，可现在已卖到1.8万元了，早知道这样，我当时真该买了。

记　者：看来北京对你还挺有吸引力的。

陈倩倩：哈哈，是啊！没准以后还在北京定居成家呢。

融入北京生活

记　者：你家的经济条件还不错，你怎么会在学习之余去打工挣钱呢？

陈倩倩：因为我闲不住呀，要是闲着会觉得很难受，我要出去找份工作做的。在台湾上大学时，我 4 点半下课，6 点半就去舞蹈社上课，可能那阵子赚钱的念头比较强吧。

记　者：是否感到自己赚钱自己花得心安理得？

陈倩倩：我来北京读研时，就求学姐帮我推荐，其实我也是有意识地锻炼自己，那时在一个小学教芭蕾舞，现在就在健身房偶尔兼兼职。

记　者：你边学习边工作，在时间上是怎么安排的？

陈倩倩：都是用课余时间，健身房不用坐班，研究院有课的时候，我去不了就少赚一点，就当是玩，带大家一起跳操也挺好的。

记　者：在健身房学跳舞的人年龄有多大？

陈倩倩：从 17 岁到 50 多岁都有，我是科班出身，对基本功的要求特别严格，但是健身房跟科班是不同的体系，一种是职业的，另一种是消费的，在心态上很难把握。我教的课叫"芭蕾形体"，是以芭蕾的元素来教她们形体，有位阿姨跟我说，上完形体课，希望学一些民间舞，她们很想学那种表演性强的舞蹈，我就觉得芭蕾和那种民间舞不是一回事，心里有些不高兴。

记　者：你可以中和一下她们的意见，也可以跟她们讲明呀？

陈倩倩：我们练芭蕾 10 多年了，才练成现在的形体，我曾很委婉地跟她们说，你只要把基本功练好，以后再做其他动作就可以做得很漂亮，好像她们还不太理解。我以前教的小朋友，都是从很正规的姿式练起，现在来北京到健身房工作，却不能那样要求学员，我的心态一直没有调整过来。

记　者：遇到这种情况你会不会表现出不满意？

陈倩倩：现在我也明白了，健身房不仅让大家高高兴兴跳舞健身，也丰富了人们的业余文化生活，她们年龄大再学也不可能达到什么专业的水平。我尽量调整课程的训练，只要大家高兴就行，可是我从内心讲如果自己到大学里当教授就不能接受这种做法。

记　者：通过在北京学习、教课，你是不是感觉已融入到北京这个生活圈了？

陈倩倩：是啊，这些年，让我认识了许多来自各省市各个领域的同学、老师和那些学舞蹈的北京大妈，我的口音也改变了很多，有些学员听我说话，以为我是大陆人，想起这些，就让我感到挺开心的。

愿为孤儿做有意义的事

记　者：你最大的理想是什么？

陈倩倩：小时候我想当明星或歌星，因为能在电视上露露脸，后来就想

当国文老师，很喜欢念古文，学跳舞之后就想当舞蹈老师了，现在就想进高

校当大学老师，一直在跟着感觉走。

记　者：你现在已经接近这个目标了。

陈倩倩：我现在很想教汶川的孤儿练舞蹈，因为地震后孤儿很多，可是我没毕业又不可能到灾区去，只有在北京看看有没有这样的学校，我想当志愿者。

记　者：你是否感到教孤儿练舞蹈也是一件很有意义的事。

陈倩倩：对，前一阵子较忙，就是英国皇家芭蕾舞团跟国家大剧院联合办的舞蹈工作坊。上午有我们的培训，下午就是教一家人跳舞，后来的三天就是教肢残的人怎么活动，想用这种方式让他们高兴一点儿。最近特别想做义工，反正我也找不到工作。

记　者：是什么原因促使你有这种想法的？

陈倩倩：我觉得人不能只为钱活着，毕竟我上学家里还能供给我，就是自己出去挣钱也没多少。如果能做自己喜欢的工作，钱少事小，但只要我去孤儿院带小朋友们跳舞，让他们感到快乐，我就会很高兴。等我毕业了就该找工作挣钱养自己了，也不能总靠家里养着，所以在工作之前不如去教教小朋友，去陪陪那些需要帮助的人。

记　者：你这样做，是否感觉自己很超脱啊？

陈倩倩：没有啦，我只是不想荒废自己的专业，不然我老是在家里待着也不是事儿。可能与我的性格有关吧，从大学毕业至今，我不想闲坐家

中，只要有时间就想做一些自己想做的事，就会感到生活很充实很快乐。

记　者：谢谢你接受我们的采访，真诚祝愿你天天感受到生活的快乐！

博士导师欧建平（左一）2009 年在北京，向现代舞大师
林怀民先生引见陈倩倩（中）

陈大刚

中国人民大学哲学院美学 2007 级博士

愿所有中国人
都能过着自己心中的理想
幸福生活

陈大刚

2009. 07. 08.

秀丽手记

导师的书引我入京求学

　　"腰挎黑包，下巴有胡子"，这是陈大刚给自己的自画像。我按照约定，下午3点准时来到中国人民大学东门，在一块写有"实事求是"的大石头前静静等着本文的主人公。2008年7月的北京雨水格外的多，因为我出门走得急没带伞，只好任由雨丝滋润我的衣衫。正当我猜测着即将采访的人大哲学院美学专业第一位台生博士是哪类型的人时，一位身穿白色短袖衫下穿牛仔裤，手撑一把蓝格花伞的男生健步向我走来，他正是自画像上的男生。我们的访谈是在人大东门内的一家咖啡屋进行的，刚选好座位，一曲优雅的音乐在屋内悄然响起，给这次的采访也增添了一份浪漫，犹如主人公在看似严肃的哲学院里追寻那份关于美的浪漫情怀一样。

　　陈大刚的祖籍是浙江丽水，他的父亲于1949年随国民党军队到台湾，因此他成为在台湾生长的所谓"外省第二代"人。初中毕业后，他进入五年制专科学校读电机专业，担任学校校刊的总编辑。在这所管理严格的学校里，校刊编辑室是唯一不受熄灯管制的地方，他首次接触到人文知识的奥妙，经常与学长学弟们彻夜长聊，对"人"的关怀，对"社会责任"应有的使命感，在他心中悄悄地扎下了根，也成为他一路追寻的方向。服完两年兵役后，陈大刚考入台湾"世界新闻传播学院"攻读电影专业，由电机专业转为电影专业再转到人文思想美学专业，貌似性质迥异的专业，在陈大刚看来却是自己从小就喜欢对人研究的一种延续。

谈到引领他执著追寻学习方向的动力时，他说这源于台湾在上世纪80年代初解除戒严的时候，那时台湾的各大媒体也敢于发出不同的声音，正值青春期的年轻人被升学考试高度压抑的活力情感也希望得以释放。那时的台湾青年仿佛感到自己很多期待的事情突然可以做了，一部关于口香糖的广告片中有一句"我有话要说"的台词反复播放，加上人物形象的夸张表演也正适合年轻人当时被升学考试压得喘不过气的心态，所以那个品牌的口香糖销售非常火爆。陈大刚也为之感动着，他没想到一个广告片在社会上会引起这么大的震动！从而他对广告美学萌发了浓厚的兴趣，他也从中受到启迪，放纵自己的心灵去自由追逐梦想。

恰在此时，一个机缘巧合悄然降临。2002年7月，陈大刚随两岸青年交流团来到上海复旦大学参访，这也是他第一次踏上大陆这块感觉亲近而又陌生的神秘土地，与大陆有一种特殊的情感。

他从新华书店买了本由人民大学一位教授写的关于美学方面的书，仿佛醍醐灌顶，确立了他往后的追寻方向。正是这次上海之行，消除了他脑子里对大陆的模糊认识，去掉了那层神秘的色彩，让他萌生了到中国人民大学读书的念头。

一切天随人愿，陈大刚终于考上了中国人民大学哲学院，读上了美学专业，更为巧合的是，导师正是确立他学习方向的那本书的作者——牛宏宝教授。这一切让陈大刚备感幸运，也让他在这所高等学府里感受到了向往已久的学习氛围，更喜爱北京这座城市。

他说今后希望当老师，教给学生的不只是知识，更有社会责任，让学生们了解到自身的专业对于社会的巨大影响性。如果台湾今后仍不承认大陆的学历，也不会后悔这5年来在北京的学习，毕竟自己总的方向是恒定的，但他对未来充满了信心，因为两岸毕竟都是中国人，有着血浓于水的真情。

他笑着对记者说："我是快奔40岁的人了，大概我的心态年轻吧，我总把美好的东西印在心中，我就感到自己是个非常幸福的人。"

年轻的梦想，年轻的心，记者离别人大校园，走在路口，我仿佛看到这位台湾学子，手捧地图穿梭于大陆城市的各个角落，以满足了解大陆的心愿。

我的偶像是李安

记　者：你在台湾学过的几门专业里，对哪种专业最感兴趣？

陈大刚：我在台湾的专科学校里读了5年电机专业，服两年兵役后，很顺利通过考试，进入台湾"世界新传播学院"（现名"世新大学"）攻读电影专业。我最有兴趣的是"人"，我从十几岁开始，就很好奇人是怎么设想自己的？人对世界的观念是怎样形成的？人为什么会感动？能够感动人的因素在哪里？

记　者：是什么原因促使你选择这种专业？

陈大刚：我读专科的时候，台湾刚好解除"戒严"，那时台湾整体社会经历了一个很大的变化，这种变化最明显的是在传播媒介，报纸、广播、电视媒体等等全部开放了，什么样的声音都有。那时电视广告正在台湾兴起，所以，台湾有几家比较有名的大学开设了广告课程，那时，我很想了解广告为什么在这么短的时间内迅速深入人心，就是想了解人为什么会感动？后来阴错阳差读了电影专业。

记　者：你认为电影专业与你最初想学的有冲突吗？

陈大刚：正好相反，入学后才发现这才是我原先想学的部分。我最有兴趣的是影像的魅力，因为我发现影像可以感动人的能力非常神奇，我想了解影像为什么能够感动人？比如说电视广告影像在15秒到30秒内就能打动人心，然后让这些人心甘情愿地去做一些原先他们感觉很重要但不敢做的事情。当时台湾有一个很有名的"意识形态广告公司"，它的广告理念及制作方式让我们觉得耳目一新。

记　者：它反映的内容有何不同之处呢？

陈大刚：因为时代的因素，台湾的升学考试的压力不比大陆小，正值青春期的人们总是感到压抑的心情需要释放，当时有一个很有名的广告叫"我有话要说"，强烈躁郁的画面叠加着这句台词的大量播放，反映了环境对于人的压抑，就是希望有发泄的机会。这是个口香糖的广告，这种释放压抑情绪的期待在这里与口香糖作了有效的联结，构成非常强烈的认同效果，因此口香糖卖得非常好。

记　者：你看了以后是否对你有很大的触动？

陈大刚：应该说是在接触电影后，才慢慢了解媒介文本的操作过程，那个时候我非常喜欢摄影，跟一些学长拍原住民的纪录片，后来因缘际会，我进入台湾业界非常有名的"阿荣影业"任摄影助理、灯光助理等最基本技术方面的工作。

记　者：你的人生规划又将是怎样的落脚点呢？

陈大刚：我希望自己能成为一位全面的创作者。从事了影视工作，首先关注的重点在影像方面，当时的标杆是张艺谋和顾长卫或是香港的刘伟强，他们都是先做摄影师，之后再延续着当导演的。我当时希望训练自己熟悉所有层面的操作内容，在实际从事导演工作时才能从容地掌握全局。就我所知真正能够做到这一点的人是李安导演，我很佩服他，从制片、技术一直到表演的所有细节能够精准地控制，这是我小时候的梦想！随着年纪的增长，对于现实的体会也愈而明显，我必须考量未来的人生怎么规划。

书缘引我到大陆

记　者：你由电影专业转为对美学的研究，是否成为你寻求的一个目标？

陈大刚：我上大学首次接触到电影理论，才了解西方人在讨论电影作品时所用的方法，是继承了从古希腊以来一路反复锤炼的哲学思维，是对人生现实状态的彻底反省，才体会到人文思想有可能是我应该追寻的方向。经由电影形式，可以更完整地表达出人的深层但又不能言语的感动。这也是我一直寻求的解答，就是"人的感动"究竟是怎么一回事？从艺术学再转向美学，我觉得这是一个递进的过程。

记　者：你说选择来中国人民大学读书是缘分，那是什么样的缘分呢？

陈大刚：我在 2002 年暑假参加两岸学生交流团活动，第一次来复旦大学参观访问，我在上海新华书店买到了一本《西方现代美学》，如获至宝，自从我读了那本书后，觉得美学应该是解决我长久困惑的一条路，就决定报考人大研究生。我考进来很高兴啊，因为被分到的正是那本书的作者牛宏宝导师门下，很感幸运和福分，这是我完全没有预期到的，所以我说这真是缘分。

记　者：在哲学范畴里两岸有一些不同之处，你入学考试时难度大吗？

陈大刚：台湾学生不用考政治，我在小学读生活伦理，中学读公民课，念专科时读三民主义，"国父思想"，讲本质的话都很类似，只是内容不太一样而已。对于一个完全没有受大陆教育的学生来说，如果为考试临时让他生吞一些东西的话，确实是难。我在2002年12月报名，2003年北京发生"非典"疫情，因此考试从4月推迟到8月，刚好让我有更多的时间复习，考试的方式与台湾的方式大不相同，一门要考3个多小时。因为港澳台生的入学考试是所有学校所有专业的博士、硕士集中考试，又是各校独立出题，这种情形下不可能考听力，除英文外，其他三门都是专业科目。

记　者：你现在的导师对你的选择怎么看？

陈大刚：考入人大后，确定了攻读的专业方向，也得到这么好的学习环境，内心确实很激动也很感恩，我的导师很高兴，他也没想到会有一位台湾学生是读过他的书以后才决定要考人大的，导师对我想做的研究方向也很赞赏。

在大陆读政治课

记　者：这5年的学习你感到有压力吗？

陈大刚：基本上还可以，老师上英文课的时候通常都用英文来授课，有趣的是，我们在台湾习惯美式发音，我听不懂英式发音，况且我在台湾读书是没有听力考试的，自身的不足，只有靠再学习来弥补。在学习的过程中，给我印象最深的是，我的宿舍是一楼，窗户外面就是一片绿草坪，像个小公园，每天清晨只要天一亮，就能听到同学们朗读英文的声音，就是这种勤奋的学习精神一直激励着我学习。

记　者：在人大读书，你对上政治课怎么看？

陈大刚：人大的台湾学生可以跟大陆同学一起上政治课，也可以跟留学生一起上政治课。我选修的是"中国当代问题研究"，为我们讲课的都是人大各学院有着卓著研究成果的教授，给我们介绍中国当前的实际状况，使我对大陆有了更深的了解。

记　者：这门课对于研究中国的历史与现状是否有很大收获呢？

陈大刚：收获还蛮多的，我对大陆的认识就是从这门课里获得比较深刻的基础性的理解，让我了解了很多过去不知道的信息。老师很详细地分析大陆如何取得的成就，还讲大陆未来即将面临的经济、环境、人口、农业等等问题，每星期都有不同的老师来上课。我觉得很幸运，这些课让我在短时间内对大陆有比较深的认识，我从来不缺课，因为我很想知道大陆的一切。

记　者：这是你入学以来的必修课吗？

陈大刚：没错，在博士生阶段政治课也是必修的，作为一名博士生确实有通盘了解我们国家现在面临的实际情形的必要性。因为每位博士生都有自己的研究方向，政治课安排不同领域的老师来讲授该学科最前沿的研究成果，对于博士生在基础认知上的培养是很有帮助的。

记　者：你目前的毕业论文主题是关于哪方面的？

陈大刚：我的论文主题是"语境中现代城市的审美表征"，内容主要探讨生活在现代城市中的人，因为审美行为可以让人能够对自身产生肯定作用，这种作用在其他生活领域是很难做到的。尤其在现代城市的运行规律中，人经常感觉到过多的压抑，或者是感到被社会总体的强制力量约束，这种情形下，唯有在审美的过程当中，个人可以拥有一种"唯我独尊"的可能性，人对于在现实中自身被约制的痛苦可以在此获得最大限度的舒缓。

记　者：你是如何看待宗教信仰的？

陈大刚：我是无神论者，我觉得人在当代功能分化的情景下生活，很难去把握自身生存状态的全部内容，很难预估未来会面临什么问题，这种不安感只有借外力的依托稍感舒缓。我认为不管是寺庙还是教堂的信徒都是给自己的心灵有一个极大的安慰感，在心理上有一个寄托时，也能面对日常生活中的无常现象。

达到认知，重在交流

记　者：你的导师是否对你研究的这个课题给予许多的帮助？

陈大刚：我非常敬佩我的导师，他治学非常严谨，也很有针对性。我的思维方式比较跳跃性的，跟我说话一样，想到什么就往那个方向转，没有逻辑性，如果没有一个比较严谨的人文科学思维方式，做学问很可能会导致失败。因此，导师先让我从西方哲学史开始看，像黑格尔、柏拉图等等比较经典的著作，过去我没有这个基础，必须重新建构这种思维，我在人大 5 年的时间其实蛮短的，没有 10 多年的功底，是没有办法快速做到很完整的理解。

记　者：你读完研究生后，为什么没有选择到国外读书，而是继续留在人民大学呢？

陈大刚：我读硕士时，虽然有了一定成果，但我的知识还不够全面，我希望在导师的指导下能够学得更完善一些，我不想中断人大的学习，在北京读完博士，我还可以到国外或在台湾做研究。

记　者：你喜欢研究"人"，你认为大陆和台湾的学生在思维模式上有何不同呢？

陈大刚：我发现能够到北京的大学读书的学生都是各地精英，无论是资质或竞争力都非常强大，这主要是学习制度层层筛选的结果，对台湾学生来讲压力尽管没这么大，但只要共处，自然就会激发学习的动力。这让我体会到两岸青年人的想法都是一样的，包括思维的模式，行事的方法，遇到事情处理的态度都是一模一样的。虽然两岸相隔这么久，都有各自的发展，并形成一些不同的差异，由于种种因素，只能在获取有限信息的情况下，对

彼岸产生一个很浪漫的向往。

记　者： 你在 5 年中要弥补过去未学过的知识，在时间上有规律吗？

陈大刚： 当我来到人大时才发现，学习不是那么容易的事，要重新练英文听力，哲学多半都是大部头的书，一下子 600 页、上千页的书，要读完这些东西我必须从头学，还要面临一个全新的生活规律。比如说在人大上堂课是 45 分钟，休息半个小时，然后再上 45 分钟，到 11 点 30 分就下课，下午是 2 点钟开始上课。中间近两个多小时的休息时间，这在台湾是不可能的事情，台湾的上课形式一律都上 50 分钟，休息 10 分钟。后来才体会到人大课时安排的确合乎实际需求，自己也就适应了。

记　者： 你对自己今后有什么样的期望呢？

陈大刚： 如果撇开具体限制或一些因素，我想做"全球人"，做个"世界人"，从就业的角度来讲，我对人的认知感兴趣，想回学校教书，不单纯教学生们技术或技巧，而是教他们怎样更深入地面对自己的专业，了解自己的社会责任，也可能从事研究工作，我希望能为社会多做点事情。

飞越两岸五年，感受大陆巨大变化

记　者： 来北京后首先让你感受最深的是什么？

陈大刚： 刚来北京时，我对一切都感到很新鲜，尤其我发现在人民大学附近有好多学院。我还发现大陆发展的机会多，能够考到北京读书的同学们学习都非常勤奋，都是各省的状元，过去从没想到各省的状元是什么感觉，相处久了才了解到"优秀"是怎么样的人格特质。台湾地处亚热带，根本没有过冬的概念，到了北京才了解什么是四季分明，才体会到北方羽绒服的妙用。

记　者： 你去过人大附近的一些大学校园吗？给你什么样的感觉？

陈大刚： 北大、清华是很有名的学校，在台湾耳熟能详，所以一定要去看看的。来到北京才发现大陆的大学面积都很大，活动内容很丰富，面对做事的态度或方法比较大气从容。

记　者： 你是否对北京的交通道路作过一番研究呢？

陈大刚： 我的观察还不够彻底。北京非常大，第一次到北京首都机场，我看到的天空怎么这么大！我在台北市是见不到的，那时我暗暗比较过，北京的路好宽，人行道大约是台北市的两倍宽，而到什么地方都很远。因此，出门前一定要规划好路线，估计好时间。我还感到北京的道路交通也有很大的改变，几个城区的规划各有特色。我到天安门广场，才知道广场是这么大！才发现人多是怎么一回事？到处都是来自各地的观光游人，很是热闹，坐地铁时人也非常多。有一次坐地铁，我看见进站口挤满了人，很害怕，以为发生了暴乱，结果一打听，才知道他们都是乘地铁上班。现在想起来很搞笑，因为在台湾只有发生暴乱或游行才会聚这么多人，而在北京上下班高峰时段，人多是很正常的事，看来许多事必须亲身经历了才能体会到。

记　者：你的同学大多来自全国各地，你是否与他们交流时得到一些各地的信息？

陈大刚：每当过完寒暑假，那些来自新疆、内蒙、西藏、四川、湖南等省市的同学回到学校，常用南腔北调的家乡话讲，我发现很多有意思的事，各地蔬菜的名称叫法不一样，譬如说"土豆"一词，在大陆是指马铃薯或洋芋，而在台湾既不是马铃薯也不是洋芋，是指花生，花生在台湾发音作"土刀"，就是"土豆"的意思。我刚到大陆和同学吃饭，他们叫了份土豆，菜一上桌，我一看——不是花生而是马铃薯，吓了我一大跳。他们常讲一些家乡的新鲜事，分享一下彼此的信息。我还有位同学家住新疆，每次来回一趟要坐整整三天三夜的火车，我那个时候真的无法想象，大陆的版图真的好大呀。

记　者：通过这些年的观察，你是否对北京有全新的认识？

陈大刚：大陆的变化不单纯是北京。这 5 年来，每年的寒暑假，我往返于台湾与北京之间，在飞机上往下看，就能够感觉到这种变化很明显。在高山峻岭间的那一个个城市高楼增多的变化，尤其是高速公路的建设非常快速，它直接影响着大陆的经济建设。如今，我注意到内地的铁路已经第六次提速了，加快了各个城市之间的联系。每次我坐在飞机窗口俯视这些山峰脉络，江河湖泊，城市道路时，内心就有许多感慨与启迪，不仅中国地域辽阔，而且中国改革开放的步伐也很巨大，人们的精神面貌一天比一天好，从我所学的专业角度来讲，这也正是人与自然和谐美的一种体现吧。

李文凤：北京中医药大学 2007 级研究生
李旗历：北京中医药大学 2007 级研究生

人生不是棒棒是好球
但能随时准备好，就
可以挥出一记漂亮
的全垒打
08.5.27 文凤

愿天下无灾无难.
同体大慈大悲 无难.
大O温暖人心 O
大O无国界嗬!
2008.5.27 旗历 O
(历)

图片说明：左一李文凤，右一李旗历

同时爱上中医学的台湾姐妹

　　相似的面容，相似的声音，相似的服饰，却表现出了不同的性格，今天记者要面对的是年龄相差仅为 1 岁的台湾小姐妹。她俩有着相同的生活背景，有着相同的理想与志向，先后到北京中西医药大学读书，这在我所接触的台湾学生里面，是唯一一对在京读书的台湾同胞姐妹。

　　在北京 7 年的时间里，妹妹一直踏着姐姐的脚印走，她俩一同走过欢笑喜悦与酸甜，互勉互励互学习，在学习和生活上，她俩也有着与其他来京读书台湾学生们不同的感受。面对记者，姐姐李文凤善谈的言语中透露着成熟与冷静，而妹妹李旗历的言语里有着少女的活泼与幽默，使整个访谈在一种轻松而又严谨中度过。

　　这对同胞姐妹在台湾长大，妈妈是当地医院的护士长，她俩从小常听妈妈说："人难免是要生病的，作为医护人员能为病人除去痛苦，就能给更多的家庭带去欢乐，白衣天使的工作是非常高尚的职业。"看着妈妈每天充实而又忙碌的身影，姐妹俩对从医的职业产生了兴趣，两人先后考入台湾的技术学院念护理专业。

　　李文凤毕业后，面临着工作与继续深造的选择，父亲看出了女儿仍想学习的念头，就鼓励她到北京念书。然而，台湾当局是不承认大陆的学历，将来回台湾工作也难找，她担心辜负父母对自己的一片期望，始终犹豫着。然而，善解人意的父亲对未来充满了希望，他说："海峡两岸交往日渐频繁，北京中医药大学的牌子很硬，国外都承认学历，台湾承认大陆学历只是早晚的事，学费家里还能负担得起，放心去读吧！"

2001年，李文凤在父亲的带领下，第一次跨越海峡对岸，开始了北京的学生生涯，成为第一批正式录取的台湾学生。在港澳台学生班里，她发现有许多和她有着同样想法的台生。在这里，她系统学习了中西医基础知识，也很快适应了这里的环境。每到放学的时候，妹妹李旗历准时从台湾打来电话，询问姐姐在北京的一切，热络的电话传递着姐妹俩共同的兴趣，共同的理想缩短了姐妹俩的距离。当妹妹李旗历专科毕业后，打消了在台湾再学习或就业的念头，也萌生了到北京、到姐姐身边共同学习的想法。父母听了她的想法很是赞同，第二年，李旗历在姐姐的带领下也来到了北京，上了同一所院校。

李文凤大学毕业后，为了把专业再学得扎实一些，2006年先考取大陆中医师执照后，2007年与妹妹一起考上了研究生，两人一门心思学知识。神奇的小小银针吸引了李文凤的注意力，她选择了针灸专业。

因着自己的病情和2003年北京经历的那场"非典"疫情，让李旗历对瘟疫专业产生了兴趣。

姐妹俩在京除了不在同一课堂学习外，几乎形影不离。课余时间，她俩偶尔也去逛逛街，品味一下北京的风味小吃，有时回到台湾为父母炒菜时，才发现自己的口味竟然重了，这才意识到，她们已逐渐适应了北京的生活。

李文凤感慨地对记者说："我们来北京一心想学好医学知识，但令我不解的是，这些年来，周围的人知道我们是台湾人时，就会问许多关于台湾的事，尤其是台湾为何不与大陆统一的问题，让我们很尴尬，我们只是普通百姓，只希望大家的生活过得好就行了，从没参加什么党派。"

她朴实的话语，让记者陷入了沉思：是啊，海峡两岸的人们，都有着同样的文化，同样的习俗，同样流淌着华夏儿女的血液，但是因为历史的原因，使这份亲情若即若离，要想缩短这种距离，还需两岸人共同的努力。

谈及未来，姐妹俩都表达了共同的心声，希望台湾当局尽早承认大陆的学历，对在大陆念书的台生来讲，今后的发展空间也就相对宽些，无论是在大陆还是在台湾，抑或是到国外从事医生这一行，只要能为人们解除病痛就是今生最大的快乐！

认识中医学专业

记　者：你对中医学感兴趣是受家庭的影响吗？

李文凤：我妈是护士长，爸爸是搞建筑设计的。可能是受妈妈的影响吧，我在台湾的技术学院念完 5 年护理专业后，就希望来北京念中医；爸爸也觉得在大陆学中医的效果蛮好，父母也很支持我，我毕业后就选择考北京中医药大学了。

记　者：你作为较早来北京读书的台生，独自在北京学习，当时有顾虑吗？

李文凤：2001 年我接到录取通知书后，爸爸送我过来的，我在港澳台生班，有许多同学是台湾人，没有什么陌生感，我从小比较独立，还容易适应北京的环境。

记　者：你读本科的 5 年里学了哪些课程？

李文凤：很多啊，大一是学中西医基础知识，譬如解剖、生理、生化学课，中医基础学一些诊断简单的知识，刚开始我不能接受用阴阳五行方式，到大二开始接触一些伤寒方面的古籍，才理解了老师以前教的那些基础可以在这方面运用，后来又上临床，学到内、外、妇、儿科知识，不像当初那么彷徨了。

记　者：你觉得这里的学习氛围如何？

李文凤：还好，我在台湾学过护理，所以西医这部分知识很扎实，而中医需要有思考和逻辑，许多概念也要死记硬背。刚开始感觉有些难懂，随着知识的不断积累，年龄的增长以及接触的人和事较多，慢慢有了悟性。我们是老师接收的第一批台湾学生，一开始大家觉得很新鲜，他们对我很好。

记　者：你到北京学习后，与当初想象的有差距吗？

李文凤：还是有差距的，因为在台湾学习时都是很纯的中医内容，在北京就不明白为什么中西医合在一起学了，感觉有点不中不洋的，但后来在学习中才明白，如果中医不接触点西医，病人拿片子或化验单看中医，就很难给病人下诊断，因此学习西医方面的知识也显得很重要。不过，可能大家觉得北京是首都吧，以后台湾比较容易承认学历，所以许多台湾学生都愿意来北京读中医，也造成了临床实习的机会相对比较少，是最初没想到的。

记　者：你们的学习方式是怎样的？你感到有压力吗？

李文凤：研究生除了全日制外，还有走读，有的同学在台湾有工作，平时不来，等到考试时再过来。当然，随着年龄的增长，想到未来的发展，我越读越感到有压力，既然选择了自己感兴趣的专业就要坚持下去，毕竟来这里已经 7 年了，也学会了怎样去释放那些压力。

神奇的银针

记　者：你在实习的时候是什么情况？

李文凤：学医一定要实践。上临床课的时候，有的病人认为我们是学生没经验，不愿意让我们看，老师蛮帮我们的，就对病人讲你不让学生看，他们怎么会有经验？这些学生将来怎么能成为大夫？怎么去给更多的人看病？病人听了也会配合我们。

记　者：你选择针灸专业是否被那根银针的神奇功效所感动呢？

李文凤：是啊！针灸毕竟是中国传统的宝贵医术，在临床实习的时候，我就对针灸感兴趣，它装在小包里就可以随身带走，治病比较方便，不像开汤药那样需要用药方抓药。

记　者：你毕竟是女孩子，第一次练扎针的时候害怕吗？怎样克服的？

李文凤：第一次是给自己扎，我拿着一寸的针犹豫了半天，觉得害怕，后来在手上的合谷穴部位按照要求练习扎，这个部位比较适合练习，只要用的手法正确，就不会产生强烈的后果，不过手上还是流了点血。当然，同学间也互相练习，我记得一位女生在我腿上扎的时候，她一直在大叫，我说你在我身上练习还大叫什么？后来，我就经常在自己身上练习。还好，我在台湾学护理的时候就打针、抽血，没感到怎么害怕，毕竟自己要走从医的道路，就要接触这些东西。

记　者：你在临床实习的时候，病人对你信任吗？

李文凤：上临床课时，要得到病人的允许才可以为她做针灸，大多数扎那些很简单的穴，也有极个别的病人愿意让你扎比较重要的部位，前提是有很多学生在旁边看着，但这种情况很少。带我们临床的老师最大有 50

岁左右，其他负责临床的老师一般都比较年经，他们的经验也蛮丰富。

记　者：生活中，你给周围的病人用针灸治过病吗？

李文凤：有啊，我妹妹就是其中的一位。她到北京后得了荨麻疹，那时候的天气、花粉等情况与台湾不一样，温度在慢慢回升，她手上身上起了一些疙瘩、荨麻疹。她先是找老师为她治，后来我给她扎了好几次，效果马上就出来了，我们觉得很神奇，也不用汤药就能治好病。

记　者：你姐姐给你治疗时有没有害怕过？

李旗历：我在台湾就是过敏体质，这边下雪遇到冷天气，我

李旗历与同学参观北京大观园

身上就痒得受不了，怕痛，就希望姐姐赶快把我的病治好，扎了几次后效果明显好转。现在我也学医，自己配些中药喝，泄了热，很快就不痒了。

记　者：也正是因为治好你的病才坚定了你学中医药学的信心吧？

李旗历：是这样的。我们来北京学习，感到收获很多，也就有了再继续深造的念头，去年又开始继续读研。

记　者：实习期间，当你独自面对病人的时候，你会怎么处理？

李文凤：我在第五年实习的时候，是在针灸门诊的抑郁失眠专科。有个病人在精神上有点问题，我在给他扎针的时候，他突然大哭，我挺害怕，愣在那里，然后壮胆问他为什么哭，他就一股脑儿地给我说了许多事，我就一直安慰他，对他说："没事了，没有什么的。"他就不哭了。我觉得他没有什么害怕的，因为他不仅要解除身体上的痛疼，也需要精神上的抚慰。

记　者：你考医师资格证书的时候，有哪些过程？

李文凤：去年7月初考临床技能，7月中下旬就放榜，若通过考试就能参加9月份的笔试。它是分两大阶段考，因为第一次综合考试分三个小关，有实际操作、写病历，还有考官直接抽到病历让考生回答。西医部分不太

容易，有些用药跟台湾不太一样，而且西药一直在更新，所以要不断学习，考试时还是挺紧张的。

记　者： 你们姐妹俩都选择了来北京读书，对于将来会有什么样的定位呢？

李文凤： 我们也想过，若当地有医院愿意聘请我，就留在大陆发展；如果台湾能承认我们的学历，当然回去工作更好，毕竟在台湾长大的，离父母也很近。不过计划永远赶不上变化，只有看以后有什么变化了。

"非典"对我的启示

记　者： 你来这个学校学习，是否受你姐姐的影响？

李旗历： 对啊，我们应该都是受父母的影响吧。我姐先来北京的，爸爸说姐姐念得也不错，就让我也过来了。现在我就是她学妹，她是我师姐，如今我们又读研究生，现在我们选择的专业就不一样了，过去我都是用她的课本。姐妹同学一个专业的好处就是姐妹同用一套书。

记　者： 你为何不跟你姐学针灸而是选择温病学专业呢？

李旗历： 2003年，北京发生了严重的"非典"疫情，那时大家都很害怕，爸爸妈妈很担心，希望我们快点回去，4月底我们很顺利地订了机票经过香港转飞台湾了。正是因为经历了"非典"吧，还有自己曾经得的荨麻疹，加上全球趋于暖化，跟台湾气候很像，潮湿易有瘟病发生，我就希望自己在这方面要有所突破，后来我就选择了这个专业。

记　者： 看来你学这个专业与治你的病也有直接的关系。

李旗历： 2004年我因荨麻诊引起整个脸肿起来，我去北京中日友好医院打了两次针，肿是退下来了，但全身余症不断，一直搔

姐妹俩与英文老师合影

痒。刚好我在上温病课，就去请教我的老师赵炎松，他慢慢帮我调理，很快有了效果，从此让我对这个专业更有兴趣了。大学快毕业的时候，我去找老师说我对温病学蛮有兴趣，读研究生时我就选择了这个专业，我的老师对这个研究比较多，还发表了许多这方面的文章。

记　者： 你学这个专业是怎样的过程？

李旗历： 我们是参照古书再接触一些病人，实践中我才感到老祖宗留传几千年的方子还是有一定道理的，这是它没有被淘汰的原因。其实瘟病不只治单一的病，温病学包括的那个科系太多了，如果你今天发烧感冒了，用温病学的理论治也可以。

记　者： 既然温病里面的领域这么多，你最关注的是哪方面？

李旗历： 我觉得近年来女人在妇科方面的疾病比较多，而皮科是因为自己有过敏性体质的关系，所以我比较有兴趣的是妇科和皮科。像上次我遇到一个鼻炎的病人，我去翻古书，才明白还可以用这些药医治，就去临床实验，他吃了几副药后有疗效了，我很高兴。我要想成为一名有经验的中医师，就要从临床中多多吸取一些教训，总结经验，然后不断去创新。

融入北京生活圈

记　者： 你们姐妹俩在同一所大学读书，是不是感到有一种依赖感呢？

李文凤： 我俩为了生活上的方便，在外面租房子，遇到的房东挺好，这些年只换过一次，开奥运会时，别人租的房价涨了，但是我们的房东没涨，对我们非常好。其实我们在北京人生地不熟的，遇到难题，唯一的办法就是找房东。如果房子出了问题，打个电话他都愿意帮忙，我们也确实需要有个依靠，遇事能互相商量。

记　者： 如果在学习或生活上遇有不顺心的事，你们如何处理？

李文凤： 旗历刚来时，班里有100多人，各地的人都有，难免会产生一些矛盾。她年龄小，对一些事感到很困扰，回来后就跟我讲，我就以自己的体验开导她。

记　者： 你们姐妹俩也闹别扭吗？

李旗历： 哈哈，其实都是生活的小细节，也没有什么啦。

李文凤： 是啊，都是一些小事情，我是当姐的，所以出来的时候爸爸、

姐姐与同学在司马台长城合影

妈妈、爷爷、奶奶都对我说妹妹年龄小，要多照顾她，但我只比她大1岁，又不是说我比她大许多岁，干嘛一定要让我管她呢，我就觉得很委屈。当然，都是一些小事情，过去了也就没事了。

记　者： 在你的印象中，你姐姐为什么训你？

李旗历： 我姐一般都是有事情才会训我，比如说我们每天都是轮流擦地板，该我拖时我不愿动或者动作慢一点儿，她就会骂我不勤快了，其实她是希望我做好。我懒洋洋的不想理她，感觉她像妈妈一样管着我，其实我们属于越吵越好的哪种人，不会因为一点小事而伤感情。

记　者： 你们在北京这么多年常想家吗？会选择什么样的方式化解呢？

李文凤： 当然想了，第一年的寒假我没有回家，感到挺伤心的，哭得还蛮长时间，就想着要是有父母照顾就好了。妹妹来北京后好多了，有时候约几位台湾同学一起吃吃饭，聚一聚，也挺好的。

记　者： 下课后，你们姐妹俩的时间怎样安排？

李文凤： 我们下课回家做饭，看看电视，看看书，然后就休息，因为第二天要上课。只有周末偶尔逛逛商场，或是大家约在一起逛逛街，如果发现哪家餐馆不错，就去吃些东西。学生的生活很简单，我们大部分时间用在学习上。

记　者： 你们喜欢看哪些电视节目？

李文凤： 我们喜欢看大陆的一些电视剧，像电视连续剧《大宅门》拍得就很好，不过我们也爱看电视里介绍一些生活化的东西，还有美食节目，教如何做菜。

记　者： 看来你们的自理能力还很强的。

李文凤： 还可以吧，爸爸第一年送我来至今，再也没有来过，对我们完全放心。以前在台湾时，妈妈、爸爸下班回来比较晚，我的学校离家较近，下学后我回来煮饭，他们回家就能吃上饭了。

李旗历：我 15 岁就离家在外面读书了，我到北京念书有姐姐相伴很快就习惯了，就是北京气候比较干，冬天比较冷，容易生病，其他还习惯，就是刚开始吃的口味不习惯，时间长了就适应了。有一年我回台湾煮饭，爸爸一吃就说怎么这么咸，妈妈尝后也说太咸了，说我打死卖盐的了，但我觉得不咸，哈哈，可能自己吃惯北方菜了吧。

记　者：你们在学习或生活上与大陆的学生交往多吗？

李文凤：不算多，因为我们都在港澳台班，只是偶尔有交往。大陆学生对我们挺友善的，不过在生活中，我们不敢说自己是台湾人。

记　者：那是为什么呢？

李文凤：我们上街买菜或买衣服，他们会问一些让人难以回答的问题，比如问我陈水扁怎么怎么的，台湾与大陆统一的话题，其实我们只是来学习的，根本没想那么多。我们不晓得怎么回答，回答不好，又怕对方反感，后来再有人问我们是哪里来的，我们就说从南方来的，是福建人。

记　者：其实大陆许多人见到台湾人，关心的话题是台湾能否早日与大陆统一，并没有别的意思。

李旗历：可能是两岸的人们还缺少了解吧。我真的只是来读书，不关心政治上的事。作为台湾老百姓最关心的是能吃饱、穿暖，能安居乐业就好，根本没有什么政治色彩。我跟那些大爷大妈很熟了，我就会告诉他们，其实我们来北京学习，喜爱中国传统医学，本身就说明了我们的观点。

常怀一颗慈爱的心

记　者：多年来，你们是否也感到逐渐融进了这个城市？

李文凤：差不多啦，就像汶川大地震，我们学校的台生和大陆学生一样全都捐款了，很多人都希望去灾区做些力所能及的事，尽管我们上学都是用爹妈的钱，不能为灾民捐很多的钱，但是我们真的很关心他们。我们还去当地的慈善机构参加祈愿会，许多人在一片点燃的蜡烛周围静静为灾民祈福，感觉就是一家人。

记　者：你们经常参加这个慈善机构搞的活动吗？

李文凤：没有，因为我们上了一个星期的课，也挺累的，大多数时间呆在家里休息。这个慈善基金会是由台湾人组织的，不定期举办一些活动，但我们从不张扬，因为觉得帮助人本来就是一件很快乐的事情，比如说他们组织去当地敬老院或孤儿院，也去乡下做一些做善事，我心里就是想着两岸要很好地相处，我们都是中国人。

李旗历（右一）与同学毕业合影

记　者：那你俩跟这个机构做了哪方面的事呢？

李文凤：譬如，我放寒假前跟他们去河北涞源，为一些贫困地区农民发一些米、面粉、棉被和衣服什么的。还有一些义卖活动，像每年快到端午节时，要包粽子义卖，把所得的捐款用来做善事，要援建一些希望学校等。

记　者：在北京这么多年，哪个景点给你们留的印象最深？

李文凤：那就是2002年的冬天，就是在特别冷的时候干了一件很特别的事情。

记　者：什么事这么特别？

李旗历：就是在超级冷的天气里踏着雪跑到八达岭长城玩，哈哈。

记　者：你们在那种天气里爬长城还挺有个性的嘛。

李旗历：超级高兴耶！我们就想找那种感觉，在台湾下大雨甚至刮台风对我们来说都不是稀奇的事情，但下雪对我们来说就是很稀奇的事情，也许是每个地方的气候不一样会有一种新鲜感吧。我记得那天有位电台的主播在做节目，她看到我们在堆雪人，打雪仗，非常兴奋的样子，感到不可思议，我们对她说台湾人就是想体验过去没有体验到的感觉。

记　者：是否也感受到了雪中长城的雄伟壮观呢？

李旗历：对呀，我们在长城上奔跑，不觉得雪会下得那么深，脚一踩就过膝盖了，很疯狂地玩，还拍了许多照片，感到此刻长城真的很壮观很美，很有威武银龙的气势，我们也感到在北京读书真是件很快乐的事情。

记　者：嗯，愿你们在快乐中不断成长！

姐妹俩与同学一起庆生日留影

邱慧君

中国艺术研究院研究生院艺术管理 2007
级博士生

邱慧君
2008.6.27

秀丽手记

翰墨丹青渗吾心

　　认识邱慧君真是一种缘分，2007 年我在中国美术馆举办的画展上与她偶然相遇，我们聊得比较投缘，她说她经常在北京观看展览，感到北京的文化氛围很浓。当得知她是来北京读书的台湾学生后，我就希望以后有机会采访她。当我决意动笔写这本书时，恰好中国艺术研究院的一位导师也推荐了她。

　　当我们又一次见面时，谈起绘画艺术，也很快拉近了我们的距离。一年未见，她仍然那样矜持，一双明亮的眼睛充满着睿智，身上洋溢着艺术家的儒雅气质，整个访谈中，能感受到她的沉稳与机敏，以及对艺术的热爱，对自己将要从事的行业充满激情。

　　邱慧君在台湾出生长大，祖籍是广东梅县人，按祖谱讲，她应该是第23 代了。她妈妈是一名小学美术老师，也许是受妈妈的影响，邱慧君时常被那些优美的线条、绚丽的色彩所吸引，也唤起她对美术的兴趣。妈妈从未对她刻意要求什么，她也从没想过长大要当画家，只是喜欢用手中的画笔画出美丽的图案来，从中感受美的乐趣，她第一次在县里参赛，就拿了第一名的好成绩。那次好成绩成了促使她喜欢美术的动力，她以优异的成绩考入了台湾师范大学美术系，毕业后当了一年的老师，她又把目光瞄向了北京——中央美术学院，凭着不懈的努力，终于成为学院水墨人物专业的研究生。

喜爱美术成为她生活中最大的乐趣，在美院学习的日子里，她的画技也得到了很大的提高，把绘画基本功练得更加扎实了。当邱慧君从中央美院毕业后一年中，静坐家中作画的她，感到这不是她想要的生活，她还年轻，还有朝气，应该到外面多跑跑多看看，还应该继续学习。当她得知中国艺术研究院招收台湾学生时，她欣喜若狂迅速进入考试准备阶段，这一次她又成功了，成为研究院第一批正式招收的台湾博士生，但她的专业不是继续学画，而是转为艺术管理。

当我问邱慧君，这种转型是否突然时，她笑着说："我从小喜欢喜欢画人物，喜欢观察人，喜欢与人打交道，而学习艺术管理正是学绘画道路的一个延伸；况且我还年轻，还有精力在外面跑，等年龄大了后，我是不会放弃画笔的。"

轻松的话语中透露出她对艺术执著追求的韧性，她的足迹几乎遍布祖国大江南北，她被大陆的秀美山河吸引着，震撼着！正是怀着这份热爱，她希望能留在北京，即使当不了国画家，也要从事一项与艺术有关的行业。她也由过去单纯看画展，转为对各种展览的考察，在一些文化氛围浓厚的城市里留下了她忙碌的身影。

当邱慧君谈大陆的变化时，她的情绪立刻激动起来，动情地说："我上高中的时候，爸爸跟北京一个体育学校做交流活动，也带我第一次来到北京，那时感觉还可以，而如今因为办奥运会，空气质量明显好转，道路交通等方面变化非常大，不过我现在上街买东西也学会了搞价钱噢。"

看着她调皮的笑容，我想：是啊！正是北京一天比一天变得更美好，也让许多人爱上了这座城市，并逐渐融入这座城市。

邱慧君深有感慨地对我说："2008年的中国是个多事之年，南方城市遭遇雪灾、汶川突遇地震。还要举办世界瞩目的奥运会和残奥会这一系列的大事，也让我真正感到中国人的力量那么大，这是我过去从没想到的。大家真的很团结，一方有难八方支援，我和研究院的师生一同捐画、捐钱，那种场面让我很受感动，人最本性的东西都毫无保留地在那一刻流露出来了。"

临别时，当我让她在签名册上写一句感言时，她略作沉思只写了自己的名字，她说："就留一个空白吧，一切尽在不言中。"她还挺有个性的，也许再过多年后，她会踏踏实实走出一条自己喜欢的道路来，犹如在即将展开事业的白纸上有待于她的挥洒。

学水墨画就要追根溯源

记　者： 你从小就对美术有一种特殊的偏好吗？

邱慧君： 我小时候兴趣很广泛，跟其他小朋友一样参加美术、音乐、舞蹈之类的才艺班学习。我妈妈是小学美术老师，在她的影响下我对美术更感兴趣一些。

记　者： 你学美术的时候，你妈妈对你要求严格吗？

邱慧君： 没有，妈妈让我们比较自由地去玩去画，她的教课方式从不规定学生必须要画成什么样子，我觉得这样能让学生有一个自由发挥的空间。我上小学时，按照老师教的那样画国画，没想到第一次参赛就得了全县第一名，后来因为要升学没有再画。其实我的文化课都蛮好的，1997 年考入台湾师范大学美术系。

记　者： 你读大学的时候是不是也参加过一些绘画比赛呢？

邱慧君： 参加过，我好几次拿到新竹县第一名，绘画类的奖学金也拿过。那时候我没想过一定要拿奖，也从来没有想过今后要靠这个过日子，所以有这样的比赛就参加，不是很刻意去想今后要达到什么样，通常都是我父母或我看到有比赛启示，我就参加了。

记　者： 你选择读美术专业，是否想过要当一名专业画家？

邱慧君： 没想那么多，因为妈妈以前对我说过，在台湾要想成为一名职业艺术家是很困难的，那时我想毕业后还可以当老师。

记　者： 是什么原因让你选择到大陆深造呢？

邱慧君： 2001 年大学毕业，我拿到老

在研究院的艺术展览上留影

师资格证后，在台湾的一所中学当美术老师。因为我在大四的时候拿到毕业展第一名，对我来说是一个蛮大的鼓舞，我感觉在画画上还有潜力，还应该继续深造，尤其是中国水墨人物画，根在大陆，也就萌生了来大陆学画的想法。

记　者：中央美术学院是众多美术爱好者梦寐以求的高等学府，你在考前是否做了充分的准备呢？

邱慧君：考试的前半年，我特意去中央美院看了一下，发现这里跟台湾的要求不一样，中央美院要求考生有非常深厚的素描基础，在台湾对这方面相对比较差一些，不夸张地说在大陆随便找一个学美术的人，都能把素描画得很好。那时我觉得挺难的，也挺害怕的，就找了一位美院的研究生教我画画，还好我的运气不错，遇到的几位美院学生都很热心。

记　者：看来你考中央美院的决心还挺大的！

邱慧君：对，我在中央美院附近住了大概两个月，白天黑夜学画画，那时候我就想着一定要考上，要从台湾的环境里走出来，要到外面开阔一下视野。后来我也去旁听一位研究生导师的课，他在绘画上也常常指点我，我的进步也很快。经过考试，我于 2002 年 7 月终于成为中央美院的一名研究生，我是水墨人物专业中唯一一名台生。

喜欢做与艺术有关的行业

记　者：在中央美院有许多知名的教授，他们是不是对你也产生了较大的影响？

邱慧君：我的导师李少文对我影响蛮大的，他博才多学，除了绘画以外，还天天练气功、唱昆曲等等，其他专业他也接触，跟其他专业的大师关系都很好。他上课从不直接教我们怎么画画，而是打破原来的概念，讲科学、讲宇宙中的道，让我们去思考。这种思想对于学画画是一种启发，我觉得这对研究生的学习很重要，绘画技巧只要经过努力都能提高，而思想不是通过努力就可以领悟到的。

记　者：你那时一直朝画家的方向努力，当考上研究院后为何又转学艺术管理专业了？你觉得这种转型和自己最初的想法有矛盾吗？

邱慧君：其实不矛盾，当时我从中央美院毕业后，那段时间呆在家里画了半年，有一天我觉得不能再这样下去了，我还年轻，应该多跑出去看看，我想继续念书。那时我听说中国艺术研究院招收台湾学生，就去看了一下，感觉挺好的，并开始为考试做准备，选择专业时，我感觉只要与绘画有关的专业都有兴趣，就选了艺术管理。

记　者：凭着感觉走，看来你想学习的念头还挺强的！

邱慧君：其实我对艺术管理一直关注的，我比较喜欢跟人接触，希望让自己多一些生活经验，所以转学艺术管理。

记　者：你到研究院感觉这里学习的氛围是怎样的？

邱慧君：研究院是一个蛮特别的学校，我们博士班有30多人，大部分同学是在职的，他们原本就是在各个领域非常有成就的人，好多人在国内都是很有名气的学者。我觉得研究院是国内非常好的研究机构，尤其是各类艺术有很多的共性，上课时，同学们一起互相激励互相学习，彼此之间的交流很多，我感到在研究院学到了很多很多。

记　者：你选择艺术管理专业对自己的将来是不是已经有了定位呢？

邱慧君：原来没有想那么多，只有一个大概的方向是我想做与艺术家、艺术品和市场这方面有关的，这些年我对这个行业也有所了解，希望自己将来也要从事这方面的工作，为一些艺术家的交流起一个沟通的作用。

在三百多场展览中，感受大陆文化氛围

记　者：在研究院有很多艺术层面的交流，你是否经常参加呢？

邱慧君：研究院这方面的活动很多，比如说我的导师是做非物质文化遗产保护工作的，去年在成都举办的"国际非物质文化遗产节"和6月10号遗产日的珍稀遗产展演，这个机会很难得，我也参与了这两个大型的活动。在成都的活动之余，老师带我们参观了"三星堆"以及川剧团的演出，还领略了当地的风土民情，这是了解大陆文化一个非常好的机会，我觉得研究院有这种资源非常好，也让我受益很多。

记　者：那次在四川呆了多长时间呢？

邱慧君：在成都呆了一个多星期，后来我自己留下来去重庆考察，还专程去了一趟四川美院，因为从四川美院毕业的学生几乎主宰了当代中国艺术的半边天，我想去看看它的魅力是哪些，找川美的学生聊一聊，为什

么会有这种现象，同时还想看看他们的教学情况是怎样的。

记　者：罗中立校长的油画《父亲》曾在当年很轰动的。

邱慧君：我见到罗校长了，好像在美术馆还看过原作，那天学校正在办展览，看到他挺忙的，就没去打挠。我主要是找学生聊，因为学生聊得比较客观些，可以了解到更直接的东西。

记　者：你现在看展览与过去学画的时候看画展有什么不同的心态吗？

邱慧君：现在看展览的方式和目的与过去是不一样的，以前看展览只是想看看别人是怎么画的，如今跟同学一起看展览时，我会想今后自己要是做这个展览应该怎么做，这个展览有哪些地方可以改进，有哪些地方是不足的，哪些地方是可以学习的，我会把展览全过程记录下来，分析它成功与失败的原因。

记　者：这些展览都是与绘画有关吗？

邱慧君：不一定只看绘画艺术展览，现在已经有越来越多的品牌在做跟艺术靠近的活动或者展览，像这种展览有些东西是可以抽到一些元素，将来我们办展览的时候是应该学习的，从其他方面的展览也可以学到一些东西。

记　者：到目前为止，你共看了多少场展览呢？

邱慧君：我从去年到现在至少看了300多个展览，每周末我必去一次北京"798"艺术工厂，那里的展览非常多，只看自己感兴趣的一次至少也要有10个，展览的作品大部分是油画，现在也有摄影、雕塑、国画等等，都是以现代风格为主。在"798"周围也有很多不错的画廊，像芳草地、陀房营等望京一带地方，也会举办许多不错的展览，还不包括我去上海等文化氛围浓厚的城市看展览，数量真是难以计数的。

在研讨会间隙留影

记　者：你看过这么多的展览，对你的学习也起很大作用吧？

邱慧君：是啊，这与我的专业有关。有时候用一整天时间看画廊、看展览，跟许多人交流，我也逐渐了解了这个行业目前的现状，它所遇到的问题是什么，也让自己明白今后应该如何去做，所以我的毕业论文主要是写艺术和企业结合以及合作方式。我觉得目前在大陆去展馆观赏艺术的观众还是少数的艺术爱好者，或者是艺术家之间彼此的交流，我觉得可以通过一些方式把艺术范畴往外扩，让更多的人来接触艺术，这就是我想做的事情。

记　者：在学习及看展览之余，是否去这些城市旅游呢？

邱慧君：我去中央美院之前，跑的比较多一些，大陆的旅游城市大部分都去过，边旅游边写生，像云南、贵州、广西、济南、黄山、张家界，东北一些城市都去过，如今，我去上海、深圳等城市看展览都是以考察为目的。

记　者：你在看展览时，是否感受到了北京及一些城市浓厚的文化氛围？

邱慧君：每一次都有或多或少的收获，我觉得在这里可以做很多除中国之外任何地方你做不到的事情，这也是我想继续留在北京一个很大的原因。

中国艺术走向国际市场化

记　者：你觉得艺术展览与商业运作是否有着密不可分的联系？

邱慧君：我看了那么多的展览，就是想迅速了解这个行业，因为展览是一种非常商业的方式，展出的作品大部分都是现在市场比较当红好卖的，所以在看展览的过程中就会知道谁最红，哪些展览品最好卖，我觉得这是当代艺术非常有活力的表现。通过看展览能及时了解这个行业的最新动态，才可以从中嗅到一些未来的发展趋势，我才能做一些别人没有做过的东西，这也是我看展览的真正目的。

记　者：你在观展览的时候，是否会选择传统艺术或者当代艺术？

邱慧君：我看一些商业的，也看一些传统的，不过当代艺术比较吸引我。尽管当代艺术火热，但那是因为市场的因素，有相当一部分人也只接受传统的东西，他没有办法接受现在这种当代、前卫的东西，其实出现了新的艺术，传统的艺术还是会保留下来，并被很多人能接受的。

记　者： 在当代艺术日趋火热的情况下，你觉得传统艺术是否会受到一些冲击？

邱慧君： 我觉得这种现象很正常，也没什么不好，因为现在社会就是多元化的，都会共同存在的，没什么绝对的。我就是想做好自己感兴趣的那部分，如果我以前做传统，现在改做当代艺术，这并不表明我把传统的丢掉了，只能说我对新的艺术东西感兴趣，不过我还是很喜欢中国传统的艺术，对中国传统艺术非常尊重，也许当代艺术做腻了还会做传统的。

记　者： 你觉得中国的艺术市场空间比较大吗？

邱慧君： 其实大陆艺术市场空间很大，我觉得在大陆的艺术圈非常自由，感觉做任何事情都做得很有意思，能放得开，束缚较少，所以才有那么多的外国机构想到中国来，这不只是市场的因素。

记　者： 近年来，中国的艺术品在国际市场有一定影响，你能解读一下这个现象吗？

邱慧君： 都是非常有影响的，而且现在全世界都想往中国靠拢，我听说有很多的国外收藏机构、美术馆以及私人收藏家在做中国当代艺术的系统收藏，大陆的许多艺术家在国际市场影响已经非常大了。我想它的原因是因为如今中国很强大了，如果谁想做世界艺术史的收藏，就不能避开中国当代美术史，否则 21 世纪的世界美术史就不完整了。

两岸美术界的交流

记　者： 这些年来，许多台湾的艺术家来京办展，你觉得他们在向人们主要展现什么？

邱慧君： 我觉得有许多台湾优秀的艺术家虽然有名气，但是他们在台湾的市场不像在大陆这么大，所以他们很想找到自己的一个符号，我认识的一些台湾艺术家有的已经四五十岁了，还一直很努力地去创作、想努力改变、去突破。而大陆一些比较商业的艺术家，就不那么去求变了，但我相信大陆的艺术家一直在反省这个问题，也有改变的趋势。

记　者： 两岸的艺术家毕竟生活环境不同，你觉得他们的作品在选择主题和表现手法上区别大吗？

邱慧君：我觉得台湾的艺术家比较关心自己，有可能秀秀自己的某种小情绪，就像人们讲的有点小资的那种感觉。大陆的艺术家可能会关心国家和政治，感觉他们想的比较大、比较远，我觉得这是一个比较大的区别，在表现手法上没有太大的区别。

记　者：你在研究院是否也参与过两岸艺术界的研究交流活动？

邱慧君：因为两岸的教育界对各自的教育制度蛮感兴趣，研究院跟台湾师大也常做一些交流。在2007年底，研究院就做了一次两岸的艺术的大型交流展，我也跟着去帮忙，如果研究院的一些画家去台湾做展览，我也会帮忙牵线搭桥的，给大陆的朋友介绍台湾。我向台湾的艺术家介绍大陆的艺术环境，包括台湾的朋友过来，我也会向他们介绍一些大陆目前的发展现状，因为没有来过大陆的台湾人的确很不了解大陆。

记　者：你作为在北京学艺术管理的台湾学生，今后是否想为两岸艺术交流做点事？

邱慧君：那是肯定的，一定要做的。我熟悉一些长期在大陆居住的台湾艺术家，这些年我还认识几位从事新媒体艺术非常棒的台湾艺术家，只要有人需要我帮什么忙，我都尽力的。其实台湾的艺术家也蛮喜欢来大陆写生交流，一些台湾的年轻艺术家只要有机会受邀请，都希望能过来看一看，走一走的。

记　者：你觉得两岸艺术间的频繁交流是否也离不开双方的共同努力？

邱慧君：对对，近些年来两岸交流非常的频繁，我知道的视觉艺术交流，像文艺表演、文化交流及其他艺术活动非常频繁，这些活动大多建立在两岸合作的基础之上。比如说去年在北京故宫演出《韩熙载夜宴图》的台湾汉唐乐府表演团，能取得如此大的成功，也得到了大陆非常多的支持，如果没有这些支持的话，是很难完

在研讨会上与研究院教授合影

成的。其实两岸很多的艺术活动都是在双方努力下一起完成的。

记　者：也正是通过多方面的交流，两岸的人们相互间才能加深了解，你对将来的发展也有一个好的期待吧。

邱慧君：对，对，是这样的。

林佳瑾

中国音乐学院国乐系 2005 级研究生

人生有夢
築夢踏實
夢想成真

愛琵琶の爬坡人
林佳瑾
pipa Lin

秀丽手记

跨越海峡，琵琶结下师生缘

2008 年 5 月份，林佳瑾正忙着毕业论文、毕业音乐会，我从电话的声音里就能感受到南方女孩的执著、婉约及北方人的直爽。一想到她是学琵琶的，就让我想到白居易的名篇《琵琶行》，想到意境悠远的琵琶名曲《春江花月夜》，心中顿生美好之情。

在林佳瑾开完毕业典礼后，我接到了她的电话，仍能听出她还未散去的兴奋与激动，她说专场音乐会很成功，论文也 OK。哈，怪不得呢！记者按约定时间，来到中国音乐学院，叩响了她居室的门铃，她是一位身材修长足有 1.83 米高的美丽长发女子，她穿着平底拖鞋依然高出我两个头，尽管她没有篮球运动员的体格，却有着时装模特的风采。不知何故，竟然与她没有什么隔阂，她热情地招呼着我。

她将了将额前的秀发，我看到她那双纤细灵巧的手指肚上磨出一层厚厚的茧，可以想像她为了痴迷的琵琶所付出的努力，而她毫不在乎地说："当年老师说我的手特别适合弹琴，没想到竟然迷上了中国传统乐器琵琶。要想弹好就要下功夫，世上可没有不劳而获的事！"

林佳瑾很健谈，她是台中丰原人。据她父母讲祖籍是福建，但她常常问妈妈祖先的祖先是不是有北方人的血统，要不自己怎么总是直来直去想说什么就讲什么。哈，她还挺幽默的。

　　小时候，林佳瑾就表现出与同龄孩子的不同，因着遗传的原因，她的个头比伙伴们高出许多，她的手比较长，有着弹琴的先天优势，因此，在少儿时代，她就拿成年人标准格式的琵琶学习。一直从高中音乐班考入台湾艺术大学，依然离不开琵琶。因着她出色的成绩，被留在大学担任助教。

　　那段时间，林佳瑾的父亲身体不太好，她只好放弃那份工作回家尽女儿的一片孝心。由于家境不富裕的原因，她在照看父亲的同时，经过考试到一家保险公司工作。日子一天天过去了，她每天要忙于业绩和客户交谈等杂事，家中经济虽然有改善，但佳瑾发现这不是她想要的生活，没有琵琶的日子会让她的生活缺少色彩，她决心在台湾考研，不能荒废自己的学业。

　　一切皆为缘，2003 年的一天，林佳瑾得知来自大陆的中国音乐学院国乐系教授杨靖赴台湾演出，这个消息令她喜出望外，她大着胆子找到了杨靖，并说出了自己想到北京跟她学琴的心愿。杨老师当场认真为她指出演奏中的不足，也正是那次老师的热情给佳瑾留下了深刻的印象。2004 年 6 月 22 日，在林佳瑾的父亲去世一周年后，不顾家人反对，她跨越海峡来到北京求学，也正是与琵琶结缘，才让她又幸运地赶上学院招收港澳台研究生，才有幸在学院更全面地了解中国传统乐器以及传统音乐。

　　谈到导师杨靖，林佳瑾的话格外多，眼里也闪现出一抹兴奋的神情，几乎她的每句话中都会提到她的导师，正如她所讲，导师是她人生中最重要的人，是她在琵琶路上的引路人，是她生活中的知己；喜欢老师的音乐，崇敬老师的为人，也让她在音乐的海洋中视野更加开阔。

　　这位追求琵琶艺术的台湾女孩，带着痴迷中国民乐的梦想，带着对中国民乐的热爱，带着求艺的那份执著，历经 3 年多的刻苦学习，在她毕业音乐会专场上，终于赢得众人的热烈掌声。

　　她与记者聊到兴致处，林佳瑾拿起琵琶，根根琴弦在她灵巧的双手拨动下，美妙的旋律顿时荡漾满屋，真是琵琶声声惹人醉啊！

　　采访结束，我们来到大街上，她修长的身材很快赢得 100% 的回头率，我问她："你常常能感受到这样的目光吗？"她耸耸肩笑着说："好像是吧，我已经习惯了。"

　　艺无止境，面对未来，林佳瑾不知道会有什么样的机遇和挑战等着她，但她乐观的心态足以说明一切，看着这位率真的女台生，记者暗自祝她在琵琶的世界里，愿她也能赢得百分百，愿她回到台湾，做一名辛勤的园丁，浇灌出无数鲜艳的花朵来。

带着琵琶赴京求学

记　者：当年，你在台湾读完大学，有一份不错的工作，是什么原因让你萌发了来大陆深造的念头？

林佳瑾：我过去也没想过来北京读书，完全是一种缘分。我读大学时买了中国音乐学院杨靖老师弹奏的 CD 琵琶曲，听后特别感动。巧的很，2003 年底，杨靖老师到台湾演出，我很激动打电话问老师能不能见我，能不能教导我，没想到她很爽快就答应了，我跑到那家宾馆去面见老师。

记　者：你跟她见面的时候，她在现场给你指出不足之处了吗？

林佳瑾：有啊！其实我也是教学生的人，也希望教一些有发展潜质的学生。那天，我弹了一曲《春江花月夜》给老师听，经老师指点后，接着我再弹琴，就与以前有完全不一样的感觉，那时我就跟老师说想到北京学琴的愿望。

记　者：正因为你得到杨老师的点拨，才让你产生了到北京读研究生的念头吗？

林佳瑾：那时候，我并不知道中国音乐学院招收台湾学生，本打算到北京跟杨老师只学半年，再回台湾考研究生。2004 年 6 月 22 日我来学院学了半年，刚好赶上学院招港澳台的研究生，能在这所学院读书当然是我梦寐以求的事，因为我第一次走进校门时，就被门前一大片草坪吸引了，完全被美妙的音乐包围着，很让我陶醉。不过我觉得大陆考研竞争大，担心自己考不上。老师知道我的顾虑后，就鼓励我，做事情有信心才可能成功，如果连尝试的勇气都没有，又怎能谈成功呢？听老师这么说，便开始投入紧张的

与中国音乐学院金铁霖院长合影

复习中。

记　者：能谈谈当时考试以及被录取的情形吗？

林佳瑾：我是 12 月份在学院直接报名的，2005 年 1 月份跟大陆学生一起考文化课，有中文，英文笔试、英文口试、英文听力，然后还有音乐的文化课，就是音乐分析、作品分析，然后中西音乐史，等等。内地生专业考试已在 10 月份考过两个阶段了，而港澳台的专业考试是在 1 月份独立考试。

记　者：因为考入高等学府的大陆考生毕竟是全国各地的顶尖学子，你考试的时候心里紧张吗？

林佳瑾：我还是有些紧张的，那时候就是觉得我拿的准考证是红色的，和大陆考生不一样，老师鼓励我别紧张，只要正常发挥就行了。那次一共招 60 个，国乐系只招 6 人，我是台湾学生，不占学院录取的名额。考试期间，确实能感到他们有很强的实力。

记　者：你觉得在北京学习与台湾学习有什么差异呢？

林佳瑾：哈哈，我觉得听老师上课要特别仔细，因为在台湾说普通话跟这边差别较大，这边的老师讲普通话的同时，或多或少还带有他们的乡音。像杨老师是湖北武汉人，她给我们上专业课时带一些乡音，许多词汇用法也不太相同。学姐建议我上课时带个录音笔，把上课的东西录下来回家反复听，做笔记认真分析，才能搞明白。比如说老师讲"这个地方就像枣核"，我开始不明白，就误以为在讲一个湖泊吧，这种理解完全不着边际的，像这样的例子还蛮多的，后来问老师后才弄明白，当时真的好搞笑。

记　者：你为了及时消化上课内容，每天会不会学到很晚，你感到很辛苦吗？

林佳瑾：每次上完课，我回家马上听或者隔天听，有时整理笔记会到深夜。因为当天的课搞不明白，下一次就不能回课了。回课就是我给老师弹上一次复习的课，我不懂的内容老师再给我解释，如果这首曲子弹得不错就算过了，在我的基础上再帮我加强。有时候一首曲子需要练两次三次或者两周、三周才算可以，不过做自己喜欢的事就不觉得辛苦。

记　者：除了学琵琶专业外，你是否也喜欢通过音乐学院举办的讲座了解其他方面的信息？

林佳瑾：只要我有时间都去听，因为这边的老师博学多才，学院也常请一些国外专家学者讲课，我觉得这里有一个很好的环境让我能专心学。在大陆，地域上的优势也非常明显，让我学到中国很多传统文化的东西，

琴艺大长进，难忘师长情

记　者： 经过学院的学习，你是否感到在琴艺上有很大提高呢？

林佳瑾： 当然啦，我刚来的时候大都是古曲新弹，就是指把以前学的曲子弹奏一次，老师发现我最大的毛病就是弹琴太冷静，没有情绪在里面，老师问我弹琴为什么这么冷静？为什么只弹音符？为什么没有音乐在里面？为什么没有呼吸？为什么没有气息在里面？其实，这不是我的错啦，我在台湾学琴从来没学过这些。我在准备毕业音乐会的时候，老师不断纠正我的气息，包括一直修正我基本功存在的问题。按老师的要求，我在谱面上做了很多呼气、吸气的记号，对着谱一直训练自己，要形成下意识的动作，只有这样才能不断提高自己。老师一直不断地鼓励、提醒我，让我把曲子里的感情弹出来，才能给听众美的享受，让人能领悟到琵琶的魅力。

记　者： 看来老师给你的影响还挺大的，你在学习琵琶的同时，对中国传统的音乐是否有更深的了解？

林佳瑾： 嗯，这3年中，杨老师经常去外地参加一些研讨会，当评委或参加演出活动，基本上我都跟着老师跑，我先后去过海南岛、潮洲、沈阳、济南等城市参加研讨会、观看比赛、演出及采风。还记得上中学时，就学过中国地理、历史，如今再去这些地方，感觉这是一种真实实践的过程，以前弹曲子只知道是由不同的民间音乐改编或移植来的，通过深入民间挖掘，我们才感受到它的元素是什么。我觉得念书就是要追根究底，去找最原始的东西，而不是仅停留在学习别人总结出来的内容上。

记　者： 你跟老师去了这么多地方，印象最深的是哪一次？

林佳瑾： 其实每一次都有不一样的收获，每一次都有不一样的体会。我觉得我真的非常幸运，我以前在台湾觉得要来北京学习就是一个梦，没想到居然真的可以完成我的梦想，一步一个脚印走我的路，让我更有信心去做自己喜欢做的事。过去在台湾教学发现自己掌握的知识不够，教课只是为了挣钱，为了谋生存，而不是因为热爱琵琶，是热爱音乐。

记　者： 这3年多时间里，你最大的收获是什么？

林佳瑾： 很多很多，在我今年的毕业音乐会上就公开表达了我对杨老师的敬佩，我觉得她是一个非常好的人，她是我生命中很重要的人。如今我毕业了，每天都在回忆我与老师相识以来那一幕幕场景，常让我感动得落泪，我想，这辈子除了感谢之外，真不知如何去报答她，是老师让我在中国民乐方面开了眼界，让我有一个追求的目标和追求的方向。

记　者： 你这么崇拜你的老师，看来她还是很有魅力吧？

林佳瑾： 是啊！我觉得老师不仅在演奏和教学上有独特的魅力，在生活中，她待人很热情，也很和蔼可亲，就像自己的亲人。我刚来北京时，她早早到学校门口接我，给了我很多的帮助，印象最深的是，我刚租住了两个月的房子，房东就不让我住了，原因是有人想长期租。我觉得都已经签了契约，也交了半年房租，怎么说收回就收回呢？但我这边没有亲人朋友，很担心很害怕，我不知道怎么办。老师听后很生气，马上给房东打电话，将心比心与房东理论，最后那个房东再也不说让我搬走的事了。

记　者： 老师不仅教你知识，而且在生活上也帮助你，这些点点滴滴都成为你敬佩老师的原因吧？

林佳瑾： 老师常对我说，学习音乐不是为了把音符弹对，而是体验它的过程，要学会欣赏自己，而不是担心别人看你的眼光或是怕别人挑你的毛病。多年来，我很珍惜和老师的友谊，我会把老师的合影照和毕业留言等等物件都整理好保存好，我会把这些美好的回忆永远珍藏心中。

毕业音乐会，赢得热烈掌声

记　者： 刚才你一提到毕业音乐会，就很激动，能谈一下那天的情景吗？

林佳瑾： 好啊！那天可以说让我终生难忘。因为学校规定，学演奏的毕业生都要有一个专场音乐会。这是我从小到大的第一个专场。这次整场是两个半小时，我准备了6首曲子，有一个协奏曲最长，大概20多分钟。那天，每当主持人报完幕，我就要上台演奏，每演奏一曲就能听到台下热烈的掌声。

记　者： 这个音乐会可以说是对你3年学习的一个检验，对你来讲很重要，你是不是为此做了充分的准备呢？

林佳瑾： 对，等于我3年来第一次在学院亮相。不过在6月7日（也就是毕业音乐会前一周），我们还有一个留学生音乐会，也包括港澳台学生，我们有独奏、合唱、小合奏，在里边除了合奏弹琵琶也要合唱演出，14日有专场音乐会，15日还要论文答辩。那段时间我真是太忙了，在两周之内要干三件大事情。毕业音乐会上，我忘情地弹《花木兰》，因为这可以说是我对老师开始喜欢的曲子，而《天池》这首曲子是我自己希望爷爷、奶奶、爸爸和外婆在天上，能够在我的《天池》里很快乐。

毕业音乐会后在家与朋友合影

记　者：你选择的每首曲子是否都有不同的含义？

林佳瑾：对，像《飞花点翠》这首曲子很能让人想象到白雪印在松柏上那幅素雅的画面，这个曲子让人们能感受到中国文化的美，感受到中国人在遇到困难或者挫折时所表现出坚忍不拔的毅力，曲调原来挺简单的，它是经刘天华先生改编后，运用到琵琶演奏上就变得很丰富，也充分地表现出琵琶独特的音色。

毕业音乐会演奏《花木兰》

记　者：在音乐会上，你紧张吗？老师和同学对你是如何评价的？

林佳瑾：那天我还是很紧张的，因为2001年我在台湾本科毕业的音乐会上特别惨，又断弦、又松弦，在台上状况特别多，这叫天灾人祸嘛，因此，我很害怕在这次研究生毕业音乐会上再出丑。那段时间，老师一直安慰我说，你不要害怕，谱就在后台，断了弦就再换一把，你有备用琴，不用怕。所以演奏时，一想到老师的安慰，就好多了。

记　者：那天的音乐会老师是否也对你寄予很高的评价？

林佳瑾：6月14日那天还下着雨，

我真担心没有人去看，但出乎意料那天去了很多人。他们说我的状态很好，很稳定，我那个音乐会是超水平演出，我自己都不知道我可以把琴能弹成这样子。老师还在我的嘉宾签名册上写道："佳瑾，我亲爱的弟子，我希望你像天空中的小鸟可以到处飞翔，偶尔累了，随时欢迎你回到我的身边休息、觅食。"老师还问我音乐会能得几分呢，我说 4 分吧，老师说我给你 5 分，她说会好好收藏着这个节目，相信我还有第二次、第三次很多很多这样成功的音乐会。听了这些话我真的很感动。

记　者：看来，老师寄予你的希望非常大，在你的音乐会上，大陆的师姐师妹们是不是也给你很大帮助呢？

林佳瑾：有啊，她们对我很好，为我的音乐会做邀请卡，她们还给我出主意。这次音乐会上的钢琴伴奏就是一个叫宋敏的师妹，因为《花木兰》这首曲子还没有合过钢琴伴奏，在大陆我也没有听过别人合奏过，就是CD、VCD 的都没有，过去这首曲子都是用乐队来伴奏的，但经济原因我请不起乐队。宋敏在课余时间一遍遍陪我练，一个晚上大概要练七八遍，练一遍就要半个小时。老师听后及时指出哪里要改、那里要注意，我们就接着再练。可以说这次成功也少不了宋敏的一份功劳。

爱上琵琶终无悔

记　者：你身上具有北方人直爽的个性，也是你人缘好的原因吧？

林佳瑾：可能是吧，我的几个学妹来自江苏、武汉、青岛和江西等城市，我们一起吃饭、一起练琴，一起学习、一起讨论。和她们相处时，我看到他们很刻苦，不会因为做不到就放弃，在我们学新疆乐器的时候，由于专业性比较强，我真正体会到大陆学生练琴原来会这么刻苦，从早能练到晚也不间断的精神。

记　者：你在学习之余最喜欢做什么事呢？

林佳瑾：我喜欢买电影光盘，看一些观赏性强的艺术片和得过奖的大片。还有就是很高兴结识了中医学院的学生，跟他们来往感觉特别开心。我觉得中国传统文化有很多是相通的。讲一个插曲，我父亲退休后对中医药学很感兴趣，还用七八年时间自学中医知识，受父亲的影响，我们兄妹三个也对传统中医感兴趣了。还有我参加了台湾人在北京的一个做慈善的组织，每年我们都会去河北涞源贫困乡村做慈善事，感到很快乐。当然，我还根据电视上的介绍，学会做中式菜和饭。

记　者：当年你来大陆学习，已经到了谈婚论嫁的年龄，那时，有没有来自家庭或是周围的阻力？或者是错过了最佳择偶年龄而感到后悔。

与论文答辩委员刘勇教授合影

林佳瑾：还好啦，我既然认准的事就不会后悔的。当初，我妈妈反对我来这里，她觉得我年龄不小了，一个人在外不放心。但我觉得琵琶是中国的传统乐器，在大陆应该能学到更多的知识，再说我又不是做什么坏事情。一位曾教我学琴的老师也劝我，要去北京就应该跟祖辈级的大师学，回台湾才有名气。否则你学回来弹的再好，就算开了10场、20场音乐会也不会有学生，这话特别打击我。但是我觉得无所谓呀，因为我很喜欢我老师的音乐，也就来这里了。其实，我妈妈不想让我来的原因还有经济负担太大了。这几年台湾经济不景气，哥哥、姐姐老是失业。不过，我大学毕业留校当助教时，攒了一些钱，妈妈也给我一些支持，只好等以后毕业了再好好孝敬妈妈了。

回台湾教学，让更多人领略中华传统乐器的魅力

记　者：现在你已经毕业了，你对今后有什么样的定位呢？

林佳瑾：我在考研时，老师就问我今后想从事研究还是想教学？我说以教学为主，因为我在台湾授课时，觉得正确的教学方法很重要，我小时候没有受到很正统的学习，花费了很多的时间，走了很多的弯路，如果有一个好的学习方法就会提高很快。包括我这次的毕业论文也是关于教学方

毕业典礼后与杨靖老师合影

面的，如果没有一个对的方向，就会误人子弟，所以，我觉得一个对的方向是传统文化在传承当中一个非常重要的部分。

记　者： 可以说你把这个想法给老师说后，老师就有意识地在这方面培养你？

林佳瑾： 对，刚上课时老师常给我讲这方面的知识，那时候老师觉得我压力太大了，一直跟我聊天说："你不要那么担心，没有人把你跟大陆的学生比，你不会的东西只要努力做，总能做到的，要放松去学。"老师很会因材施教，她有着渊博的知识，而且有针对性地把她所知道的东西让每个学生掌握牢。我老师上课很投入，把曲子里所包含的那种情感都能融进去，她说这是一个演奏者必须要做到的事情。

记　者： 所以你回到台湾从事教学，也会借鉴老师这些教学方法吗？

林佳瑾： 是啊，杨老师从事教学 20 多年了。我觉得老师很有经验，老师说，如果一个老师教学生八成的东西，学生只能学到五成或六成，而老师教我们十成的时候，学生就可能做到七或八成，很多细节都是我从来没想过的。因此，我毕业论文答辩的题目是《运用电脑多媒体在琵琶入门基础教学》，我毕业典礼后与杨靖老师合影设计 flash 的东西，答辩时也让老师看，老师也觉得挺不错，以前还没有人研究这方面的东西，对于今后的教学应该很有帮助。当然，它不是取代传统的教学，只是起辅助作用，也是一个大胆的尝试。

记　者： 随着马英九先生在台湾执政，两岸关系日渐缓和，但台湾当局承认大陆学历问题，还是个未知数，你还选择回台湾教学吗？

林佳瑾： 我会回台湾的，尽管台湾环境较小，但我觉得台湾还是蛮需要我的。不过如果想到台湾的大学里教书，就必须要有国外的博士学历文凭，所以目前是不可能的。我有时候就觉得听天由命吧，上天会给我一条自己该走的路。

记　者： 如果你因为经济原因不能到国外读博，就意味着不能到台湾高等学府教学，你会不会办一个私立学校教青少年弹琵琶？

林佳瑾：可能会，因为我毕竟在中国音乐学院学习 3 年，也领略了中国传统民族音乐的知识，回到台湾就是让更多的人真正了解中国传统的民乐。如果不回台湾从事教学，我想这 3 年多等于白学了。

记　者：好的，祝你在台湾能成为当代的琵琶大师！

林佳瑾：不要那么夸张啦，大师是不敢当的，因为在台湾琵琶界弹得好的人很多，我只能说现在比以前的自己进步了。我只想把在这里学到的知识教给台湾的学生，这也是我目前人生中最快乐的事了。

记　者：哈哈，好的，祝你愉快！

中国音乐学院 2005 级硕士毕业生大合影

吴佩柔

中央戏剧学院表演系 2008 级本科生

简单 执着 用心，
才能 做好 每一件事。

吴佩柔

渴望走上星光大道的女生

　　走进中央戏剧学院，犹如置身名星的摇篮，从这里走出来的毕业生中有多人多次荣获国内外令人瞩目的大奖，尤其是表演系培养出的大批优秀表演艺术人才，有的已成为享誉国内外的表演艺术家，更有一大批活跃在舞台、银幕和荧屏上，成为广大观众喜爱的演员。正因如此，众多喜爱表演的高考学生每年到中戏一争高低，来自台湾的女生吴佩柔凭着对表演的感悟和灵气，终于跨入了中戏的大门，实现了她多年的梦想。

　　初夏的一天下午，吴佩柔在接到我的短信半小时后，才来到我等候她的教室里，一见面，她歉意地对我说她一直在上声乐课，手机放置在静音，没听到，让我等她的那份焦虑感顿消。她有着苗条的身材，清秀的脸庞，长着一双大大的眼睛，从她快言快语中能感觉到，她是一位热情开朗活泼的女生，尤其听说她还有着在大陆6年的学习和生活经历，让我提起了精神，一种无形的信号告诉我，她一定有许多故事可讲。同时她还是本书中年龄最小的台生，

　　果然，当她提起家庭时，很自豪地说："我爸爸20年前从台湾到福州创业，是最早开卡拉OK厅的人，生意还不错。我妈妈是福州人，她到卡拉OK厅上班，因着缘分，他们结婚了。我是在福建出生的，我在台中度过了童年。"

那时，吴佩柔常随父母往返于福州和台中两地，她妈妈常给她讲大陆的事情，让她对大陆也增添了许多亲切感。从小活泼好动的她喜爱上了舞蹈，上小学时就进入舞蹈班学习，她被优美的舞蹈表演深深吸引，常常陶醉于舞蹈艺术之中。在上初中时，她就渴望能到大陆系统学习舞蹈，在福州亲戚的多方打听下，选择了北京大兴区的一所艺术学校。

当问她既然喜欢舞蹈，为何高考时不报舞蹈专业却报表演专业时，她的脸上露出一丝惊喜，笑着说："我原本想考舞蹈专业的，但来自全国各地的考生太优秀了。我的辅导老师说我适合表演，况且舞蹈和表演也有许多相通之处。"

在考前的3个月里，年仅18岁的吴佩柔在同学的介绍下，参加首师大的考前文化补习班，找小课老师学表演，每天学习结束回到自己租的房子里，还要自己炒菜做饭，睡觉前，还要再复习一遍当天学的知识。听着眼前这个娇小女生的诉说，我真是难以相信，她能如此自立？像她这个年龄的大陆女生大多会在父母百般呵护的环境里学习，会在考前的每一天都是家人眼里骄傲的小公主。当她领会我的疑问时，坦然地对我说："这可能是从小锻炼的原因，我有个弟弟，经常要带他玩，不想让父母太操劳，尤其到北京学习后，遇到一些事情都是我自己想办法处理。"

谈到她在北京6年来的感受时，笑容又浮现在她的脸上，她说她交了许多大陆的朋友，因为她初到北京学习时，每当遇到病痛，遇到困难，遇到对一些事情的疑惑时，是大陆的老师和同学帮她渡过了一个个难关，从中也感受到了真挚的友情。

每一位演员都渴望成功，渴望能登上国际影坛亮丽夺目的领奖台，对于在校学习表演的学生来讲，那更是心中追求的目标。吴佩柔自然也不例外，她渴望着将来有适合自己的角色，渴望自己塑造的银幕形象赢得观众的认可，渴望取得成功，说到这里，她的话锋一转，又为自己开脱道，当一名成功的演员是表演系每位学生的梦想，这不仅需要有扎实的表演功底，还要有机会降临。

吴佩柔轻松的谈着她的未来，她说父母从未给她什么压力，只希望她生活得开心快乐就行，也许她将来能成功走上银幕，成为人们喜欢的演员，也许她会选择其他的人生道路，从她对生活的热爱上以及她对人生的感悟上看，她无论做什么，都将会很执著地走下去，那份执著犹如一双隐形的翅膀，越过高山、越过海洋、越过挫折，在空中自由地翱翔。

一海牵双亲，想做演艺人

记　者：你上初中就到北京学习舞蹈，父母赞成你的选择吗？

吴佩柔：我妈和外婆是福州人，爸爸早年从台湾到福州做生意时与我妈相识相爱，妈妈经常给我讲大陆的事情，所以我对大陆感觉并不陌生。上了初中就想到大陆学舞蹈，许多亲戚说北京的舞蹈学校比较多也比较好，妈妈同意我的想法，也比较放心我。

记　者：你从小是受谁的影响喜欢舞蹈呢？

吴佩柔：我小时候对跳舞特别有兴趣，老师就让我在业余舞蹈班学习，我天天坚持练基本功，也不觉得苦，尤其得到老师和父母的表扬后，感觉很快乐，那时，希望自己将来能成为一名舞蹈演员。

记　者：你上中戏前在哪个学校学舞蹈？

吴佩柔：在福建工作的表姐知道我喜欢舞蹈，她经常帮我打听北京的舞蹈培训学校。最后选择到北京大兴区的一个艺术学校学习了，从上初中至今，我基本上都在北京学习生活。

记　者：你那么小就离开家，父母是否担心你呢？

吴佩柔：我从小做事比较有主意，自己决定的事，父母也不阻拦，但他们肯定会担心我的，毕竟我年龄还小，初到北京，人生地不熟悉的。尤其是2003年9月份刚开学不久，我发烧达40℃，医生怀疑我是疑似病例，我被隔离了，没办法回台中，我躺在床上感觉自己挺可怜的。

记　者：你刚到北京就遇这事，是否后悔过？

吴佩柔：没有后悔，我来北京只想学舞蹈表演，也许我是南方人，不太适应北京的气候，生病也是难免的。

记　者：你在这个学校读了几年？收获多么？

吴佩柔：读了5年，等于是中专毕业，老师主要练学生的形体以及对舞蹈的感

觉，我所在的艺校班里共有 30 多名学生，大家都是来自全国各地的，最远的还有新疆、海南和美国的学生。老师对我们严格要求，一年四季，我们不管刮风下雨，天天都坚持跑步、压腿等基本功，收获最大的是打牢了舞蹈的基本功。

失而复得的录取通知书

记　者：你考中戏前做的准备充分吗？

吴佩柔：我上完中专后，就为考大学做准备，参加了首师大考前补习班，还找小课的老师补习文化课，进行各种有针对性的补习，都是自己找，补了一个月的课就来考中戏了。那段时间好辛苦，真怕自己考不上。

记　者：你原本学舞蹈为何选择报考表演专业呢？

吴佩柔：舞蹈和表演既是相通也有区别的，我当时本想考北京舞蹈学院，毕竟我想在舞蹈方面有发展，但考的时候，感觉好难，看到来自全国各地的考生素质都很好。我觉得学表演也不错，所以，我报了好几所艺术类大学，不过我最喜欢的还是中戏。

记　者：你当时考中戏的心情是怎样的？

吴佩柔：很紧张，因为我对中戏报的希望很大，也很喜欢中戏的环境，但感觉进中戏的门坎很难，心里没底，就让我妈来陪我考试。没想到她到北京后发烧了，是我自己去考试，回到宾馆还要照顾妈妈，为她买饭买药。考试那几天比较忙，心情很复杂，担心考不上。

记　者：你觉得中戏考试难度大吗？

吴佩柔：比较大，当时老师给我们小组出的小品考题是"愚人节"，是我编的段子，因为考生比较多，老师不可能都看完每一组考生的作品，有的考生演一半就让停了。那天整个考场，老师只看完了由我编的表演小品。

记　者：你觉得成功通过了表演的考试是否与一个人天分有关？

吴佩柔：考试要过声音、唱歌、台词、表演段子这些关，我之前练过形体，学过舞蹈，对这些考试感觉比较简单。不过学表演的学生，还是要有一定的悟性，老师说个段子，学生就要马上领悟到剧情的需要，要很快进入角色才行。

记　者：你是参加港澳台招生的考试吗？

吴佩柔：对，这样不占大陆学生的名额，我也比较安心，哈哈。

记　者：你接到中戏录取通知书后是什么样的心情？

吴佩柔：想起等通知书的日子心里就后怕。那时，我在网上已经查到，录取名单里有我，学校也说通知书早已经寄到我们福州的邮局了，但就是收不到通知书。我妈也很着急，我当时脑子里一片空白，很担心会有什么差错。我们跑到邮局查询，才得知，我留在通知书上的地址写错一个字，已经多次退回北京了，若再晚一步，又要被退回去了，当时把我和我妈吓了一跳，好险！

记　者：你拿到失而复得的通知书后一定很兴奋吧。

吴佩柔：在邮局我拿到通知书后就哭了，眼泪哗哗地流下来，毕竟努力了许多年，终于能上中国最好的艺术院校了，觉得付出的辛苦终于有了回报，感觉很安心。在那个暑假里，我天天快乐极了，每天睡觉前，都要看一眼通知书，然后把它放进自己的箱子里，感觉非常开心。

建校 60 周年，希望一睹明星风采

记　者：上中戏后，你在学习中是否也遇到一些难题？

吴佩柔：我遇到最大的问题是有台湾口音，如果演大戏，说不好普通话就比较难上台。我上中专的时候，那里的老师没有说过这个事；到中戏后，老师让我学讲普通话，所以，一开学，我天天跟同学或广播里的电台主持人学北京话，时刻注意纠正自己的发音。

记　者：如果你不学普通话是否会影响你今后扮演的角色？

吴佩柔：因为台湾人讲话很快，像我说话比较快，别人听不清楚，所以声音训练对我来说很重要，每天 6 至 6 点 30 分晨练，练台词也是用普通话，如果不学好普通话，今后扮演的角色只能是那种比较本色的台湾女生了。

记　者：你现在说的普通话怎么样了？

吴佩柔：平时说话带点台湾口音，但是一上台词课能好一些，有时也跟大陆的同学学几句北京话，刚开始不标准，逗得同学常笑我，想起来也挺有意思的。比如说"我和你"，用台湾发音就是"我 han 你"，声调不一样，没准还会发生误会（笑）。

记　者：除了学普通话还有其他方面的难题吗？

吴佩柔：那就是学习简体字了。毕竟从小习惯了用繁体字，还不能完全改掉，但在中戏学习期间，读书看报或是与大陆的同学交流，几乎满眼都是简体字，如果不识简体字，以后就不易沟通了。通过学习，我现在基本上会认识也会写简体字了。

记　者：你觉得学表演是否很辛苦？

吴佩柔：辛苦是肯定的，我们每天地要早早起床，练习发声、练形体等基本功，每次老师布置作业，我能很认真的领会，认真揣摩剧情人物性格，交完作业后，如果得到老师的肯定，我会很踏实，觉得自己的付出没有白费；如果得不到肯定，我就要及时查找原因，以便下次注意。

记　者：你交作品前是如何做准备的？

吴佩柔：学表演就是要学会观察生活，我在一年级下学期，交了一个作业"晾衣架"，就是把铁丝弯成衣架绑在自己胳膊上，把衣服挂在上面，自己要像衣架一样，配上音乐，在风的吹动下，要有摆动的感觉；还有模仿动物，我学的是鸭子，蹲在地上笨笨地走路，感觉上这样的课也挺有趣的。另外，我们还有一对一的声乐课，练发声、唱歌。

记　者：你交过最得意的作品是什么？

吴佩柔：上学期，我演过一个候车室里泼辣的中年妇女。

记　者：你与这样的人物反差很大，你是怎么观察体会的？

吴佩柔：老师布置作业后，我跑到火车站候车室里，发现有一个妇女坐在那里边吃瓜子边跷着二郎腿晃，瓜子皮撒落一地。我坐在那里一直观察她的动作、神态、语言及声音，她走路一摇一摆的，讲话声音很高很尖，还爱瞪人，不正眼看人，一副不服管的样子。周围人说她不讲公德，她也不理，很泼辣地骂别人。我把她的形象记在脑子里，回学校后就想着如何把她演活演像，因为第二天还要交作业，演一遍给老师看，所以排演的时候很辛苦，每次交完作业，整个人就轻松了许多。

在教室内开心一笑

记　者：你在学习中是否也能感受到表演的乐趣？

吴佩柔：是啊，我们上表演课，大家进入角色后，我也会忍不住地笑，不过有的同学演悲剧时，我能很快入他的戏，眼泪很快落下，尤其进入中戏学习后，我对如何演戏有了新的认识，如何把握人物情感、感情渲泄，如何掉眼泪，如何在戏中有激情，这都是一门深奥的学问。

记　者：从中戏走出了像陈宝国、陈道明、姜文、巩俐、李亚鹏、章子怡等大牌明星，你是否能感到在这些名星成功的背后都与平时的努力分不开的？

吴佩柔：是啊，许多人只看到他们光彩的一面，却很少了解他们背后付出的辛苦。能演好一个角色，与演员平时练的基本功分不开的。我现在读一年级还好，还没有角色之分，压力也不大。如今高年级的学生就很辛苦了，压力比较大，尤其毕业后要找角色去演，如果没有戏演，就失去学戏的意义了。

记　者：一部戏中总是有主配角之分，你今后会朝哪个方向努力？

吴佩柔：我对这个不看重，我学表演只要让自己有收获就行了，不会跟别人争角色。如果大家都争主角，而没人演配角，这部戏就不会有生命力了。

记　者：2010 年是中戏建校 60 周年，你对学校历史了解很多吧？

吴佩柔：中戏历史悠久环境好，还培养了大批演艺圈的人才，开学时，我们都了解过，这里的老师也给我们讲过，明年校庆肯定有不少校友回到母校参加活动，我很期待能见到这些大牌演员，希望亲眼一睹名星的风采。不过，我想演戏当演员，但这条路太难了，也许今后会改行，但现在确实很喜欢学表演。

珍惜时间，演好当前角色

记　者：北京有许多剧院，你是否在学习之余去看国内外的表演？

吴佩柔：有机会还是要去看的，我看人艺表演的《哈姆雷特》，百老汇的《灰姑娘》，在北展剧场看的好像是《阿依达》，都是美国百老汇演的。中国戏曲和中国话剧我也很爱看，毕竟北京的文化气氛很浓，信息太广了。

记　者：你看演出是自己去还是和同学们同去？

吴佩柔：我们是学表演的，如果遇到好的演出团，许多同学都会把平时节省的钱用在这上面。如果是中戏的师哥师姐们排的戏，我们就不用花钱了，自从学表演后，我每次看戏，都要认真分析他们的演技如何，哪方面表现得好，哪方面有不足之处，自己以后就要引起注意，我经常与同学们交流体会，逐步提高吧。

记　者：中戏的老师给你留下什么样的印象？

吴佩柔：中戏的老师上课很认真很负责，老师还把我们上的表演课录制后，再刻成光碟让我们互相观赏。当然，对于我这个台湾学生来讲对，学普通话是我最头疼的事，上镜要求较高，台词老师李红特别负责，每天要检查我练早功，及时纠正台湾腔，如何把握舌位唇形。经过老师指点，我的进步很快。

记　者：你属于那种比较感性的人吗？

吴佩柔：我是很感性的人，如果我看同学演哭戏，他的眼泪刚出来，我的眼泪也会哗哗落下，尽管我知道那是上表演课，但我很容易进入他们的戏中。有时候，同学们前一秒还能听到我哈哈大笑，后一秒就进入角色了。我看的戏比较广，对感兴趣的都喜欢看，一开场我几乎都能入戏。

记　者：你这么苗条，学习任务比较重，体力上能适应吗？

吴佩柔：我身高1．69米，体重只有100多斤，看上去很瘦，但经常锻炼身体，还是有力量的。年轻人就要有活力，学习再忙也要坚持下去，如果在这里图享受度过4年，将来就会后悔，自己学不到什么知识，时间也不可能倒流的，更没人来找我拍戏的。

记　者：中戏毕业的影星是否经常回校与学弟学妹进行交流？

吴佩柔：我只见过孙红雷和2007级的同学搞过座谈，孙红雷看了他们的表演后，会指出他们演技上不足，也鼓励他们好好学。巩俐和袁泉也来过，但那天我刚好演老太太，没来得及卸装，感觉自己的形象太丑了，就没和袁泉合影，也挺可惜的。

记　者：你们演戏时是自己化妆吗？

吴佩柔：我们学表演的大都快成全能了，自己做服装、道具、化妆，我们上化妆课时，要从20岁的青年人一直化到60多岁。我坐在镜子面前，看着自己随着皱纹的增多，再一点点变老，就感觉人生也会如此。如果年轻的时候不珍惜时间，等到老年再想做什么就晚了，所以辛苦些没什么的，珍惜现在的时间，演好现在的角色。

不管做什么，人生快乐就好

记　者：你很早就来大陆，感触一定很深吧？

吴佩柔：我出生在福州，很小又到台湾上学，12岁才真正到福州生活，现在很少回台湾了，在大陆生活10多年了，我感觉很亲切，尤其我刚来北京上学时就遇到许多热心人。

记　者：这些热心人是否让你更加坚定在大陆读书的信心？

吴佩柔：是啊，我刚到北京大兴的艺专读书没几天，发烧高达40℃，病得浑身难受，我真担心把脑子烧坏了，医生也怀疑我是疑似病例，被隔离两个星期。我没办法回台北，给在台北的妈妈打电话时我一直哭，而我妈妈在电话的那一头哭，太远了，她不可能很快来看我。那段时间，学校的老师和同学经常给我打饭送水照顾我，是他们帮我渡过这一难关，还好，后来查明我是单纯的发烧，是由支气管炎引发的。

记　者：你年龄那么小来北京学习，你父母是否常来看你吗？

吴佩柔：因为我读寄宿学校，学校管理比较严格，全封闭式的，妈妈也不用担心。如今我来北京已有6年了，她看过我3次。我有许多事情都是自己做。其实学舞蹈也很冒险。在大兴学习时，有一次上课，我做空翻动作，不慎摔倒，脚踝很痛，感觉摔断了，还有一个同学摔了尾骨，差点半身不遂，休了一年才好。

记　者：你在每一次最困难的时候都能遇到好心人吧？

吴佩柔：对，每次遇到困难，大陆的老师和同学都能给我帮助，这些年我认识了许多大陆的同学，经常与她们保持联系，我不会忘记她们的。

记　者：你学习之余喜欢做什么？

吴佩柔：我爱上网，喜欢关注娱乐新闻，爱逛街，跟同学常去大望路的世贸天地，那里有"麻辣香锅"超好吃，我还游览了北京许多重要景点。这毕竟也是我生活的一部分。我的性格比较开朗、直爽，我和大家相处很好，也成了大家的"开心果"，为此，我交了许多大陆的朋友。

记　者：如果你成功了，还能和她们保持联系吗？

吴佩柔：我渴望成功，但成功后并不等于比别人高一等，在大兴的学习班只有我一人考上中戏了，他们常问我中戏的学习情况，我直接把碟给

他们看，把在中戏学习的情况讲给他们听。我没觉得比他们强到哪里，因为每个人都有成功的机会，只是时间早晚的事，有的同学在这方面不行，但他在另一方面也许能走向成功，无论取得什么样的成绩也要把自己看成是普通人。

记　者：你是怎么看待一些人对演艺圈的偏见？

吴佩柔：我妈也比较担心，看许多报道感觉演艺圈乱。一个女人成功还是要靠实力的，谁也没办法控制别人的嘴巴和想法，越是有名气的人，引来的议论也越多。我觉得不管别人如何评价，只要自己当好自己就行了，要有很好的心态，自己开心就好。

在中央戏剧学院橱窗前留影

记　者：你父母对你有什么样的期望？

吴佩柔：他们说走这条路很难，但不管我做什么，只要我快乐就好，平淡一生也行，不想让我太辛苦。但我现在是真心喜欢表演，希望有机会能有合适的角色演。当然，也不一定学了表演就必须从事这个职业，我觉得人生变化无常，若没演戏的机会，以后还可以改行做其他的事，我想把大陆还没有的台湾特色的食品引过来或是开家咖啡店都行。

记　者：你给自己有什么样的期待呢？

吴佩柔：要想走入影视圈，也要看机会的。如果有角色演，就要把握好角色，演一个成功一个，不要全像自己。人生的目标总是不断调整，开心做好自己喜欢的事就好。

记　者：好，愿你早一天走上星光大道的红地毯！

黄光毅

北京体育大学武术学院 2007 级本科生

中國文化·博大精深·
學無止盡·永世流傳。

Champion road

冠軍之路

秀丽手记

钟情武术爱无悔

    "2008 北京奥运"圆了华人百年的梦想，中国体育健儿驰骋赛场，取得了令世人瞩目的辉煌成绩，人们把目光聚焦在北京，聚焦在中国体育的发展上。盛夏季节，我借着采访北京体育大学武术学院第一位台湾学生的机会，有幸来到这所在国内外享有盛誉的培养冠军的摇篮。

    大凡练武之人大多是短小精干灵巧的身材，当台生黄光毅站在我面前时，竟然完全出乎我的意料，他的个头猛出 1.8 米，英俊的四方脸，浓眉大眼，身材魁梧，上衣是普通的白色汗衫，下身运动短裤，一双白色运动鞋，双肩背书包，从他那憨憨的笑意中能感受到这是一位朴实随和的大男生。我们在图书馆一层的咖啡厅落座，在整个采访过程中，如果没有北体大心理社团负责人沈锡远在现场来活跃气氛，还难以打消黄光毅拘谨的心态呢。

    尽管黄光毅有着在美国学习生活 10 年的经历，但是他没有美国人的那种开放与散漫，反而流露出华人特有的内涵与矜持，他带着闽南口音的普通话与我聊天，每谈到开心事，就会发出爽朗的笑声。

    黄光毅出身于台湾的一个道教家庭，他父亲在台湾道教学会里颇有影响，在他读初二时，告别台湾，告别家乡，远赴美国加州读书。也许他姑姑依然保留着中国人的传统习惯，因此，在他青少年成长的重要阶段，他受姑姑的影响，言行举止中依然流露出中国人特有的印迹。

当记者问他为何喜爱武术时，他笑着说，自己从小比较好动，在台湾上小学就开始接触体育项目。上初中后，参加了学校的田径队。初二年级去美国读书，他又参加了学校的美式足球运动，尤其穿着那身特制的铠甲在赛场上奔跑，犹如古代战神。但是，一次偶然的机会，他在居住社区的一个学习班里，被一位来自大陆教太极拳的老师那刚柔相济的拳法深深吸引了，他决心拜师学艺，在太极中感受生命的奥妙。当黄光毅从美国回到台湾为自己的将来寻找定位时，他父亲希望他能到大陆继续读书，天缘巧合，最终他选择了自己最喜欢的武术专业，也走进了北京这座古老与现代交融的大都市。

谈到来北京的感受，坐在旁边的女生沈锡远直爽地对记者介绍说："别看黄光毅身材高大魁梧，看上去挺'虎'人的，但他刚来学校时，说话腼腆着呢，在我们心理社团的锻炼下，他现在开朗了许多。每逢我们社团搞活动，就拉上他参加，尤其是脏活累活几乎让他承包了。"黄光毅接过话茬说："我是男生，又是练武之人，不干也说不过去呀，总不能让你们女生去搬东西吧。"

作为一名来自宝岛台湾、在美国生活10年、喜欢中华传统武术的男生来讲，他已经在北体大生活学习近两年了，他对中国体育发展历史也有了较深的了解，感受到了中华武术文化博大精深。他说最大的心愿是让台湾的青少年更多地了解中华武术，真正感受中国上下五千年的灿烂文化，等他毕业后也可能去台湾教武术，也可能留在大陆寻发展，当然更乐意为两岸青年在体育界上的交流做些事情。

从他朴实的话语中，记者也能感受到他的那份真诚，因着书中的需要，记者希望为他拍些校园照片，他欣然应允。身材高挑、落落大方、热情开朗的女生沈锡远边走边对我介绍着学校的情况，她说："学校的心理社团工作做得非常好，这么多年来，校园的自杀率是零，学校时常邀请国内外的体育健将来这里座谈交流，在这里的学生都能感受到学习的快乐与自豪。"记者走在校园里，处处能感受到一种积极健康向上的活力。我们边拍照边聊天，在沈锡远这位活泼的女生引导下，黄光毅流露出孩子般天真的笑容，时而模仿雕塑造型，时而腾空一跃，摆出几种搞笑的姿式，很是配合，我也迅速将他开心的笑容摄入镜头。

我被他们散发的热情与青春的活力感染着，能想象出训练场上学生们龙腾虎跃的气势，想象着他们犹如一粒粒种子，走出校门，向人们传递着健康的信息。一个人的成功与智商、情商和健商分不开的，尤其重要的是后者，活在当下，一个体健的人才能发挥出他的潜能。正如北体大校训所讲："追求卓越"。许多人正是在追求卓越中体悟生命，在追求卓越中感受快乐，也许在今后的几年里，黄光毅的愿望也像一粒种子在台湾生根，在追求中实现。

刚柔相济练太极

记　者：你从小就对体育感兴趣吗？

黄光毅：我从小比较好动，在台湾读小学二年级时，就开始接触体育项目，上初中后，参加了学校的田径队。初二年级去美国读书，我又参加了学校的美式足球运动，校队所有队员穿着铠甲，感觉很神气。

记　者：你那么小独自去美国读书，你父母放心吗？

黄光毅：我姑姑早年在美国定居，我去她那里，父亲比较放心。其实，在我的小时候，姑姑就想带我去美国，但是母亲希望我先打好中文基础知识再说，毕竟国语不能忘嘛。等我上初二时，在姑姑的劝说下，我不满16岁就到美国加州圣地亚哥学习美术专业。

记　者：你喜欢体育为何又改学美术呢？

黄光毅：那时，父亲担心我好动容易打架惹事，所以不赞成我学与运动有关的专业。也许我父亲本身是学道教和风水学的，常用风水学的知识做一些室内设计，我从小受父亲的影响，因此对美术也挺感兴趣的。

记　者：你后来怎样对太极拳又感兴趣呢？

黄光毅：这也是机缘巧合吧，我在美国圣地亚哥读书时认识了一位教太极拳的老师，他是天津人，他在一个社区学院教大家学太极拳，我很喜欢太极刚柔相济的拳法，于是在课余时间，跟他学了5年。这期间，我一直在美国读学，4年后拿到绿卡，在美国待了10年后，2007年才回台湾。

记　者：你学太极拳时影响正常的学业吗？

黄光毅：我们每周上两堂课，老师教我们吴氏太极拳，先教理论再教套路，不会影响我的正常学业。我那个班的12名学员大多数为华人，社会人士较多，我是班里最年轻的，大家谈到中华的太极，劲头很高。

记　者：你认为学太极拳与体育项目有冲突吗？

黄光毅：我本身是学体育的，参加田径训练和美式足球运动，这种运动消耗体力较大，难免身上会落下许多关节伤，加上年轻气盛，性格比较急躁，父亲很是赞成我学太极，毕竟它能磨炼人的性子。

记　者：你在老师的指导下学到哪种程度了？

黄光毅：5年里我一直坚持打太极，动作应该是比较标准了，它的确能修身养性，过去做强烈的运动，感觉特别累。现在学太极，就能把它平衡好，刚柔相济，充分调节自己的体能，而且太极跟道教理论是相通的，但我的理论知识还不太扎实，所以来北体大就是想好好实践，多学习理论知识。

严训中享受学习过程

记　者：你当初怎么想到要来北京体大读书呢？

黄光毅：2007 年我回到台湾，我父亲在中华道教学会授课，我就去听课，隔了段时间，他说我应该继续去学校念书，并让我到北京看看。我阿姨帮我找学校时，幸运地看到了一本 2006 年港澳台招生手册，专门介绍大陆高等院校的招生情况，父亲说我好动，北京体育大学比较适合我。

记　者：你亲自到体大后感觉如何？

黄光毅：那次我来北京体育大学看后，感觉很不错！很喜欢！父亲让我报传媒系，但我还是喜欢武术，所以我到学校报到后，就把父亲给我选的专业改为武术了。父亲知道后，也没生气，反而说要早知道我这么喜欢武术，在美国就应该学武术了，那里也有武馆。

记　者：你是参加港澳台考试入学的吗？

黄光毅：刚开始准备参加港澳台考试，但有的朋友建议说，我在美国多年，所学课程与大陆和台湾相差很大，短短一个月的时间内没有办法复习，父亲也很着急，我也不愿意再耽误一年，只好拿美国护照进来。

在朱宏老师指导下练习

记　者：你成为这个学校的正式学生后有什么感受？

黄光毅：六个字：很舒服，很开心！

记　者：在体大上学的时间和课程是怎么安排的？

黄光毅：感觉和美国一样，比较轻松，每天 6 点起床、晨练，8 点上理论课，任何学校没有像我们学校这么热闹，大家一起床就跑步、集体练武术、打太极、练健美操，老师在旁边鼓励。我们上的理论课比较多，已经学了7门课，实践课是在场馆里上，理论跟实践结合起来学习。

记　者：你和大陆的同学交流多吗？

黄光毅：我与大家相处很愉快，来自山东和河南的学生比较多，可能与这两个省的历史源渊有关系吧，在中国许多武侠小说中，也常常讲这些地方出武林好汉。

记　者：练武的人大多从小就开始练基本功，你在这个年龄练与其他同学基本功差距大吗？

黄光毅：我是这个学院第一位台湾学生，他们知道我的情况后，从不笑话我，我也经常请教他们，许多学生6岁前就开始练功了，都有着扎实的基本功，所以我和他们有差距是必然的，他们也常常安慰我。

记　者：你在训练时受过伤吗？

黄光毅：练武术毕竟肢体上有碰撞的，这学期我在学习中，跟搭档提前把动作设计好，不是真正的格斗，但中途受伤也是难免的。在2007年学的时候，训练强度比较大，我腿部有过拉伤，校医说是二度拉伤，皮下出血，比较严重，但我从没后悔，毕竟年轻，恢复也比较快。朱宏老师对我们说，训练就是享受学习的过程，常怀快乐的心态，就不会想那么多了。

记　者：老师对你们要求严格吗？

黄光毅：上训练课时，老师讲一遍就让我们马上去做，全班同学看见老师熟练的动作都会目瞪口呆。我是属于表演型的武术对打和太极套路，要在4年时间掌握套路选学教育、技术理论要点，我们还要认真体会。老师经常提醒我们拿器械要小心，平时我们也练太极剑，也会秀一下棍术。只要选准一个方向，都要下苦功夫的，不可能有那么多精力把每种武术流派学精通，老师只是希望我们的知识面广一些。

记　者：老师给你留下什么样的印象？

黄光毅：武术学院有许多老师都在全国武术大赛中获金奖、得冠军，我把他们当偶像来崇拜，像朱宏等5位老师对我们一视同仁，和蔼可亲，对我这个台湾学生也格外关照。在教学中，老师很严格，严师出高徒嘛。我从小就牢记"尊师重教"四个字，很尊重老师。不过，有时候，朱宏老师的性格很活泼，与我们没有什么距离感，他常自编自导自演，喜欢让学生参与拍些真实的镜头。

记　者：你是学武术表演的，长相英俊，你是否想过将来走向银幕当一名武打明星？

黄光毅：从没想过当武打明星，我只想完成老师的作品。前天拍摄时，朱老师让我当男一号，在与对手真打时，我的胳膊上也留下了伤，不过这种锻炼也挺好的，对自己也是一种人生的体验吧。在网上能找到朱老师许多这方面的作品。

以平常心面对人生

记　者：体大除了注重体能训练外，业余生活丰富吗？

黄光毅：体大的文化生活也挺丰富的，学校经常请一些全国知名的运动员办讲座，与学生共同交流，与国外的体育大学交流。上大一时，我参加了学校的心理社团，那时我在大家面前傻傻地介绍自己，也可以借这个机会锻炼自己，能突破心理障碍，让自己开朗些。

记　者：你是否对学校的心理社团感兴趣呢？

黄光毅：我父亲一直在台湾从事道教活动，属于修身养性这个范畴，在我们学校读书的学生大部分是体育运动员，国家给他们相应的政策较多，他们也把整个学校带动得富有朝气和活力。这里的学生们都很直爽，如果学生有心理压力时，可以透过体育运动方式发泄出来，而其他学校的学生压力相对大一些，如果不借助运动来消除就很难释放。

记　者：直接考入大学的学生和那些经历过大型比赛的运动员又在这里学习的学生相比，你觉得两者心态上有何差别？

黄光毅：我们是直接来学校学习的，有时遇到挫折和不顺心的事也会有烦恼，而运动员们是经历过许多比赛，南征北战，见多识广，他们的心态很好。因为他们经历过无数次失败后，已经把失败看得很淡了，会以一颗平常心面对人生，学校有这样好的氛围，当然心理社团工作也起了一定的作用。

记　者：你在体大一定也见过不少知名的体育健将吧？

黄光毅：CCTV 体育频道罗红涛经常来听讲座，印象最深。还有北大的一位心理老师张利，是中国运动心理学会的人，他带了 5 位美女运动员来学校，跟我们分享奥运成果。国家射击队张娟娟和心理老师常带来一些视频，为我们做一些与体育类相关的讲座，让我们时常感到有新鲜感。

记　者：看来体育大学包含的内容还挺丰富。

黄光毅：体育大学并不是人们想象中的头脑简单、四肢发达的那种学生。这里的文化氛围也很浓，学术科研成果多，也培养了许多中国高端的体育人才，对新中国体育的发展起了很大的作用，实现了华人百年的梦想。

记　者：你对中国体育史了解多吗？

黄光毅：从我懂事以来，就知道中国体育中有些项目很强，比如跳水、乒乓球、体操等，许多运动员能取得世界冠军，我作为中国人感到很自豪。学校的老师也给我们上中国体育发展史的课，能让我了解到中国在不同阶段运动员取得的辉煌，当然，中国体育的强盛与中国经济发展有很大关系。

饮水思源话中华

记　者：你第一次来北京的印象如何？

黄光毅：2005 年，父亲带着他的学生们到故宫实习，现场做讲解实践，同时也带我来玩，我是第一次来北京，感到北京城很大，建筑很气派，不像在台湾时想象的那样落后。

记　者：你一人在北京学习是否也锻炼了自理能力？

黄光毅：我在美国读书的时候就是半工半读，学费要靠自己挣，在假期里，要做全职工作，美国的学生都是那样，这方面我家人是不用担心的。

记　者：你去过大陆的哪些省份呢？

黄光毅：父亲带我去山东济南爬过泰山，他说中国历代开朝皇帝都要登泰山，据说整个山系像君臣朝拜，写文章的人可以先去孔庙走走，再去爬泰山，就会对你的心理有很大改变。我也觉得山东的学生成绩都很好，他们学习很刻苦。

记　者：你父亲希望你看哪方面的书？

黄光毅：他让我在课外多看看关于中国历史、中国传统文化的书，让我了解中国上下五千年的大事记，理解佛家、道教文化的起源与背景，这对我研究中华武术有很大帮助。

记　者：你作为体大的学生对北京奥运会应该有更深的体会吧。

黄光毅：当时，我本来想去做志愿者的，北京奥运会毕竟是我们华人百年的梦想，但那段时间家里突然有急事，确实不能参加，我感到很遗憾，只能抽时间看电视上转播的比赛。

记　者：武术学院里大陆的学生对你这个第一位来自台湾的学生是否感到好奇呢？

黄光毅：记得小时候，爷爷常教我们要饮水思源，很早就给我们灌输这个想法，追寻这个根源去读历史，明白台湾毕竟是中国一部分，所以与大陆同学交流时就不会有冲突了。我不会刻意回避这个问题，知道啥讲啥，大家都很友好。

愿为两岸体育界交流架桥

记　者：你在美国生活了多年，能适应北京的生活吗？

黄光毅：来北京前，我叔叔说吃了北京的食物，想瘦都瘦不下来，再加上我们每天的体能消耗大，饭量也大，我从不买营养品，这两年没患什么大病小病的，比较适应这里的生活。

记　者：你父母对你有什么样的期望？

黄光毅：家里对我的教育很严格，我从不敢放纵自己，尤其我学太极拳后，性格改变很大，家人说我变得安静了。这些年我就是想好好读书，把大学念完，我基本上能在 12 点前睡觉，不过，有时看书入迷后，凌晨三四点才睡，我喜欢看那种用小说方式叙述中国的历史文化，这样比较容易懂。

记　者：你对自己未来的生活有何设定？

黄光毅：我念完大学后再读研究生，家里也比较支持我的想法，希望我将来再考博士，以后我还要选择北京的学校，专门做武术方面的研究。

台湾的青少年了解中华武术的真谛。

记　者：你现在的理想是什么？

黄光毅：我只想传播中国传统的武术文化，希望能从事老师这一职业，这几年跟父亲探讨过，将来也可能在大陆发展。我还是传统的中国人，就是想把中国武术传承下去。

记　者：你是否也希望把中国传统武术带回台湾？

黄光毅：我先以这边的学业为主，有机会就做海峡两岸体育教育方面的交流工作。台湾体育大学有武术学院，但是武术在台湾属于娱乐性质。我希望有机会能把正宗的中华武术带回去，让

记　者：你对两岸体育界今后的交流有什么样的期待？

黄光毅：我希望两岸在体育教育上的交流要广一些，这些年，两岸体育界的领导层接触得比较多，今后还希望多多加强两岸体育界学生间的交流，尤其是让台湾的青少年多了解大陆这些年来体育上的发展进步与取得的辉煌，增强民族自豪感。

记　者：好的，你的建议很好，祝你的愿望能早一天实现。

江明洲

北京师范大学哲学与社会学学院 2008 级
博士生

不断锻炼自己丹丸
努力工作
认真学習.
找對好導師.

秀丽手记

粹炼丹丸任我行

　　5月22日下午，我按约定时间，向北京师范大学赶去，一股清爽的风迎面吹来，感觉很惬意，不一会儿，天空飘落了雨丝，我没带伞，就当是雨中散步吧。今天要见面的是一位有着10多年大陆工作经历的台湾博士生，也是本书中年龄最大的一位台生，我很惊奇他如此大的年龄来读博，又是出于什么样的考虑呢？

　　刚到北师大东门，雨竟然越下越大，倾刻间，这场春雨淋漓尽致地浸染着京城的街道，犹如一幅都市水墨画。我站在学院东门楼前的台阶上等候。很快，一位用塑料袋遮雨的中年男子趟着雨水大步向我跑来，他穿着很朴素，言语中不泛幽默感，他就是我要采访的北师大哲学系第一位台湾博士生江明洲。

　　在学院东门的咖啡屋内刚落座，北师大地遥学院的台湾女博士生谭家伦也赶来，她笑称自己是江明州的学生，并热心地向记者介绍说："江老师很热情，像大哥一样经常跟我们这些台生交流，给我们讲他在大陆的工作经历，让我们也能尽快了解大陆。"坐在一旁的江明州爽朗地笑着说："三人行，必有我师，每个人都有他的长处，要时刻运用'吸心大法''粹炼丹丸'，才能让自己不断完善，才会一步步走向成功。"他的一席话，也立刻将访谈引入正题，我们就是在这种愉快的气氛中开始。

据江明州介绍，他的祖籍是福建漳州人，200多年前举家从福建迁往台湾彰化。上世纪60年代的台湾，大学院校比较少，他考上了电子工程专业读专科，工作多年后，他愈发体会到知识的重要性，于是重返校园。在5年半的时间内，先后考取了两个硕士文凭，工作、学习成为他生活中的主要部分，他由公司的管理者转为营销者再到医院的管理者，每走一步都是那么踏实稳健。在周围的同事眼里，江明州事业有成，家庭幸福，是位应该过那种安逸生活的人了，但他出人意料地在年近5旬这个年龄，又一次选择走入大学校门读博，而且所学专业看起来是与工作不密切的哲学专业。

当我问他，与那些年轻的学生一起读博是否感到难为情时，他眼睛一亮，笑着说："我和那些充满朝气的年轻人在一起学习感到很开心，自己仿佛年轻了许多，而且他们的思维活跃，我从他们身上也能吸取到许多新鲜血液。"

他真是位乐观而又谦虚之人，没有丝毫的学究气，待人平和，很容易与人相处。在他来大陆的10多年里，让他感受最深的是大陆发生巨大的变化，人们的生活质量有了很大的提高，台商投资的环境也有很大改善，因着工作的关系，他把家也安在了南京。江明州感慨地说，这些年来，他的太太始终是他的坚实后盾，当年他在大陆工作很忙，无暇顾及家事，全由他太太支撑着家里的一切，既要工作、带孩子，还要照顾他多病的妈妈。值得欣慰的是，他的两个儿子先后考上了台湾两所最好的学校，这与他对儿子从小严格教育有着直接的关系，同时，他也把许多教育模式运用到企业中，并培养了一批台湾及大陆的干部。

也许江明州有着教育者的天分吧，他说今后也许去学校任职，办个小课班，与年轻人分享大陆的经历，以自己的生活阅历教育学生如何经营管理好生活、如何为人生定准目标；并告诫年轻人，不要因今天的付出而懊恼，要记住当天的事当天做完，明天还有明天的事，要学会应对明天的挑战，人生才会更精彩。

不知不觉中访谈已进行了两个小时，临别时，他笑着说马上赶火车回南京，第二天还安排了会议，有许多事情要去处理。说话间，他已把身上的包挎在肩上了，望着他健步远去的背影，我和坐在一旁的谭家伦不约而同地说，他真是位大忙人。

其实，每个人的一生中都会有无数次的跨越，就看你是否有胆量了，就像本文主人公大胆横跨昆明湖，把挑战当成人生奋斗的乐趣，也让我想起了刚才见面时他冒雨奔跑的情景，是那样乐观与自信。

保持一颗年轻的心

记　者： 您已年过 5 旬是在什么样的动力下仍求学不止？

江明洲： 我在基隆出生长大，那时大学院校不太多，1975 年我考上了台北的电子工程专业专科学校，希望能学些技术。服兵役后参加工作至今已经工作 26 年，这些年来我始终边工作边学习，已有两个硕士文凭了，但总感到学无止境，如今又在读博。

记　者： 您工作后是否认为学习很有必要？

江明洲： 最早在台湾的一家日本公司做开发部技术工作，从最基础的车间开始干起，积累一些工作经验后，自己创业当老板做录音机、收音机等电子产品加工业。1984 年加入明基集团并在台湾的工厂工作，这期间又到马来西亚工厂考察、大陆设立工厂，至今在大陆工作已 10 多年，我觉得工作也是学习的过程。

记　者： 你在大陆的工作情况如何？

江明洲： 1994 年，台湾明基集团派我到江苏苏州任第一任厂长，应该说我是靠苦干实干才荣得此职位的。在 3 年多的时间中，我学了很多知识，也培养了大陆和台湾的一些干部。1997 年总公司领导问我今后有什么打算，我觉得手下有硕士和博士，而我只有专科学历，希望增加才学。于是当年底我回台湾，又用 5 年半的时间，在台湾政大修科技管理和企业管理两个硕士学位。2003 年又回到了大陆做营销。

记　者： 你做企业管理为何选择读哲学博士呢？

江明洲： 说来很巧，前年，一位在美国的台湾同学问我是否读博士，我觉得可以考虑，不久，经母校老师推荐，让我到北大光华管理学院看看。我有 25 年的企业管理经验，因此和北大老师聊得挺好，就想读管理博士，但在准备期间，我跟另一位同学到北师大听哲学课，突然感觉哲学的领域蛮宽，具有战略性前瞻性，于是决定改念哲学。

记　者： 你学哲学是否感觉枯燥呢？

江明洲： 我年轻时在台湾上哲学课的时候，感觉很枯燥，但两年前听了北师大那堂课后感觉挺有趣，内容包括美学、西哲，有许多哲学家黑格尔、柏拉图，内容都与生活息息相关。

记　者：你在北京师范大学读书的情况是怎样的？

江明洲：在考哲学博士班之前，我先报考了北师大为企业家开的管理哲学培训课（当时已有6个班结业），报名时准备许多资料作为资格审查，我分在第九班，我和其他班的大陆同学比较熟悉，他们是来自全国各地的企业家老板，具有硕士以上学历，他们学习的劲头仍很足。

记　者：你是否通过这个交流平台有许多收获？

江明洲：收获很多，我们周六、日上课，吃晚饭时常常讨论，周六开会，隔天要进行讨论。大部分同学事业有成，我们有共同的话题，相处得很好。我为参加港澳台生博士班考试准备时，北师大的老师和学长们借我看历届的考题和书，在大家的鼓励下，我成为北师大哲学系的第一位台湾博士生。

记　者：你先后读这两个班，一定挺辛苦吧。

江明洲：2008年7月至2009年3月上企业家短训班，取得结业证，结束不久，又赶上7月份的博士班开课，学习比较辛苦，苦中求乐吧。

记　者：你最喜欢学哲学哪一部分内容？

江明洲：我喜欢易经学，当年战国时代的孔子，37岁认为看周易很费劲，当他周游列国回到家乡后，才悟出了许多道理，他从50岁开始读周易。因此，我也快50岁了，此时看还不晚。现在读庄子《逍遥游》，庄子梦自己变成蝴蝶，那种互化的过程意境很高，我的论文也与《易经》有关。

记　者：你是否认为哲学对当今社会有一定的指导意义？

江明洲：哲学对企业、社会以及政治都有指导作用，天人合一，大地和谐，像中东国家用武力是难以解决和平问题的，要学会相互理解，相互包容，犹如喜欢一个人就要包容他的缺点，要真心接受他，而不是容忍他多少。从管理的角度讲，刚柔相济配合好，若两个钢质的机械物件放在一起肯定有问题，若添一层橡胶垫片就能起缓冲协调作用。用易经学的观点来解释现代管理中的矛盾比较容易懂。

记　者：你和大陆同学交往时喜欢谈论哪些话题？

江明洲：大陆同学对我

听导师郑万耕（右一）授课。

很礼遇，也能聊到一块，有时他们也谈些政治问题。我觉得两岸的青年从小生存的环境不一样，思考也不一样，理解程度就不同。不过，大陆同学常给我讲一些在这里工作的情况，对我在大陆生活、工作很有帮助。

记　者： 您和年轻人同读博士是否感到不好意思？

江明洲： 没有，有一次我参加英语考试迟到了，看门人以为我是主考老师，很顺利让我进去。在北师大，许多学生主动向我打招呼，称我为老师，和他们在一起，感觉自己很年轻。

壮胆横跨昆明湖

记　者： 你在北京这么多年，工作学习之余喜欢做什么事？

江明洲： 我很珍惜在北京的时间，最爱做的三件事是：逛书店、爬山和旅游。北京是座历史悠久的文化古城，应该住下来静静地体会，才能真正了解都市居民的文化习俗，不能走马观花。

记　者： 你喜欢浏览哪些地方？

江明洲： 我不去太繁华的地方，但城西的香山，我一年四季都去。尤其是有着 400 多年历史的谭柘寺，我很喜欢那里的意境，漫步于辽代元朝公主的居所，感概许多，毕竟那是个先有谭柘寺，后有北京城的地方。我用半天时间在那里喝茶、静思。

记　者： 哪一个地方让你感受最深？

江明洲： 应该是颐和园里的昆明湖。2006 年冬天的一个周六，我独自横跨昆明湖，沿冰面走上对岸。第二天，刚好有朋友找我，我高兴地带他去昆明湖的冰上行走，他小心翼翼跟在我后面走，既兴奋又担心，只听到身后有"咔咔"的声音，我一直为他壮胆，当我们一同走到对岸时，都开心地笑了，那是我们一生中都很难忘的事。

记　者： 当时你不怕管理员说什

么吗？

江明洲：那是在春节前，气温较低，冰不是很结实，湖中间的冰比较薄，那种感觉靠的就是胆量，在冰面上我们还拍了许多照片，大家很兴奋，很开心，有很多人看我们。

记　者：你的个性是不是很喜欢挑战？

江明洲：我喜欢敢

与大陆同学在陈垣校长像前留影

闯敢干吧，当年明基集团让我到大陆作第一任厂长，我能很快打开市场，由管理转为做营销，到现在做医院的执行人，读书学习，凭的就是一股子闯劲。这些年，我与商务部、卫生部等各个部委以及在北京有关部门的联络全靠自己，如果没有胆量、不敢闯，怎么能独自来北京做事呢？

记　者：你是否从哲学中感悟到了人生的真谛？

江明洲：我一周坐火车来北京一次，每天把时间安排得很紧凑，人生就是这样，带有积极性的目标做事，生活就很充实。犹如一个男人在雨中带伞到车站去见心上人，雨下得再大，他心里也会感到甜蜜；如果没有目标在雨中等，他就认为等车的感觉很痛苦，所以一个人带着目标走路，人生才会精彩。

做事要有积极态度

记　者：你在学生时代是否去打工？

江明洲：台湾的大学生在暑假期间大多去打工，我上专科时想去日月潭玩，又不好意思向父母要钱，于是在暑假找几个同学去建筑工地当刷漆工。工地老板答应给我们每人一天150块，干10天，能赚1500块就够旅游的费用了，那时在炎热的太阳下，我在楼房的吊绳下赤着膊刷，所以皮肤晒得很黑，那时每天身上都有油漆味。

    记　者：你通过这种锻炼悟出了什么道理？

    江明洲：花自己赚的钱，心里感到很快乐很踏实，这也是创业的开始。我认识到做事情先放手让他做，当他有危险的时候再去帮，先大胆放手再拉起来。就像学游泳，当他第一次第二次喝水后，不要管他，等他第三次喝水时再拉起来教他，这样留下的记忆很深刻。

    记　者：你是否因工作关系去过大陆许多地方？

    江明洲：2003 年，我是台湾驻大陆公司负责营销的副总经理，做电脑产品营销，显示器、笔记本、台式机的品牌推广，后到北京落脚，除西藏外其他省的一些城市几乎都去过。

    记　者：面对当今学生有学历找工作难的情况你怎么看？

    江明洲：学历不等于能力。能力有三种：知识、态度、技术。大学生缺乏的不是知识和技术而是态度，尽管他的知识不多，但他的态度是满分，为了生活，他也能很认真地去学技术知识，否则他担心会被企业淘汰。而一些大学生上网、英文、计算机等知识没问题，但是没有好的态度，不愿屈就基础性工作，长期下去，企业是不会留他的。

    记　者：你觉得高学历人才怎样做才能适应企业的需要？

    江明洲：如果有好的态度再加上技术知识，从最基层做起，通过不断学习，他在公司会有很好的发展。如果他只拿一个博士文凭来应聘，并不等于有工资了，我宁愿花比别人多 200 块的工资，找一名态度好低学历的人，也不愿找条件高要求高而态度差的高学历人才。

    记　者：也就是说做任何事都要有积极态度。

教子炼就"吸心大法"

    记　者：你作为管理者又是如何教育自己的子女呢？

    江明洲：我经常用自身来影响孩子，首先让他们从小就要有经济意识，要学会管理好自己的生活。我带他们去外面吃饭的时候，先让他们估算一下饭菜的价钱，等我买单的时候，他们兄弟俩会把实际结算的账目与自己算的帐做个比较。

    记　者：这种方式能起什么样的作用？

    江明洲：我并不是让他们斤斤计较，而是让他们知道，我每月的台币是 3 万块，我们一顿吃掉 3 百块，再除去当月的各类花销，在外面能吃几顿，让他们有经济概念。要让他们知道付出了才能得到。

记　者：你作为父亲也给他们树立了好榜样。

江明洲：记得孩子们小时候每次遇到考试，

在"五四"纪念碑前，与大陆同学追忆往事

我都安慰他们；当我考博的时候，他们反过来安慰我，别担心，好好考，把几年前我说给他们的话，又反过来讲给我听，感觉儿子确实长大了。其实，我不光自己努力学习，重要的是为儿子树榜样。

记　者：你儿子现在的情况如何？

江明洲：他们都很优秀，曾在台北最好的高中建国中学念书，现在大儿子在"国防医大学"临床专业，二儿子在台大，这两所大学在台湾是很好的学校。

记　者：你是否认为一个人从小就要树立远大理想？

江明洲：有一次我在清华讲课，内容是如何与社会接轨，如何定志愿，如何找工作，有一学生问我，现在应该立什么样的志向，我毫不客气地说，这时候你正处于不知所措、迷惑、中心点找不到的阶段。在 30 岁以前，主要做好三件事后再定目标，一要认真学习，二要努力工作，三要找对好导师，哪怕你从洗碗工开始都会成功。

江明洲与本学院的师北师妹们交流

记　者：你觉得年轻学子如何挑战新时代？

江明洲：许多有成就的公司总裁都是从基础工作做起，你找一份月薪 1200 元的工作就不会饿死，但是养肚子容易养脑难，还要"粹炼丹丸",通过努力工作,认真学习,找对好导师,不管在哪里工作,工资是老板给的,有资金还要学会赚资本,这对每个人都很重要。像古龙小说中的人物,不断粹炼"吸心大法",才会武艺高强,每个人都是你的导师,不管是同学老师,还是老板,各人有各人的长处,所以求工作的过程不能只为找工作而工作,而是在求工作过程中累积资本。时刻运用"吸心大法",为实现自己的最终目标把它分几个阶段去实现,这样做就不会偏移方向了。

要学会应对明天的挑战

记　者：你在大陆多年,是否也感受到台商在大陆工作环境有很大的改善?

江明洲：我到大陆已经 10 多年了,感觉变化很大。1994 年我在苏州工作,那时我们在大陆办厂还挺难的,当地政府也很帮忙,但那都是协助,没明确的政策,招商引资也没有成文。现在就比较正规了,政府相关的政策法规相对透明,更加成熟完善,企业管理比较正规,因此,也吸引了许多台商来大陆投资。我去过大陆的许多城市,确实看到了这里发生的巨大变化,许多台商也正是认准了这一潜力市场,当然这个过程也促成中国对海外市场的竞争力。

记　者：你是如何处理在南京工作又在北京学习的时间?

江明洲：我现在是明基集团设在南京明基医院执行长,因此,把家安在了南京。当年,我在大陆做营销的时候经常出差,那时,我太太既工作、管孩子还要照顾我母亲,只有在寒暑假才带孩子来大陆与我团聚。如今我来京读博又忙着工作,但我从没误过课,我太太很支持我。

记　者：你所在的明基医院规模是怎样的?

江明洲：我们是明基集团投资设在南京的医院,有 3000 床位,目前是开通 1500 床位的三甲医院,拥有比较高端的治疗设备,80% 对大众,还有一部分是特需门诊。如今设在大陆有台资背景的医院和诊疗机构好像有十几家,我们应该是在大陆比较大的台湾医院,医师有大陆和台湾的特色医师。

记　者：明基医院是否也引起当地居民的注意?

江明洲：比如央视 2 频道、央视 4 频道、上海东方卫视采访过我,话题是台湾企业在大陆如何进行医改。也有人好奇问我，不是搞医疗的怎么做好医改。怎样走上正规。当然，我会尽力做到治病救人，对社会当下的医改难题尽绵薄之力，在抓发展促规模的情况下，注重医疗质量。

记　者： 你对未来有什么样的期待？

江明洲： 我觉得一个人成功的方程式都是一样的，付出的努力是一样的，比如有的人机会多，而有的人遇到的失败多，但有一点要记住，今天的事要做完，因为明天还有明天的事，后天还有后天的挑战，昨天的成功不能代表今后一直成功，要学会应对明天的挑战，乐观地对待每一天。

我与台生的美丽约会

五年前，我参加"京台青年交流"活动采访时，一位漂亮可爱的台湾女生谈到对北京的印象，她的回答让我很惊讶。她说：没来北京之前，还以为北京很贫穷，很落后，然而当她走下飞机，来到城区时，竟然看到了一条条贯穿东西南北的高速公路，高楼大厦比比皆是，还有年轻人喜爱的肯德基、麦当劳等等一些西餐店随处可见。在吃穿用等方面更看不到丝毫落后的影子，许多青年人穿衣比台湾人还时尚，走进北京的那些高等学府也感觉那么漂亮、宁静、大气……

虽然我忘记了这位女生的姓名，但她的话一直在我耳旁回响着，这代表了一部分台湾青少年对大陆的片面认识，究其原因，就是因为两岸青少年还应加强理解与交流。那时我就萌生了写一本关于这方面题材的书，于是也就有了本书的写作初衷。

对中国人来讲，2008年是不平凡的一年，经历了前所未有的南方冰雪灾害、汶川大地震后，也让更多的同胞感受了北京百年奥运的辉煌。而我这年最大的感受是与台生们有了一次近距离的接触，台湾学生为受灾同胞慷慨解囊，与大陆学生同窗共读的情景让我难忘。在我伏案整理书稿的日日夜夜里，我静静地坐在水蓝色电脑屏幕前，一个个跳跃的文字在键盘轻快的敲打声中跳跃迸出，一张张活泼可爱的笑脸又呈现在我眼前，一串串美好的词汇在脑海里显现，一次次与他们面对面的访谈是那样亲切自然，仿佛是交往多年的好朋友。在这些文字中真实记录了他们在大陆读书学习的经历和生活的切身感受以及成长的痕迹。

这些来自祖国宝岛台湾的学子们怀着对大陆的好奇与向往，跨越海峡，来到神秘而又有着亲情的土地上，面对陌生的面孔和不同的生活习惯，随着时间的推移，他们在这里结交新朋友，感受着青春的快乐，很快适应其中，代替了当初的失落、寂寞与想家的愁绪，在陌生与差异中往往蕴藏着无限的新奇和乐趣。在多彩的学习生活中，也会被丘比特之神所眷顾，收获意想不到的爱情，使本来就很丰富多彩的学生生活，更加充满迷人的魅力。他们在北京读书的日子里留下了很多美好的回忆，更积累了难得的人生财富。

采访中，许多台湾学生都有这样的感觉，在这样宁静的环境里念书犹入"世外桃源"，丰富的校园文化让他们有了展示自己的舞台，与大陆学生的交往就像组成了一个大家庭，称高年级的同学为"师兄"、"师姐"，称低年级的同学为"师弟"、"师妹"，大家相处得像一家人，互相帮助，诚心相待，共修学业。

在采访的日子里，我忘记了奔跑的劳累，忽略了夏日的炎热，在北大、清华、人民大学、中央音乐学院等12所北京知名大学的校园里，与台生一次次相约，一次次相遇，我们从陌生到熟悉，对他们也有了更深的了解，感受着与台生交谈的快乐。他们以积极乐观的读书心态，在北京的高等学府里形成了一道美丽的风景线。在与这些优秀台生相识、相知的过程中，我们也结下了深厚的友谊，始终处于一种感动中，时常感动于她们有着深厚的中华文化底蕴，感动于他们对学习的执著，感动于他们对生活不懈追求和乐观精神，感动于他们为人处世的豁达、善良。无疑，这是一个优秀的群体。他们的故事不断启迪着我，通过他们真情的流露，希望借此书让更多的大陆青年了解他们，也希望没来过大陆的台湾青年通过本书中31位台生在大陆的经历了解大陆。

清芬挺秀，华夏增辉，当我完成书稿的整理工作时，背着相机，又一次漫步在北大、清华、人大等校园绿树参天的林阴小道上，静心感受着这里浓厚的学习氛围，感受"天行健，君子以自强不息"的励志名言。

人生就像竞技场，能到这些高等学府读书的学生正是有着自强不息奋发向上的精神，才能勇于面对这一切。尽管书中的台生只是赴大陆求学众多台生中的缩影，但是有理由相信他们都会珍惜在北京学习的日子，都会把这些美好的记忆在心中珍藏，在今后的日子里，他们也将成为各行业的佼佼者。

在本书付梓之即，感谢所有接受我采访的台湾学生，是你们抽出宝贵的学习时间接受采访，道出了自己在北京真实的学习生活经历，保证了此书在文字和结构不尽人意的情况下仍然泛出智慧的光芒；感谢这些大学校园港澳台办有关负责同志的大力帮助；感谢学生会台生的热心参与，是你们的努力和付出成就了本书；感谢有关部门与领导对本书的支持，是你们的鼓励让我有勇气写完此书。

　　说不完的是美好期待，割不断的是血脉亲情。我真诚希望通过本书，让大陆读者能了解台湾学生在大陆读书的真实感受，也希望那些想来大陆求学的台生们掌握正确的学习方法，选择适合自己的人生之路。愿此书能给两岸青年起一个交流沟通的作用，愿两岸同胞的心贴得更近，愿我们在今后的交往中增进了解，相处得就像兄弟姐妹一样！

2009 年 11 月于北京